运转乡村

乡镇中心工作机制研究

邢西敬 —— 著

RESEARCH ON THE
"CENTRAL WORK" MECHANISM OF
TOWNSHIP GOVERNMENT

社会科学文献出版社
SOCIAL SCIENCES ACADEMIC PRESS (CHINA)

山东省社会科学规划研究项目
"新时代乡镇政府实施乡村振兴战略路径的创新研究"
（项目编号：19BJCJ74）

前　言

就历史变革的进程而言，中国乡村社会的变迁始终是中国历史变迁的主体内容。对于整个近现代史而言，我国近代化或城市化进程，本质上是乡村社会变迁的过程。① 这不仅是因为乡村在区位结构中占据着关键性地位，而且是因为乡村治理的现代变迁，从更深层次上决定着国家治理现代变迁的历史进程。从历史上看，如何运转乡村一直是评价国家治理效能的关键指标，乡村是国家治理体系中最基本的治理单元，乡村运转不仅决定着国家治理效能的高低，也影响着国家治理现代化的整体效果。只有实现乡村运转与国家治理的同频共振，将乡村治理全面纳入国家治理的轨道之中，才能夯实国家治理体系和治理能力现代化的基石，从乡村善治走向"大国之治"。

阐述运转乡村的制度设计和实现路径，即中心工作机制是本研究的主要内容。众所周知，"运转"一词具有沿着一定的轨道运动的意蕴②，在这个意义上，运转乡村则含有使乡村沿着一定的轨道运行的意涵，即在社会主义现代化国家建设的引领下，通过乡镇政权和村级组织真正联动起来，推动乡村社会的现代变迁。在运转乡村的视角下，我们更关注哪些工作使乡镇和村级组织真正联动起来、其遵循的运行轨道是什么等一系列基本问题。显然，乡镇治理的现实图景是复杂的，乡镇政府要同时完成常规工作和中心工作。

---

① 王先明：《变动时代的乡绅——乡绅与乡村社会结构的变迁（1901—1945）》，人民出版社，2009，第 1 页。

② 商务国际辞书编辑部编《现代汉语词典》，商务印书馆国际有限公司，2019，第 981 页。

在应对常规工作中，很多时候乡镇政权的运转并不能有效触动乡村社会的运转，换言之，在完成一些常规工作中，乡镇的运转仅仅体现其作为一级组织的自运转，它不具备、更不谋求推动乡村沿着一定的轨道变迁的治理目标。与此相对，在应对中心工作中，乡镇政权的运转往往能够同时"触发"村级组织和乡村社会的运转，实现乡镇和村级组织的真正联动，所以只有深入研究中心工作机制，才能对乡村运转的质量和国家治理的效能进行有效观察和评价。

本书以乡村治理的历史逻辑与现实进路为切入点，通过对乡村治理现状的实证研究，提出了中心工作机制是运转乡村的制度设计与路径选择的命题，并对中心工作机制的运行机理进行了具体阐述。中心工作机制是运转乡村的制度路径，也是认识乡村治理模式的关键抓手，从而为解读乡村治理的"理想类型"提供了一种可能。中心工作机制从乡村治理什么、怎样治理、治理效果三个层面提供了解读乡村治理模式的一种理论视角。中心工作机制是运转乡村的制度设计和路径选择，而规划式治理则是运转乡村的内在逻辑，二者共同表征乡村治理的主要面向。

就研究思路而言，本书遵循乡村重点治理什么、怎样开展治理、治理效果如何、如何改善治理的总体思路展开论述。本书第一部分（第一章）将乡村治理置于"国家与社会"关系的分析框架，基于国家对乡村社会的规划性治理策略，阐述了中心工作机制的衍生逻辑。第二部分（第二、三、四章），具体阐述中心工作机制的内在运行机理和外在形式特征，主要从乡镇政府的职能履行、组织运作和行政过程三个层面，全面剖析了中心工作机制的核心特征与主要面向。第三部分（第五章），在全面把握乡镇治理路径的基础上，对乡镇治理的模式进行了理论探索，进一步阐述了乡镇规划式治理的内涵及其结构性特征。第四部分（第六章），在承认中心工作机制历史合理性的基础上，从中心工作机制的功能、结构和路径三个层面提出了中心工作机制的优化策略。

基层治理面临的冲突和矛盾异常复杂。从不同的个案入手多角度地探讨乡村中心工作，可以发现不同区域内中心工作的演变过程或有不同，基层政府在运转乡村过程中面临的矛盾和冲突也有差异。但它所揭示的国家与乡村的互动关系、开展中心工作所依托的组织载体及呈现出来的组织过程，依然呈现出诸多共性特征，蕴含着具有规律性的乡村治理认知价值，这正是本书的基本立足点。当然，由于学术认识和学术修养存在不足，一些论述和观点难免有疏漏之处，对此尽可能充分理解和吸收已有的理论和研究成果，对本书中不可避免地存在诸多不足、不妥之处，恳请读者提出宝贵意见。

综上所述，本书认为在上级政府规划的中心工作和基层政府的应对之间，尚存有一定的张力和运作空间，制度与制度执行是乡村治理体系和治理能力的集中体现，乡村治理的现代转型具有路径依赖性，其关键在于实现新旧制度要素的衔接与置换，本研究的开展有助于我们审慎地反思乡村治理的运行机制与路径选择，为基层治理的现代转型提供理论基础和实践路径。

目　录

导　论

一　选题缘由

从工作或者任务的角度看，中心工作往往是指党和政府工作内容之中的主要部分，或者在党和政府的职能结构中占据重要地位或发挥关键作用的工作任务。比如，党的二十大报告指出，从现在起，中国共产党的中心任务就是团结带领全国各族人民全面建成社会主义现代化强国、实现第二个百年奋斗目标，以中国式现代化全面推进中华民族伟大复兴。从历史上看，准确认识和把握社会主要矛盾、确定中心工作，一直是我们党治国理政方法论的重要一环。本书以中心工作为选题，主要基于以下考虑。

一是对全面推进乡村高质量发展的思考。乡村高质量发展是能够更好满足乡村居民日益增长的美好需要的发展，是新时代乡村治理的重要中心工作。推进乡村高质量发展对乡村治理机制转型提出了新的更高要求，而乡村治理机制转型的核心则是制度要素的对接与互嵌，将新的制度要素成功嵌入原有的制度体系内部，建构起新的制度框架和政策体系，实现乡村治理机制的转型与更化，推进乡村高质量发展。因此，有必要对乡村治理机制进行深入研究，以便为全面推进乡村高质量发展提供理论支撑。

二是对乡镇政府职能转变问题的关注。乡镇政府职能是乡村治理的核心环节，不仅决定乡镇的机构设置、体制安排和过程运作，更关乎乡村居民幸福感、获得感和安全感的提升。21 世纪以来，税费改革作为倒逼乡镇改革的一项举措，获得了媒体与公众的一致认可，但乡镇政府职能的履行机制并未发生根本改观。新时代，乡村治理要同时回应来自社会主要矛盾转化和实施乡村振兴战略的双重挑战，对乡镇政府职能提出了新要求。对中心工作机制的研究能破解乡镇政府职能锁定的困境。

三是对实现乡村治理现代化的关注。乡村治理现代化是国家治理现代化的关键一环。乡村治理现代化的关键是乡村治理机制的现代化，乡村治理机制是在治理体系的基础上生成的，是乡村治理能力的集中体现。换言之，乡镇治理机制是乡镇治理主体和制度互动关系的集中体现，对乡镇治理机制的实证性研究，能够诠释乡镇治理的内在机制与主要面向。党的十九大提出了我国社会主要矛盾已经转化的新判断，同时提出了乡村振兴战略这一重大命题，需要乡镇在治理体系和治理能力两个层面对此做出积极回应，推进乡村治理现代化。乡镇治理机制的转型与更化是乡村治理现代化的重要前提和根本保障，推进乡村治理现代化，需要对乡镇治理机制进行深入的理论研究。

二　核心概念

在党的历史文献中，"中心"一词常与"矛盾"相伴。众所周知，辩证唯物主义是中国共产党人的世界观和方法论，辩证唯物主义不仅体现了坚持运用一分为二的视角分析问题的两点论思想，而且还体现了善抓主要矛盾和矛盾主要方面的重点论思想。毛泽东同志指出，在复杂事物的发展过程中，有许多的矛盾存在，其中必有一种是主要的矛盾，"捉住了这个主要矛盾，一切问题就迎刃而解了"[1]，"不懂得这种方法，结果如坠烟海，找不到中心，也就找不到解决矛盾的方法"。[2] 由此可见，中心工作是指在党和政府职能结构中占据重要地位的工作任务，是党和政府准确认识和把握社会主要

---

① 《毛泽东选集》（第一卷），人民出版社，1991，第322页。
② 《毛泽东选集》（第一卷），人民出版社，1991，第322页。

矛盾而确定的最紧迫、最核心、最关键的工作安排。①

　　赵树凯认为，乡镇中心工作是一个常用概念，是指党委统一部署的工作任务，以区别于各个办公室、站、所、中心的部门业务工作，②并指出，为了完成中心工作，乡镇领导人面对的压力超出正常的资源运作范围以外，此时，乡镇领导人一般采用两种比较极端的应对方式：一是选择造假；二是"硬来"，在工作上往往表现为经济上的"借钱"办事、花钱作秀等，造成劳民伤财。③吴毅认为，乡镇的中心工作，就是围绕上级部署的各种任务而展开的各种阶段性工作。对于这些工作，乡镇必须不计成本和代价地去完成，而但凡中心工作又都必辅之以相应的考核检查。④刘能将乡镇工作属性划分为中心工作、办实事和处理突发事件，其中乡镇中心工作主要包括：经济事务，指的是从总收入到利润的一系列指标都要达标；党务和组织建设；常规财政过程，主要包括收粮、纳税和敛费等工作；基本建设的规划、管理和实施；涉及"一票否决"的其他事项。⑤

　　欧阳静在其博士学位论文中，通过列举法解释了中心工作的基本内容。从工作内容来看，中心工作事关国家宏观政策目标的实现；从完成工作的成本来看，需要集中乡镇大量的人力、财力和物力来完成；从考核力度来看，往往涉及"一票否决"的相关事项。⑥狄金华认为，乡镇中心工作是"运动式"治理的代名词，乡镇的中心工作事实上是针对常规工作而言的，它是围绕上级部署的各种任务而展开的阶段性工作。⑦吕德文从基层政权行政行

① 杨俊彦：《深刻领会中国共产党的"中心任务"》，《思想政治工作研究》2023 年第 2 期。
② 赵树凯：《乡镇治理与政府制度化》，商务印书馆，2010，第 139 页。
③ 赵树凯：《乡镇治理与政府制度化》，商务印书馆，2010，第 131 页。
④ 吴毅：《小镇喧嚣：一个乡镇政治运作的演绎与诠释》，生活·读书·新知三联书店，2007，第 17 页。
⑤ 刘能：《等级制和社会网络视野下的乡镇行政：北镇的个案研究》，社会科学文献出版社，2008，第 111 页。
⑥ 欧阳静：《策略主义与维控型政权——官僚制与乡土性之间的桔镇》，华中科技大学博士学位论文，2011，第 195 页。
⑦ 狄金华：《通过运动进行治理：乡镇基层政权的治理策略——对中国中部地区麦乡"植树造林"中心工作的个案研究》，《社会》2010 年第 3 期。

为的视角界定中心工作，他认为，基层政权处于国家政权末梢，其运作受到基层治理结构的制约。因此，"基层政权的行政行为在一段时间内一般围绕某一个工作中心展开，这被称为'中心工作'"。①

综上所述，准确理解本书中的"乡镇中心工作"这个概念，需要注意以下几个方面。首先，乡镇中心工作往往是指乡镇工作内容之中的主要部分，是在乡镇党委和政府的职能结构中占据重要地位或发挥关键作用的工作任务。对乡镇中心工作的理解，需要放到乡镇治理的实际场景中进行解读。众所周知，由于乡镇治理具有"上面千条线、下面一根针"的特点，所以在一个考核年度内，乡镇要面临数量众多的工作任务，对于治理资源有限的乡镇而言，只能选取某些工作领域进行重点治理，这是实现乡村有效运转的现实要求。因此，乡镇的中心工作不可能仅仅是一件工作，而通常是乡镇的某些工作、某类工作。当然，由于中心工作在乡镇职能结构中占据重要地位或发挥关键性作用，所以中心工作的推动也具有一些典型的特征。

其次，中心工作一般是上级党委和政府或乡镇根据特定历史时期内社会主要矛盾而确定的工作安排。换言之，一定历史时期或发展阶段内的社会主要矛盾是确立中心工作的实践依据。从历史上看，准确认识和把握社会主要矛盾、确定中心工作，一直是我们党治国理政方法论的重要一环。这是因为，"社会主要矛盾是划分时代的基本依据，在社会发展进程中起着主导、支配和决定作用"，② 只有准确把握社会主要矛盾，才能科学研判中心工作、解决现实问题，真正实现人的全面发展、社会全面进步。比如，党的十一届六中全会指出，在社会主义改造基本完成以后，我国所要解决的主要矛盾，是人民日益增长的物质文化需要同落后的社会生产之间的矛盾。为了解决这个主要矛盾，我们党提出了以经济建设为中心的发展战略，通过改革开放大力发展社会生产力，提高人民生活水平便成为这一时期党和政府的中

---

① 吕德文：《中心工作与国家政策执行》，《中国行政管理》2012年第6期。
② 颜晓峰：《我国社会主要矛盾变化的重要意义》，《人民日报》2018年1月4日，第7版。

心工作。党的十九大报告指出，中国特色社会主义进入新时代，我国社会主要矛盾已经转化为人民日益增长的美好生活需要和不平衡不充分的发展之间的矛盾。① 新时代社会主要矛盾的转化，意味着乡镇中心工作的变迁，以高质量发展解决好发展不平衡不充分问题，大力提升乡村发展质量和效率，更好满足乡村居民对美好生活的需要，构成了新时代乡镇中心工作的主要范畴。我们唯有精准识别、科学谋划推进中心工作，才能更好推动人的全面发展、社会全面进步。

最后，乡镇中心工作是一个动态而非静态的概念。从中心工作的范畴来看，乡镇中心工作往往是根据一定历史时期内的社会主要矛盾来确定的，随着社会主要矛盾的转化，中心工作的范畴也会发生相应变化。从推进方式来看，由于中心工作具有紧迫性、关键性、重要性等特点，是乡村治理中最核心和最关键的工作内容，在一定程度上决定着运转乡村之目的的实现。因此，基层政府在推进中心工作时，往往会针对性地重点匹配治理资源，并且其组织运作模式和乡镇行政过程，也与常规治理模式有一定不同。总而言之，乡镇围绕中心工作而生成的一套特有的组织模式，即中心工作机制，其在很大程度上成为能够表征乡镇治理主要面向的一种组织模式，成为认识乡镇治理现实路径的一个有益视角，所以乡镇中心工作机制值得学界认真研究。

三 研究思路与方法

1. 研究思路

本研究对乡镇中心工作机制的研究主要遵循生成机制—运行机制—优化机制的研究思路。其中，生成机制的研究主要是指从现代国家建设的历史进程中诠释中心工作的生成逻辑，它是全面客观解读乡镇中心工作机制的前提条件。

---

① 习近平：《决胜全面建成小康社会 夺取新时代中国特色社会主义伟大胜利——在中国共产党第十九次全国代表大会上的报告》，《中国共产党第十九次全国代表大会文件汇编》，人民出版社，2017，第9页。

中心工作机制作为乡镇运行模式的一种理论解读，有其特定的生成逻辑和实现路径。因此，国家与社会关系分析框架构成了认识乡镇治理内生逻辑的基本面。有鉴于此，本书从改革开放以来国家与乡村社会关系的经验性观察出发，推导提炼出国家对乡村社会的规划性支配关系，并将其视为乡镇治理的内生逻辑，后者塑造乡镇治理的核心表征与主要面向。乡镇作为国家在乡村社会的权威性代表，为了完成国家对乡村社会的规划性统合，逐步在治理实践中衍生出中心工作机制，后者是国家对乡村社会规划性支配的实现路径。

运行机制的研究是指采用实证研究的视角，阐释中心工作机制的运作过程，侧重于诠释中心工作机制在乡镇的职能履行、组织运作和行政过程等层面所呈现的核心特征与主要面向。本部分是本书的主体部分，主要以乡镇政府的职能履行、组织运作和行政过程为切入点，以乡镇行政过程为视角，采用法律文本中的乡镇与中心工作机制中的乡镇对比研究的方法，全面剖析乡镇中心工作机制的内在运行机理与外在形式特征。本部分试图说明乡镇治理在职能履行、组织运作和行政过程等诸多层面，都在不同程度上围绕中心工作生成了内在逻辑自洽的运行模式，即乡镇中心工作机制。因此，本书认为中心工作机制能够表征乡镇治理的主要面向和核心特征。其中，第二章主要阐述乡镇中心工作机制中乡镇政府职能的模式与特征，第三章重点阐释中心工作机制中乡镇政府的组织原则与权力结构，第四章重点分析中心工作机制中乡镇行政过程的主要特征。经过分析论证，本部分认为乡镇中心工作使得乡镇治理机制与马克斯·韦伯意义上的科层组织"理想类型"相去甚远，其在事实上形成了独具特色的乡镇中心工作机制模式。

优化机制的研究主要是指在乡镇中心工作机制历史合理性的前提下，承认制度的路径依赖的基本逻辑，尝试以新旧制度要素的衔接、置换与嵌入为基本方式，探索乡镇中心工作机制可能的优化路径，为乡镇治理现代转型奠定现实基础。受制于乡镇治理的历史局限性，我国基层治理的现代化转型一直处于较为缓慢的发展进程中。本书承认乡镇中心工作机制作为乡镇治理的路径选择，具有现实合理性，并在其合理性的基础上，从乡镇治理机制的结构、功能和路径三个层面，提出了推进乡镇治理体系和治理能力现代化的路径与渠道。

2. 研究方法

学术界针对乡村治理的实证研究呈现两种基本取向，即问题导向型的实证研究与理论导向型的实证研究，它们的区别在于二者具有共同的出发点，却没有共同的落脚点。二者都开展实证研究，然而，前者的落脚点主要在于通过实证研究揭示问题，并提出相关对策；而理论导向型研究的落脚点主要在于通过实证研究，推导提炼出可能的概念、理论与范式。毋庸赘言，本书对于乡镇治理的实证研究主要是第二种取向，即承认乡镇治理的历时性特征，认为当前的乡镇治理尽管具有极大的历史局限性，然而，也存在历史合理性，不能因为局限性而抹杀其合理性。

探索、描述和解释构成了本项研究的主要学术旨趣。探索是对乡镇运行与治理的新知识进行可能的追求与思索，扩展现有知识框架是其学术追求；描述是对乡镇现有治理与运行进行还原，它探寻的是法律文本；解释是对乡镇现有治理或者运行模式进行阐述，揭示其内生逻辑与运行机制，以期为乡镇治理转型提供针对性和可行性的路径。为了实现以上学术研究旨趣，本书立足深入的社会调查和实证分析。然而，"对于大多数研究者而言，对一个政权机构进行研究，能否'入场'可能是影响研究效果最关键的因素。"① 其中，就具体的研究方法而言，本书力求通过深度访谈、参与观察、问卷法等方式充分获取第一手资料，利用"过程—事件"等研究进路对研究对象展开分析，以期能够对乡镇的运行与治理进行更为细致、更为微观的阐述，最大限度地揭示出乡镇治理的真实过程。就具体的调研方法而言，主要有以下几种。

访谈法。访谈法是定性研究常见的一种研究方法，也是社会科学研究中最重要的调查方法之一，在社会学与人类学研究中应用较为广泛。从对访问过程控制程度的角度来看，访谈法大致又可以分为结构式访谈和无结构式访谈。为了从经验性层面了解乡镇政府运行与治理的现实情况。2016 年 6~11 月，笔者以深度访谈的形式对 L 市的 D 镇、B 镇的部分主要领导、科室负

---

① 欧阳静：《策略主义：桔镇运作的逻辑》，中国政法大学出版社，2011，第 14 页。

责人、党政机关及其站所工作人员进行了结构式访谈。此外，2017 年 3~7 月，笔者对 L 市的 X 镇、H 镇的部分乡镇党政机关和站所的领导和工作人员进行了深度访谈，通过这些结构式访谈，笔者对于 L 市乡镇中心工作的范围、组织运作以及优化路径等相关问题，有了较为细致的认识和了解，为乡镇中心工作机制的研究奠定了坚实基础。

此外，笔者还对部分 L 市乡镇主要领导及工作人员进行了非结构式访谈。自从确定研究方向以来，2016 年 7 月至 2017 年 12 月，笔者不间断地与 L 市部分乡镇工作人员进行非结构式访谈。对于笔者而言，这种访谈带有明确的研究目的，就访谈的形式而言，是以一种非正式的、日常化的谈话形式进行的，访谈问题的提出和提出问题的方式、顺序都不是统一安排的，具有较大的随意性，受访者对于问题的回答也具有较大的自主性。尽管访谈问题及其提出问题的方式和过程不是统一安排的，然而正是这种看似随意的交谈能真实地反映出乡镇中心工作机制的某些重要内在特质，这些非结构式的访谈能够加深笔者对某项中心工作运作过程的了解，同时也能够让笔者对乡镇的策略化运作有一个更为直观的认识。总体上看，访谈法能够反映乡镇工作人员对于乡镇中心工作的主观看法、直观态度与认知，同时也能客观反映出乡镇中心工作在乡镇治理中的重要性及其具体运作方式。

观察法。观察法是取得研究对象信息的重要方式，也是进行实证研究的主要方法之一。研究人员以亲历者的身份参与到研究对象的实际运行之中，这种在场的直观感除了能使研究人员获取第一手资料以外，更能够激发研究人员的学术想象力。借助师生、同学、同乡的身份，笔者有机会通过家常闲聊、旁听会议、下乡、迎检等方式，亲身参与到乡镇运行与治理的实践活动之中，对于乡镇的实际运作有了更为具体的认识。通过参与式观察，笔者发现乡镇的组织运作与行政过程，与韦伯意义上的科层组织的"理想类型"相去甚远。同时参与式观察也使得笔者对于乡镇治理的独特性与复杂性有了更为直观与深入的认识。

2017 年 6~8 月，笔者在 L 市 X 镇进行了为期两个月的参与式观察。参与式观察的内容从每周例会到日常具体工作不一而足，这使得笔者能够对乡镇职能部门的运作有了更加直观的认知。通过参与式观察除了可以直接感知乡镇治理的外在形式特征，更能发现认识乡镇治理内在逻辑的可能线索，拓展学术想象空间。比如，在 X 镇城建办参与观察期间，笔者就发现尽管同属于一个职能部门，但是其工作人员从事着不同的治理任务，有些工作人员在从事本部门的业务性工作，而有些工作人员则在从事乡镇的某项或者多项中心工作。通过参与式观察以及访谈可以得知，乡镇职能部门的工作人员被抽调去从事某项长期的、阶段性的，甚至临时性的中心工作已经成为乡镇治理的常态。单从治理任务层面来看，乡镇职能部门既担负着业务工作，同时也承担着乡镇的某项或者多项中心工作。在这个意义上，乡镇的一个职能部门，同时面对两种以上的治理任务，其运作也遵循这两种不同的程序模式。正是在参与式观察的基础上，笔者提出了乡镇运作的双轨制模式。

2017 年 3~5 月，笔者在 L 市 D 镇进行了为期两个月的参与式观察。通过这段时间的参与式观察，笔者对于乡镇精准扶贫工作的运作有了直观认识。其中，该镇将蔬菜大棚项目列为完成精准扶贫工作的重要内容。参与式观察期间，笔者对于该项目的资金运作、管理运营、对接农户、实际效益等情况有了具体直观的认识。通过参与式观察能够深入了解乡镇治理的某些细节问题，正是基于观察法，笔者对于 D 镇精准扶贫项目迎检的策略化运作有了更加深入的认知。整体而言，参与式观察不但提供了认识中心工作机制的感性材料，更为笔者深入思考中心工作的内在运作机理提供了想象空间与现实可能。

问卷法。问卷法是现代社会研究中最常用的资料收集方法，它通过精心设计的问题或者陈述等形式，来测量研究对象的特征、问题和态度等。2017 年 3~8 月，笔者在 L 市的 B 镇、D 镇和 H 镇共发放调查问卷 330 份，每个乡镇发放问卷 110 份，共收回有效调查问卷 302 份。问卷调查对象涉及部分县级政府职能部门负责人、乡镇主要领导、乡镇党政机关工作人员及站（所）工作人员、村干部等。另外，为了对比研究 L 市乡镇与其他市乡镇中心工作的差异性，笔者在 2018 年 1 月对 Y 市的 X 镇以及 R 市的 L 镇各发放调查问卷 80 份，共计发放问卷 160 份，收回有效问卷 141 份。

此外，本书还运用了文献分析的研究方法，主要侧重于分析上级对于乡镇的考核文件，特别是 L 市案例乡镇面临的科学发展考核细则。在笔者调研中，无论是乡镇主要领导、各部门分管领导还是普通工作人员都向笔者提及上级对于乡镇科学发展考核的相关文件。笔者认为 L 市上级考核文件构成了乡镇日常行政的"大纲"，成为观察与分析乡镇治理的主要规则和制度，"只看上级文件进行治理"已经成为深入人心的方式。笔者调研中获取了大量一手材料，可以补充现有研究中的相关不足。事实上，文件对于乡镇政府职能的开展具有重要意义，本书对于中心工作机制中乡镇政府职能部分的研究，主要遵循制度文件分析的方法。

四　研究意义

1. 理论意义

乡镇政府的中心工作机制研究，丰富了乡镇政府研究的理论视角。当前关于乡镇政府运行的实证性研究，主要遵循两种基本研究视角：宏观层面的体制视角与微观层面的行为视角。前者将研究重心聚焦于宪法和法律规定下府际之间的制度安排，侧重于从法律、制度约束与激励的视角，研究乡镇政府的运行规律；后者将研究重心聚焦于基层政权组织内部行为体的个体行为，侧重于从社会行动的特定结构或者情境出发，分析组织内部行为体的行为动机与策略选择，以此为视角来阐释乡镇政府的运行规律。本书突破了既有研究中体制与行为视角的桎梏，采用了中观层面的机制视角研究乡镇基层政权的运行，丰富了乡镇政府运行机制研究的理论视角。

乡镇中心工作机制研究为建构乡镇运行的理论模式提供了一种可能性。托马斯·库恩认为，研究范式或者说范例是"学术共同体内部公认的模型或者模式……研究范式的建立是科学研究达到成熟的标志。"[①] 当前，学界对乡镇运行的理论研究相对不足，对乡镇行政的复杂性、丰富性认识不够，

---

① 〔美〕托马斯·库恩：《科学革命的结构》，金吾伦、胡新和译，北京大学出版社，2012，第 8~19 页。

相关研究缺少提炼核心概念和研究假设的研究意识，也缺少推导或者建立理论模式的理论自觉，致使既有研究描述功能有余而解释功能不足，反映出学术研究中原创理论不足的现实问题。而乡镇中心工作机制的相关研究可以为认识乡镇运行的范式提供一种可能性。一方面，中心工作机制具有一系列核心概念以及相关命题的支撑。比如，其核心概念主要包括选择式执行、策略主义、中心工作、制度偏离等。另一方面，中心工作机制建立在共有的通则之上，比如，乡村基层政权是"政权经营者"、① 国家对农村的治理是一种获取式整合等。② 因此，乡镇中心工作机制为我们提供了一种解读乡镇运行模式的可能性，推动乡镇治理的理论研究工作不断走向深入。

2. 实践意义

乡镇中心工作机制研究，有助于推动基层公共行政现代化。现代公共治理的核心议题是行政与政治的关系问题。国家的一切权力属于人民，这是民权时代的政治信条，"一切行政悉以民意为依归。此之为民治而非官治。"③ 政治主导行政是现代公共行政的灵魂，有效消除行政与政治之间的张力是现代公共行政的使命。传统国家无法依靠制度化的力量消除行政与政治之间的张力，致使行政与政治之间的张力会定期爆发，乡村治理现代化进程迟迟难以推进。由此可知，要想实现国家的长治久安，必须消除行政与政治之间固有的张力与矛盾。基层政权的运行机制蕴含着公共行政运作的逻辑密码。换言之，基层政权的运行机制既能够塑造政治主导行政的基本格局，也能够形成行政吸纳政治的基本格局。乡镇基层政权的中心工作机制研究，能够完善乡镇政府的运行机制，为建构政治主导行政的现代公共行政格局，提供理论支撑与现实动力，助力现代公共行政的建构。

中心工作机制研究能够提升乡镇政府的治理能力。基层政权的运作机制能够深刻诠释国家治理的逻辑密码。孔飞力在研究现代国家在中国的形成时，曾指出"在中国长期的帝制历史上，没有哪个根本性问题比之什么是

---

① 张静：《基层政权：乡村制度诸问题》，浙江人民出版社，2000，第50~85页。
② 吴理财：《从管治到服务：乡镇政府职能转变研究》，中国社会科学出版社，2009，第235页。
③ 张金鉴：《行政学典范》，三民书局，1979，第51页。

统治乡村地区的适当方式引起过更为激烈的争辩了"。① 目前，学术界对于乡镇政府治理转型的研究主要集中在职能转变和机构改革两个方面，二者多从规范性视角阐释乡镇治理改革等相关问题。本项研究从乡镇运行的机制入手，着眼于乡镇治理中各项要素之间的相互联系和互相作用的过程与方式，不但对乡镇政府的职能进行了深入研究，也对乡镇政府的治理能力给予理论观照。乡镇政府中心工作的理论研究，能够探寻乡镇政府治理能力弱化的因果机制，在承认中心工作机制有其历史合理性和必要性的基础上，以制度要素的"对接"与"互嵌"为切入点，为提升乡镇政府治理能力提供智力支持与理论支撑。

中心工作机制研究能够提升乡村社会治理的自主性。长期以来，受制于乡村治理的历史局限性，乡村社会的自主性并没有得到充分彰显，乡村社会多元力量参与乡村治理的积极性、主动性和创造性不够，乡村治理无法有效动员社会多元力量、整合乡村多种资源，进而构建共建共治共享的乡村治理格局。与此同时，乡镇中心工作机制具有强行政化色彩，也在一定程度上制约着基层民主建设的进程。党的十八届五中全会提出了共享的发展理念，这为推动城乡一体化建设，实现城乡公共服务均等化提供了坚实基础，这就需要对乡镇治理机制进行研究，从而为实现乡镇保障广大农民的基本权益提供一种有益的思考路径。

总之，研究乡镇中心工作机制，对于实现国家与社会之间的良性互动意义重大。乡镇政府处于国家与社会的连接点，既体现国家权力的逻辑，又体现社会权利的逻辑。因此，乡镇政府具有自身的独特功能使命。从国家的角度来看，乡镇政府的使命在于通过职能履行实现统合社会，通过制度路径与组织运作等国家基础结构，实现对社会渗透、协调与统合。从社会的角度来看，乡镇政府的使命在于通过职能履行建构稳定的基层生活共同体，为基层社会提供公共秩序、公共产品和公共服务。

---

① 〔美〕孔飞力：《中国现代国家的起源》，陈兼、陈之宏译，生活·读书·新知三联书店，2013，第59页。

第一章

中心工作机制：运转乡村的路径选择

运转乡村的现实路径受到乡村治理诸因素的影响和制约。"职责同构"的治理体制、"文件制度"的治理机制及乡镇治理的特殊性构成了运转乡村路径选择的影响因素。乡村治理的体制机制反映了国家治理的规划性，建构起乡村治理的激励与约束机制，影响甚至塑造了运转乡村的实现路径。从国家与乡村社会关系的角度来讲，乡村治理的体制机制反映的是国家对乡村社会选择性支配的现实逻辑，国家对乡村社会的规划性支配逻辑，使得中心工作机制成为运转乡村的路径选择。

第一节　运转乡村的历史与变迁

一　运转乡村的基本内涵

"运转乡村"是由"运转"和"乡村"组成的复合词，界定运转乡村的内涵，应在先弄清楚"运转"与"乡村"的含义的基础上进行。"运转"一般有三层含义：一是沿着一定的轨道的运动，二是指机器的运动，三是比喻组织机构等进行工作。① 由此可见，"运转"最基本的含义是指使事物沿着一定的轨道运行，含有沿着特定方向行动的基本意涵。在这个意义上，运转乡村是指在社会主义现代化国家建设的价值引领下，通过基层政

---

① 商务国际辞书编辑部编《现代汉语词典》，商务印书馆国际有限公司，2019，第981页。

府和村级组织的双向互动，基于对乡村社会的有效动员，推动乡村社会的现代变迁，即在乡村经济建设、政治建设、文化建设、社会建设和生态文明建设等诸多领域，体现治理体系和治理能力等沿着中国特色社会主义现代化道路发展的意蕴，其本质为一种新的价值观念的引入或确立，抑或是原有价值理念在某一方面或领域内的深化或扩展。比如，在经济建设领域要以高质量发展为价值轨道，全面贯彻创新、协调、绿色、开放、共享的新发展理念，推动经济方式的深刻变迁，构筑经济发展新格局。同样，在乡村政治建设与政治发展领域，主要是乡村居民政治参与的扩大、政治文明素养的提升，关键是要把基层党组织的组织力和政治功能落实到宣传党的主张、贯彻党的决定、领导基层治理、团结动员群众、推动改革发展等领域。

在本书中，"乡村"一词主要是乡镇政府和村级组织的合称。在《中华人民共和国乡村振兴促进法》中，乡村是指城市建成区以外具有自然、社会、经济特征和生产、生活、生态、文化等多重功能的地域综合体，包括乡镇和村庄等，这是我国第一次在法律中明确规定乡村的概念。从这一概念可知，乡村是与城市相对应的区位概念，有其明显的自然、社会和经济特征，也具有某些共同的制度特点。同时，乡村具有生产、生活、生态和文化等多重功能。因为历史的原因，乡村是我国现阶段的发展短板，需要从制度上有更多措施支持乡村发展，从法律上明确乡村的概念，使法律规定的促进乡村振兴的制度措施有明确的指向。运转乡村的具体内涵有以下几个方面。

首先，运转乡村的出发点是乡村社会的运转与国家治理在价值取向上的同频共振。运转一词本意是指"沿着一定的轨道运行"，对于乡村治理而言，这种轨道首先体现为一种思想观念或者价值导向，其次才体现为乡村治理方式或者组织方式的现代化变迁。在当下，运转乡村是指基于社会主义现代化国家建设的价值引领，通过基层政权和村级组织的双向互动从而推动乡村社会的现代变迁。作为一种理想状态，乡村的运转所输出的应该是一种对国家治理的向心力。从推进乡村治理现代化的角度讲，运转乡村体现为新的价值观念在乡村社会的引入或确立，抑或是原有价值理念在乡村广度、宽度和深度上的深化、拓展和新发展。

其次，运转乡村的支撑点是乡镇政府与村级组织的上下联动，而非单独地运转乡镇政府或者运转村级组织。众所周知，在应对常规工作中，有时候乡镇政权的运转并不能有效触动乡村社会的运转。换言之，在完成一些常规工作中，乡镇政府的运转仅仅体现其作为一级组织的自运转，它不具备、更不谋求推动乡村社会沿着一定的轨道运行的治理目标。因此，在运转乡村的视角下，我们更关注的是乡镇政府与村级组织的上下联动，探究的是乡镇政府运转乡村社会背后的机制和路径问题，而非乡镇政权本身的自运转问题，其有助于推进对乡村治理问题研究视域的聚焦和研究深度的拓展。

再次，运转乡村的发力点在乡村运转的组织方式或者制度路径。乡村的有效运转需要在基层政权与乡村之间建立起有效的组织与制度路径，以确保国家权威和意志能有效输入乡村社会，确保法律与国家权威对乡村自发秩序的接纳、规制、引导或驯服。另外，要求运转乡村的组织路径能平衡基层行政与政治的关系，从而有效抑制基层政权的自利性，以此确保乡村治理既能体现国家的权威，又能契合乡村自发秩序的内生逻辑，从而实现国家的长治久安和乡村社会的可持续繁荣。以乡绅在乡村治理中的作用为例，众所周知，在古代封建社会，乡绅是连接政府和民间的重要纽带，乡绅的概念在不同历史时期具有不同的内涵。随着科举制的不断发展，到了明代中期以后，乡绅一般是指民间有学问的士和绅，特指一些在科举考试中名落孙山无奈留在自己原籍的士子及地主阶级中的部分知识精英。在明清时期，乡绅扮演着社会领袖的角色，发挥着调节居民内部纠纷和组织外部防卫的治理功能，乡绅的权力扎根于乡土社会，并得到了平民的认可、尊敬和服从。然而，太平天国起义后，战时形成的大量军功绅士开始大量涌入乡绅队伍，使得基于士绅的乡绅阶层内在结构发生变化。[①] 这种

---

① 王先明：《变动时代的乡绅——乡绅与乡村社会结构变迁（1901-1945）》，人民出版社，2009，第113页。

结构性的变化，影响了乡绅作为社会领袖的素质。① 更为关键的是，清末乡村自治与乡约等制度的建构，为乡绅权力的扩张带来更多的合法性和制度空间，乡绅逐渐变成了"权绅"，即逐渐成为近代以来基层控制的主体。他们掌握了乡村族权、司法权、捐税权及对乡村公共事务更强有力的控制权，不仅引发民众对权绅的痛恨和畏惧，而且致使乡村社会内部剧烈冲突，乡村秩序危机重重。由此可见，运转乡村的组织方式或者制度路径，在很大程度上决定着乡村运转的实际效能，这对于新时代运转乡村的路径转型具有很强的启迪和指导意义。

最后，运转乡村的落脚点体现在乡村社会的现代化变迁，其关键是通过基层政府与村级组织的上下联动，实现乡村社会在价值观、制度和居民行为等诸多方面的变迁，推动乡村运转与国家治理现代化转型同向同行，避免出现现代国家建构的激进主义问题。事实上，任何一个国家的治理实践都不能脱离特定的经济社会基础和历史文化传统。判断一个国家治理实践的优劣，关键是看它是否适应社会实际、适应社会发展要求，能否解决社会主要矛盾，实现以人民为中心的发展。同理，国家对乡村的运转也应该符合乡村经济社会发展的现实，既不能急于求成也不能裹足不前。急于求成往往致使国家对乡村有序整合的缺位，而裹足不前不仅损害社会现代化转型的权利，还破坏国家长治久安的社会基础。正因如此，现代国家在乡村社会的建构应该与乡村社会的现代化进程保持协调一致，避免出现彼此割裂、单兵突进的问题。

在新时代社会主要矛盾转化的条件下，运转乡村进入一个新的历史时期，国家与乡村的关系也面临再平衡的历史机遇。乡村振兴是新时代党对乡村社会进行规划式治理的重大战略构想，应该以制度要素的对接与互嵌为基本路径，以努力实现更平衡更充分的发展为出发点，坚持以人民为中心的发展理念，充分挖掘乡村的多种功能与价值，走出一条具有中国特色的社会主

---

① 张仲礼：《中国绅士——关于其在 19 世纪中国社会结构中作用的研究》，李荣昌译，上海社会科学院出版社，1991，第 154 页。

义乡村振兴与现代化建设道路，这深刻决定着新时代运转乡村的内在逻辑与现实路径。

二 历史与变迁中的运转乡村

在封建专制时期，如何运转乡村一直是封建统治者需要思考的首要问题。从国家行政体制和乡村自发秩序的互动关系看，运转乡村意味着代表中央权威的基层行政体制和乡村自发秩序的交互作用，国家意图通过建立基层政权和设立地方官员的方式，将乡村社会纳入国家统治秩序中。同时，建立在严密的宗族组织制度和规范之上的乡村自发秩序，也会对国家正式权威的下沉形成不同形式的阻滞或者改造，国家权威与乡村自发秩序之间的有机互动构成了运转乡村的复杂图景。

（一）运转乡村的主要功能具有稳定性

运转乡村是指国家通过一系列制度引导和规制乡村秩序，将分散的乡村与国家联结为一体。运转乡村既是国家意志的体现，也是国家与乡村的互动过程。运转乡村的功能主要体现在整合与获取两个方面。其中，整合是将国家内部经济、政治、文化、乡村等各部分和要素结合为一个有机整体，而获取是国家对基层社会资源进行抽取以满足国家自身发展需要。[1] 一方面，整合意味着用国家政治秩序来解构传统的乡土社会秩序，从而将其上升为国家意志。另一方面，乡村作为农业经济活动和经济体系的重要载体，构成了传统中国封建专制统治的基础，运用国家专属的力量抽取经济资源维系国家存续就成为国家运转乡村的重要目的所在。

在古代，国家既通过设立基层政权和地方官员的方式，又依托基于封建宗族组织制度之上的乡村自发秩序来运转乡村，完成保障社会治安、和睦邻里、征收赋税等基本功能。比如，在春秋战国时期，随着"以郡领县"制的推广，乡、里之上的行政层级组织逐步确立，乡级治理单元逐步沉至县以下，成为基层组织。秦统一六国后，设置 36 郡（后增至 49 郡），郡下设

---

① 徐勇：《国家整合与社会主义新农村建设》，《社会主义研究》2006 年第 1 期。

县，县下设乡、亭、里为基层政权组织。西汉在全国范围内建立了乡、亭、里三级组织，《汉书·百官公卿表》记载："大率十里一亭，亭有长。十亭一乡，乡有三老，有秩、啬夫、游徼。"其中，凡人口规模达到五千人以上之乡置"有秩"，由郡派署，而人口不足五千人之乡置"啬夫"，由县派署。有秩和啬夫作为农村基层负有主要领导责任的行政官员，职责相同，均属官派，故被称为乡官。从乡官的职能层面看，有秩、啬夫皆主知民善恶，为役先后，知民贫富，为赋多少，平其差品。

隋唐两宋时期，中国乡域治理开始由乡里制向保甲制、乡官制、职役制转型。[①] 隋文帝时期施行乡里制，百户为里、五里为乡，乡置乡正，初步具备了一级政府所具有的相关职能，但乡官的权力逐步弱化。唐代实行乡里村三级制，以里正为主、村正为辅，是唐前期县以下乡村基层行政管理体制的主要特征。[②] 安史之乱后，乡制基本丧失其功能，里和村的功能越发凸显，成为乡里组织的重要层级。《旧唐书·职官》记载："百户为里、五里为乡。两京及州县之郭内分为坊，郊外为村。里及坊村皆有正，以司督查。"[③] 其中，村设村正，主要"掌坊门管钥"和"督查奸恶"，主要体现为维持基层社会治安和进行基层管理。这表明村作为城镇之外的聚落，"对郊野聚落自魏晋以来三百年间离乱局面的一次大整合，是国家力量向基层社会进一步渗透的有力举措。"[④] 五代十国时期的乡村治理制度主要沿袭隋唐，实行乡里村制，唐代里正官职较大，掌按比户口、课植农桑、检查非违、催趋赋役，成为乡里组织的实际领导者。

近代以来，特别是晚清的乡村自治意在将国家权力延伸到乡村一级，以便更好整合乡村获取资源。中华民国成立后，中央以自治之名推行基层行政体制改革，自治章程规定乡镇的自治职权，地方行政官员负责监督，地方官

① 白钢：《中国农民问题研究》，人民出版社，1993，第134页。
② 刘再聪：《唐朝"村正"考》，《中国农史》2007年第4期。
③ 参见《旧唐书·职官二》，转引自张晋藩《中国古代乡村基层组织建设的史鉴管窥》，《行政管理改革》2021年第4期。
④ 唐鸣、赵鲲鹏、刘志鹏：《中国古代乡村治理的基本模式及其历史变迁》，《江汉论坛》2011年第3期。

有权申请督抚解散乡镇议事会、董事会及撤销自治职员。由此观之，在此种制度设计下，乡镇地方自治只能沦为空中楼阁。实际上，这种制度设计意在通过培养能够直接实现国家意图的地方官员，加强对传统乡里社会的控制，以打击传统乡绅的权威并加强国家权力对经济和乡村社会生活的直接干预。因此，1912 年民国政府颁布《乡镇自治法》之后，区的权力一度为"乡制"所削弱，但乡制并未推广，而榨取钱财一直是区公所的中心任务。① 由此可见，自从清末新政建立基层政权以来，获取财政资源以服务于国家建构的现实需要，一直是基层政权职能履行的核心面向，后者不但塑造着基层治理的内生逻辑，而且决定着基层治理的现实路径。然而，它也在很大程度上改变了"王权不下县"的局面，把基层政权设置到乡村的尝试，构成了中国新的乡村治理模式的起点。

综上所述，历史与变迁视域中的乡村运转，其功能具有较强的稳定性，主要围绕着"获取"与"整合"两大功能展开。费孝通先生在《乡土中国》指出了传统中国社会的治理模式是"双轨政治"，其中一轨指自上而下的皇权治理之轨，代表着中央权威的行政体制对乡村社会的规制与整合；另一轨则是自下而上的绅权和族权治理之轨，其依托严密的宗族制度和规范，承接自上而下的行政力量并反向表达利益诉求。政治双轨在乡村社会汇合与角力，二者交互作用形成了运转乡村的基本力量。传统中国治理尽管是一种双轨政治，但二者之间的关系从未平等过，乡村自始至终都作为国家的附属品而存在，运转乡村的功能也只能体现在"获取"资源服务于国家自身的存续和发展，而整合本身则不仅是国家存续的基础，在更大程度上则是服务于"获取"资源的现实需要而展开的。正因如此，从运转乡村的实际效果看，尽管封建时代社会体制表面是强大的，因为它呈现一种少有的专制形式，但实际上这种体制往往只实现了横向的整合，而没有切实实现纵向的整合，它维持住了政治体制的存在，但并没有使这一体制深入基层，这也是新

① 〔美〕杜赞奇：《文化、权力与国家：1900-1942 年的华北农村》，王福明译，江苏人民出版社，2010，第 42 页。

时代运转乡村之路径转型所面临的一个亟须解决的重大现实问题。

(二) 运转乡村的组织形式具有差异性

从历史上看，运转乡村的功能具有一定的稳定性，但运转乡村的组织形式具有较大的差异性。在国家治理的现实语境中，国家治理诸要素是决定运转乡村的组织形式的重要变量。从国家财政系统的实际运行状态到国家财政系统与皇族财政系统之间关系的此消彼长，再到国家行政系统的制度运行质量，乃至国家文官集团价值观念的变迁，都会影响运转乡村之组织形式的设计与执行。当然，新中国成立后，作为一个落后的农业国家，严峻的国际环境迫使中国必须实行优先发展重工业的策略，这构成了乡村治理的结构性因素，同时也决定着乡村运转的组织路径。

自商周到春秋战国直至隋文帝时期，运转乡村的行政力量逐步强化，乡官制是运转乡村的组织模式。乡里制度是古代中国乡域治理的主要制度形态，而乡官制则是乡里制度早期的形态。《周礼》详尽记载了当时"六乡六遂"的区划制度，其中乡设于国即西周国都地区，遂设于野即国都以外地区。在乡遂制下，存在乡、党、邻、里四种最基本的组织形式，其所体现的是"相保、相爱、相葬、相救、相赒、相宾"理念。由此可见，这一时期作为运转乡村的理念，乡域自治有着明显的体现，尽管"六乡"分别设置比长、胥、族师、党正、州长、乡大夫等职，但从其承担的功能来看，涉及公共安全、生养死葬、友善邻居等功能。从运转乡村的视角看，彼时国家正式权威涉及较弱，乡村运转有着较为浓重的自治意蕴。

隋唐时期，中国乡域治理开始由实行乡官制的乡里制度向职役制转型。[①] 这一时期，运转乡村的行政化力量呈强化趋势，但也出现运转乡村的制度由国家设计，却交由政权"代理人"执行的现象。在运转乡村的制度路径层面，出现了制度设计者和执行者主体不一致现象，由于制度设计者缺少对制度执行者有效的监督和制约，这一时期乡村的运转情况更加复杂化。从基层行政组织设置层面看，国家行政力量具有下沉的趋势，官方的控制和

---

① 白钢：《中国农民问题研究》，人民出版社，1993，第 134 页。

统治在逐步增强。然而，乡村权力越来越被上收到州县官吏手中，即乡村基层治理人员逐步由享有官秩俸禄的"乡官"向乡绅和地主转变。从历史上看，基层治理人员逐步由乡官向乡绅的转型，尽管减轻了国家财政负担，却增加了乡域治理的非制度化空间，使得基层政权与族权之间的关系更加复杂化，也使得国家行政权力与乡村自发秩序的互动呈现复杂的动态化趋势。同时，这也标志着乡和里地位的逐步沦落，乡里自治功能弱化①。

自王安石变法至清代，乡里制度逐步转变为职役制。为解决国家财政紧张问题，王安石厉行变法，实行保甲制，十家为一保、五十家为一大保、十大保为一都保，分别设置保长、大保长、都保正和副保正，并颁布了《畿县保甲条制》《五路义勇保甲敕》《开封府界保甲敕》等法令和规范保障保甲制的实施②。这一时期，以治安为主要职能的保甲制和以教化为主要职能的乡约渐成为新的组织形式。保甲制具有浓重的自制色彩，改变了国家正式权威的乡官制，乡里之长由领取俸禄的乡官转为具有强制性徭役的职役，成为为人所役使的差人，乡里选举的传统消失，改由县令直接定夺，标志着运转乡村的组织形式进入一个新的时期。

晚清之际，随着西方列强的不断侵略，以中国为中心的东亚朝贡体系逐步走向解体，中国以国际体系中后来者的身份，开始融入由西方国家主导的全球化进程的时代。1903年，清政府一改"重农抑商"传统，发布上谕："通商惠工，为古今经过之要政。自积习相沿，视工商为末务，国计民生日益贫弱，未始不因乎此，亟应变通尽利加意讲求。"③ 由此，"近代之商的发展终于达到了国家政治制度改革的地步，使传统的封建国家政务格局发生了重大变动"。④ 清末新政以后，治国理政方略的变化意味着商业在国家治理中具有

---

① 唐鸣、赵鲲鹏、刘志鹏：《中国古代乡村治理的基本模式及其历史变迁》，《江汉论坛》2011年第 3 期。

② 贺小慧：《沿革与变革：政治权力运作体系下的中国乡镇治理》，中国农业科学技术出版社，2013，第 8 页。

③ （清）朱寿朋编纂、张静庐等校点《光绪朝东华录》第五册，中华书局，1958，第 5013 页。

④ 王先明：《走近乡村——20 世纪以来中国乡村发展论争的历史追索》，山西人民出版社，2012，第 10 页。

越来越重要的地位，这不但改变了国家机构设置的总体格局，而且从根本上改变了国家与乡村社会互动的逻辑与进路。乡村社会日益失去了农业文明时代在国家治理中所具有的基础性战略地位，国家与乡村社会关系的调整自此进入了一个新的历史时期。

晚晴至民国时期的乡村治理组织形式呈现新制（警察制）取代旧制（里保制）的路径，大致分为三个发展阶段：19世纪的里保制、1900~1928年的区董警长制、1929年后的区长制[①]。从历史上看，废弃保甲制改行新制是晚清以来乡村社会制度变革的趋势。实施新政以来，原有以保甲制为中心的乡级组织逐渐瓦解，警区、学区和自治区逐步建立，新的警察制逐渐建立起来，警长不仅需维持治安还兼有传达政令、催征钱粮等行政职权。新的警察制虽然尚未完全从保甲制的母体中脱胎而出，[②] 却是将国家权力的制度网络直接延伸到乡村基层社会的一次重大进展。当然，晚晴和民初政府在乡村进行的基层政权建设主要以乡村自治的形式进行，但根植于乡村社会传统的制度体系，并未发生根本性变革。

1958年下半年开始，我国农村逐步取消了乡镇政权，普遍实行政社合一的人民公社体制，直到1982年新宪法颁布以前，人民公社成为我国农村基层政权的组织形式。[③] 20世纪意识形态等各领域的斗争，特别是以美苏为代表的两大阵营在二战后划定、分割势力范围，争夺世界主导权的国际政治格局，以及中华人民共和国成立后"一边倒"等外交政策的实施，使得我国已经不可能先发展自耕农经济和民族工商业，进而进行社会化大生产，从而有条不紊地进行社会主义现代化建设了。紧迫的国际政治局面，加上对于民族独立和国家富强的强烈渴求，使得优先发展重工业成为国家经济社会建设的重要突破口。"中国共产党执政以后，一再动员和领导工人阶级与全国人民，以极大的热情和毅力进行工业化和

---

① 王先明：《变动时代的乡绅——乡绅与乡村社会结构的变迁（1901-1945）》，人民出版社，2009，第150页。

② 从翰香主编《近代冀鲁豫乡村》，中国社会科学出版社，1995，第57页。

③ 程同顺：《当代中国农村政治发展研究》，天津人民出版社，2000，第150页。

城市化建设。"① 然而，重工业的特性和发展中国家的现实之间存在巨大的
矛盾：一是由于建设资金短缺，许多建设周期较长的项目面临无法支付高额
利息的情况；二是发展重工业需要进口重型机械设备，但是发展中国家面临
进口设备价格昂贵、外汇少且价格高的问题；三是农业经济具有剩余少，且
持有分散的特点，因此难以动员足够的资金实现重工业的发展。② 作为一个
落后的农业国家，严峻的国际环境迫使中国必须实行优先发展重工业的策
略，这构成了运转乡村的结构性困境，同时也决定了乡村治理的现实路径，
所以温铁军认为"中国的国家工业化积累除了让农村和农民做出牺牲没有
其他选择"。③ 人民公社的治理体制，或者说农业合作化解决的是政府与农
民的交易成本问题，保证国家通过统购统销政策以较低的成本从乡村社会获
取资源，为工业化的迅速发展奠定基础。

　　综上所述，不同历史时期国家运转乡村的制度路径呈现一定的差异性。
自井田制而至乡里时期，为有效维护中央对地方的集权，中央通过派出机构
和地方官员对乡村社会加以监控，乡村社会自治力量逐步弱化。自隋唐以至
宋代，运转乡村的制度体系由乡里制向保甲制、乡官制、职役制变迁，国家
不再在乡村通过直接设置地方官员的方式，而是通过找寻"代理人"的方
式运转乡村，④ 但乡官制被职役制的取代同时也表明，农业剩余有限使得国
家放弃了直接设置乡官的方式，转而寻求以乡绅和地主等充任地方官员。自
清末新政建立基层政权以后，出于获取财政资源以服务于国家建构的现实需
要，国家再次将行政权威下沉，乡村民间力量渐趋式微。⑤ 这在很大程度上
改变了"王权不下县"的局面，把基层政权设置下沉到乡村的尝试，构成
了中国新的乡村治理模式的起点。

---

① 王先明：《走近乡村——20 世纪以来中国乡村发展论争的历史追索》，山西人民出版社，
2012，第 308 页。

② 林毅夫：《解读中国经济》，北京大学出版社，2012，第 76 页。

③ 温铁军：《中国农村基本经济制度研究："三农"问题的世纪反思》，中国经济出版社，
2000，第 145 页。

④ 吴理财：《改革与重建——中国乡镇制度研究》，高等教育出版社，2010，第 11 页。

⑤ 朱宇：《中国乡域治理结构：回顾与前瞻》，黑龙江人民出版社，2006，第 61 页。

三 新时代运转乡村的变与不变

新时代运转乡村的功能发生了历史性变革。长期以来，乡村的运转承载着两项职能，一是"整合"，二是"获取"，其中"整合"意味着将乡村和国家结合为一个有机整体，而"获取"则意味着从乡村获取资源服务于国家自身的存续和发展。21世纪初，随着农村税费改革的逐步完成，运转乡村的功能也迎来历史性转变，资源"获取"不再被视为运转乡村的重要目的。新时代，在高质量发展的价值引领下，乡村作为现代国家建设服务员的角色逐步淡化，其作为高质量发展"运动员"的角色逐步强化。与此同时，运转乡村的"整合"功能则被赋予了全新的内容，如何构建价值观、制度与居民行为"三位一体"的乡村社会动员格局，从而把乡村社会有机嵌入国家治理现代化轨道已经成为新时代运转乡村之"整合"功能的新任务。新时代运转乡村的变与不变决定着中心工作机制转型的内生逻辑和现实路径。

运转乡村之功能的更新意味着乡村治理的结构性变迁。从运转乡村功能的角度看，高质量发展取代资源获取功能，成为新时代乡村运转的重要功能。众所周知，资源"获取"与推动高质量发展二者无论是在内涵还是在外延方面都存在较大差异性。从微观层面上看，"获取"重视行政化手段的运用，而高质量发展注重市场化资源运作；资源"获取"重视经济发展效益，高质量发展更重视经济发展质量；"获取"资源重视社会治理的稳定，高质量发展更重视基层社会治理共同体的打造；资源"获取"更多是管理层面守成，而"高质量发展"更多强调治理层面的创新。从中观层面上讲，在资源"获取"这一功能下，乡镇政府施政的自主性空间有限，而高质量发展则大大强化了基层政府施政的自主性，这对公共行政精神有了新的更高要求，更对领导班子的政治智慧和施政经验有了新的要求。与此同时，这种自主性空间的扩大，不仅对乡村治理的公共精神有了新的更高要求，也对运转乡村的立场观点方法有了新的更高要求。

新时代，运转乡村之功能的实现建立在乡镇中心工作机制创新与优化的基础之上。如前文所述，新时代运转乡村使命功能的深刻变革，必然对运转乡村的路径和方式产生新的更高要求。从乡村治理的现实基础来看，中心工作机制作为运转乡村即新时代乡村治理的现实路径的内在逻辑并未发生根本性变化，换言之，在现有的乡村治理的体制、机制和制度环境下，中心工作机制仍然是新时代运转乡村的重要制度路径和组织形式。从乡村治理的现实层面看，单一制国家治理的制度逻辑、超大型国家治理的现实逻辑、基层治理的独特属性等诸多因素的共同作用，决定了新时代乡村的运转仍然需要借助中心工作机制这一制度载体。正是在这个意义上，新时代运转乡村之功能的实现需要建立与之相匹配的组织形式与制度路径。

党的十八大以来，中国特色社会主义进入新时代。随着新时代社会主要矛盾的转化，国家与乡村之间的关系发生深刻变革，运转乡村的功能也发生重大变迁，"整合"与"高质量发展"日渐成为运转乡村的主要功能。从中心工作角度而言，这不仅意味着中心工作范畴的变化，也意味着中心工作机制的转型。首先，乡镇中心工作逐渐从农业剩余提取与分配转变为高质量发展，[①] 不仅表明乡镇政府职能重心的转移，更标志着上级政府对乡镇绩效考核评价体系方面的重大调整，需要逐步打破乡村治理制度的路径依赖。其次，农业剩余提取与分配更多注重的是乡镇自上而下的行政化运作，以此推动基层政府与村级组织的联动，而在高质量发展价值引领下，运转乡村不仅要重视自上而下的行政化机制，也要运用自下而上的民主决策机制，这就需要持续推动乡镇中心工作机制的转型。最后，在农业剩余提取与分配时期，乡村的运转更加重视经济社会发展的稳定与秩序，而在高质量发展时期，乡村的运转更重视的是经济社会治理模式的创新与活力，这对乡镇中心工作机制的转型而言也是现实挑战。

新时代，运转乡村之"整合"的总体目标依然沿袭下来，但整合的目标和路径发生了一系列变化，对中心工作机制的转型提出了新的更高要求。在宏观层面，运转乡村所具有的整合功能，首先指的是坚持党的领导之下的

---

① 景跃进：《中国农村基层治理的逻辑转换——国家与乡村社会关系的再思考》，《治理研究》2018 年第 1 期。

中国特色社会主义乡村治理道路，坚持中国特色社会主义共同富裕目标等。在资源获取时期，乡村运转注重的是政府的资源获取职能，而新时代的乡村运转，则更注重基层党组织的整合职能。从基层政府到基层党组织这种主体的转变，对新时代中心工作机制的转型与优化提出了新的挑战。在中观层面上，运转乡村之整合功能主要是指将乡村的整体化治理整合进"五位一体"总体布局和"四个全面"战略布局之中。实际上，相对于农业剩余提取与分配时期的社会整合而言，新时代的乡村整合的目标更具发散性，且整合的广度、宽度和深度都发生了深刻变化，这对中心工作机制的路径和方式提出了更多挑战。此外，新时代乡村运转的整合功能还要契合中国式现代化的内在逻辑，即乡村整合要充分考虑人口规模巨大、全体人民共同富裕、物质文明和精神文明相协调、人与自然和谐共生、走和平发展道路这五大特征所决定的整合路径。在微观层面上，主要指的是乡村治理的制度规则设计体系，主要涉及党和政府文件等具体内容。总之，新时代的乡村整合功能，在主体结构、目标方向、机制路径等方面都发生了深刻变迁，这对新时代中心工作机制的转型与变革提出了新的更高要求。

第二节　运转乡村路径选择的制约因素

乡镇政权是国家机构的一部分，是运转乡村的实施者和推动者。改革开放以来，"三农"问题逐渐成为学术界关注的热点问题。税费改革前后，乡镇治理面临的问题引发学者的广泛关注。程同顺教授认为当前乡村治理的效能不理想，"我国农村相当多的基层政府和自治组织都把自己的工作重点放在上级派下来的硬指标工作上，或仅仅限于上级派下来的工作上"[1]。乡村运转的效能与路径选择密切相关，或者说运转乡村的路径选择决定乡村治理的效能。因此，有必要对运转乡村的实现路径进行深入的研究，以便为乡村治理现代转型提供理论支撑。

---

① 程同顺：《当代中国农村政治发展研究》，天津人民出版社，2000，第74页。

一　"职责同构"的治理体制

政府治理体制是指宪法和法律规定的不同层级地方政府之间和各个政府机构之间的关系模式和组织形式，政府治理体制描述各层级地方政府之间互动关系的总体样态。中国是一个历史悠久、幅员辽阔的超大型国家。1949年中华人民共和国成立以后，遵循历史惯例，采用了单一制的国家结构形式，即在中央政府统一领导下，实行各级地方政府分级管理的原则，这形成了中国政府治理中的"条块关系"，它是认识乡镇治理路径选择的基础和前提。

"条块关系"是认识中国政府治理特殊性的关键一环。"'条条'是指不同层级的地方政府之间上下贯通的职能部门或机构，也包括部门、机构与其直属的企事业单位；'块块'则是指每一级地方政府内部按照惯例内容划分的不同部门或机构。"①　"条条"管理和"块块"管理相结合是我国政府治理的一个突出特征，朱光磊、张志红用"职责同构"一词阐述我国政府治理中的"条块"关系。所谓"职责同构"，"是指在政府间关系中，不同层级的政府在纵向间职能、职责和机构设置上的高度统一、一致。用通俗的话来描述，就是指中国的每一级政府都管理大致相同的事情，相应地在政府机构设置上表现出'上下对口、左右对齐'。"②　"职责同构"的政府治理体制，构成了乡镇治理的基本背景，深刻影响着乡镇治理的路径选择。

"职责同构"的治理体制，建构了治理议题"自上而下"的传输通道。从治理议题设置的角度看，"职责同构"的治理体制使得上级政府的工作规划，能够通过"条条"系统逐级传导至乡镇，从而在一定程度上为乡镇治理规划了关键议题。毋庸赘言，治理议题决定治理路径，治理路径的选择受制于治理议题的设置。经济发展、社会建设、生态文明建设等不同的治理议题，需要不同的治理路径，治理议题不同治理路径也不同。目前，在"职

---

① 谢庆奎：《中国地方政府体制概论》，中国广播电视出版社，1998，第7页。
② 朱光磊、张志红：《"职责同构"批判》，《北京大学学报》（哲学社会科学版）2005年第1期。

责同构"的治理体制之下，治理议题的层层传导，不但限制了乡镇治理议题设置的自主性，更决定了运转乡村的目的。目前，乡镇政府的工作就是完成上级的任务，无论上级交代什么样的任务，乡镇都必须完成好。① 乡镇治理议题设置的被动性，影响乡镇治理路径的选择。

"职责同构"的治理体制，使得乡镇治理议题的设置高度分散，影响运转乡村的路径选择。乡镇政府处于国家行政体系的末端，其治理议题设置高度分散。基层调研显示，乡镇政府平均每个月要接收上级50多份甚至更多的通知文件，其中多数都需要乡镇贯彻落实，治理议题设置的高度分散，使得乡镇治理呈现较强的随意性，经常出现乡镇的一个职能部门需要同时应对几项不同任务的情形。客观来看，治理议题的分散性削弱了乡镇作为马克斯·韦伯意义上的科层制组织的基本特征。现实来看，乡镇治理议题的高度分散，导致乡镇治理采用中心工作机制的治理路径。

"职责同构"的治理体制，加剧了乡镇治理资源有限性与议题多样性的矛盾，制约着运转乡村的路径选择。上级部门众多的治理议题传导进乡镇治理体系，不但导致乡镇各职能部门超负荷运转，而且对乡镇有限的治理资源形成了"瓜分"态势，带来乡镇治理只能疲于应付上级的问题，严重影响了乡镇政府职能的转变，增加了乡镇服务型政府建设的难度。基层调研中有乡镇干部就此指出，上级政府各个部门都通过乡镇政府这个口，直接对接农民。民政、教育、卫生等各个职能部门都要通过乡镇政府对接农民，同时，各个部门也都针对乡镇政府采用了不同的考核方式，乡镇治理资源高度分散的事实，在很大程度上制约着乡镇治理的路径选择。

二 "文件"作为重要政策工具

文件或者称"红头文件"是国家各级党政机关作为主体正式发布或授权发布的规范性文书，其最早是中国共产党用来发布决定的主要形式，后来逐渐推广开来，发布"红头文件"已成为各级党政机关、人民团体

---

① 基层调研访谈记录，2017年5月。

和事业单位管理运作的重要方式。众所周知，中国共产党成立后，非常注重以文件规范党内事务和各级组织行为，在革命战争时期，面对异常艰苦和残酷的斗争环境，党内的多项决策只能通过文件或者口头文件的形式传达，所以这一时期党将文件视为传递战略信息的重要手段。新中国成立后，随着政权的巩固，文件也从最初的传递信息，发展成为常态化的国家治理工具。① 当前，法律、文件和会议都是国家各级行政机关履行职能的重要方式和手段，其中文件是使用频率较高的政策工具。因此，文件在我国政治系统运作中发挥着重要作用，已经演化为一项较为成熟的政治制度，② 文件内容也涉及政治、经济、文化、生活等多个方面。

文件依其功能的不同，可区分为政治文件、行政文件与信息文件。政治文件涉及的是党和国家政治生活中的重要议题，为政府行政确立基本的指导路线或方针；行政文件是行政机关依法履行职能的重要方式和手段，是落实党和国家大政方针的重要政策工具。文件具有权威性、指令性和上传下达的功能特点，在国家治理中发挥着指导、监督和约束的重要作用。比如，中央制定下发的规范性文件是地方各级党政机关需要遵循的重要标准，下级政府部门要在上级文件授予的职责权限和规定的事项范围内制定相应的实施细则。与此同时，文件也具有鲜明的政治属性和政治价值指向，是"基层秩序的正式规范来源和权威形式"。③ 正因如此，文件在乡镇治理中发挥着关键作用，构成了乡村治理的重要政策工具。

乡镇政府是国家最基层的一级政权，上级党委政府下发的各类规范性文件，不仅影响着乡镇治理的议程设置，还影响着运转乡村的路径选择。从乡村治理的实践来看，上级文件不但规定着乡村治理的议题范围，还对相关治理议题进行规划与引导。比如，笔者参与调研的 L 市，在上级下发的年度考核计划中，通常将乡镇的治理议题区分为年度中心工作与常规工作。一般

---

① 周光辉、隋丹宁：《从文书行政到文件政治：破解我国规模治理难题的内生机制》，《学刊》2021 年第 4 期。

② 谢岳：《当代中国政治沟通》，上海人民出版社，2006，第 116 页。

③ 周庆智：《"文件治理"：作为基层秩序的规范来源和权威形式》，《求实》2017 年第 11 期。

而言，年度中心工作在考核中的分值权重较大，而常规工作的分值权重则明显较小。众所周知，考核评价是基层治理的"指挥棒"，而文件又是考核评级机制的重要载体，所以乡镇在一定程度上成为"运行在文件上"的一级政权。上级下发的各类规范性文件不仅规制乡镇的治理议题，还对运转乡村路径的选择发挥着规范作用，影响着乡镇中心工作机制的治理路径。

上级下发的各类规范性文件在乡镇治理实践中具有高度的权威性，乡镇治理整体上处于上级政府的引导与规制之下。文件在乡村治理中的权威性以及考核文件所具有的指挥棒功能，使得处于压力型体制与官员晋升政治锦标赛双重压力下的乡镇，生成了策略化运作的行为机制。上级文件对乡镇治理的规制机制，深刻影响着乡镇职能的履行，文件不仅是规制与引导乡镇治理行为的重要政策工具，也在一定程度上制约着乡镇治理的行政理性和基层能动性的发挥。整体而言，文件对乡镇政府的职能履行、组织运作和行政过程都产生了重要影响，塑造着乡镇中心工作机制的治理路径。

三　基层政权的治理特质

乡镇政府是我国最基层的政权组织，作为国家政权体系的基础一环，其行为逻辑与运行机制是中国政府体制和政治体制的延伸和缩影。同时，乡镇处于国家政权体系的末端，是国家与社会的"连接点"，其运行既要体现国家权力意志，也要回应社会的权利诉求，其职能履行具有国家社会化与社会国家化的双重意涵。因此，乡镇治理具有自身的特殊性，后者表现在职能履行、组织运作和行政过程等乡镇行政的诸多层面，深刻影响着运转乡村的路径选择。

乡镇的治理与运作具有自身独特性，影响运转乡村的路径选择。黄宗智认为乡镇政府组织处于国家与乡村社会之间的"第三领域"，这是国家与乡村社会两方都参与其中、共同作用的一个领域，但又具有不同于国家和乡村社会的自身逻辑与特征，因此"单纯从社会组织或国家权能出发，都无法领会其内涵……我们可以讨论国家或者社会或者两者一起对第三区域的影响，但却不会造成这一区域会消融到国家里或社会里或同时消融到国家与社会里的错觉。"① 这意味着乡村运转既不能完全"国家化"，也不能完全"去国家化"，这种独特性是影响运转乡村路径选择的重要因素。

乡镇政府作为农村地区的基层行政区域，政府职能重在执行而非规划。作为基层政权，乡镇的职能履行主要是执行本级人民代表大会的决议和上级国家机关的决定和命令，上级的治理偏好层层传导到乡镇政府，成为影响乡镇政府职能履行的重要因素。然而，乡镇在职能履行中又存在一些不容忽视的问题，"农村基层政府过程在总体上呈'部门掌权、政府协调'的格局，'七所八站'所处理的本职业务所必需的各种资源是掌握在'条条'的手里……导致乡镇一级的'条块关系'方面的问题，比它们之上的任何一级政府都更加突出"。② 由此可见，乡镇政府职能履行中的诸多现实问题，也会对运转乡村的路径选择产生重要影响。

乡镇作为国家最基层的政权，治理中存在责任大、权力小的问题，也影响着运转乡村的路径选择。乡镇政府是在没有多大自主权的基础上开展综合治理的，乡镇政府是在权力与责任严重不对等的情况下开展工作的，乡镇的自主性非常有限。③ 另外，由于处于基层政权的位置，各种检查考核成为乡镇日常工作的重要组成部分，上级各个部门也都针对乡镇政府采用了不同的考核方式。乡镇政府忙于各种考核检查，从县里、市里到省里，每一级检查都伴随着反复的劳动量，要填写大量的表格，有的还要到现场查验，乡镇对此是疲于应对，检查考核过多甚至影响了正常工作的开展。④ 乡镇治理中的权责不对称现象，对乡镇治理的路径选择具有重要的影响。

综上所述，运转乡村的实现路径受制于乡村治理的现实条件，"职责同构"的政府治理体制建构起政府治理中复杂的"条块关系"，这是塑造乡村治理路径的基础性因素。"文件制度"在乡村运转中发挥着关键作用，对于

---

① 〔美〕黄宗智：《中国的"公共领域"与"市民社会"？》载邓正来、J. C. 亚历山大主编《国家与市民社会：一种社会理论的研究路径》，中央编译出版社，2002，第429~430页。

② 朱光磊：《当代中国政府过程》（第三版），天津人民出版社，2008，第303~304页。

③ 基层调研访谈记录，2017年4月。

④ 基层调研访谈记录，2017年5月。

乡村治理而言，上级下发的各类考核文件是塑造乡镇治理路径的决定性因素。此外，乡镇作为最基层的国家政权，其治理具有自身的特殊性，这也是塑造乡镇治理路径的重要因素。以上三个方面的因素共同塑造着运转乡村的现实路径，即乡镇中心工作机制的治理路径。

第三节　乡镇中心工作机制的运转乡村路径

运转乡村的实现路径是理解乡村治理的关键环节，决定乡镇职能的主要面向，塑造乡镇政府组织运作的主要样态，建构乡镇行政过程的主要特征。乡镇作为国家政权在乡村社会的权威性代表，在国家与乡村社会的互动中发挥着中介作用，其运行既要体现国家逻辑，又要彰显社会立场，是国家政权在乡村治理的政治基础和重要依托。鉴于此，本书尝试从国家与乡村社会关系的角度剖析运转乡村的内在逻辑，并将其视为乡村治理实现路径的主要建构因素。

一　乡村治理的内在逻辑

国家与乡村社会的关系构成乡镇治理的内在逻辑。"国家与社会"理论分析框架是西方政治社会学的核心内容之一，自 20 世纪 90 年代至今，逐渐成为中国政治学、社会学、法学等学科的主流分析范式（paradigm）之一。美国学者米格代尔以权力的强弱为变量，提出了"强社会—弱国家"等国家与社会关系的类型。[1] 秉承这种分析思路，何增科将国家与社会的关系归纳为社会制衡国家、社会对抗国家、社会与国家共生共强、社会参与国家、社会与国家合作互补，并提出了国家与社会关系的"五分法"模式。[2] 秦晖则基于政府权力与责任关系，提出了国家与社会的四种关系类型。[3]

---

[1] 〔美〕乔尔·S. 米格代尔：《强社会与弱国家：第三世界的国家社会关系及国家能力》，张长东等译，江苏人民出版社，2012；《社会中的国家：国家与社会如何相互改变与相互构成》，李杨、郭一聪译，江苏人民出版社，2013。

[2] 何增科：《公民社会与第三部门研究引论》，《马克思主义与现实》2000 年第 1 期。

[3] 秦晖：《NGO 反对 WTO 的社会历史背景——全球化进程与入世后的中国第三部门》，《探索与争鸣》2007 年第 5 期。

　　国家与社会关系的既有理论，无法阐释国家与乡村社会的关系。一方面，任何理论的解释力都有限度，理论构建过程中核心变量的选取，决定理论解释的幅度与限度，而既有研究无法解释国家与乡村社会关系的主要面向。另一方面，国家与乡村社会的关系同国家与社会的关系二者之间有着明显区别，前者具有独特的内在逻辑与演进路径，因此，不宜套用国家与社会关系的相关理论阐释国家与乡村社会的关系。

　　国家与乡村社会的关系是在特殊的历史情境中建构起来的。晚清以降，国家与乡村社会的关系便被裹挟进现代国家政权建设的历史进程中，为了推进现代化进程，国家不断加强向乡村社会渗透以获取乡村社会资源，这成为近代以来国家与乡村社会关系演进的主线。美国学者杜赞奇认为，清末新政的推行使扩大财源显得更为迫切，因此，获取乡村财税资源成为国家政权统治乡村社会的主要体现，这塑造了基层官僚"营利型经纪"的角色。[1] 新中国成立以来，为了把落后的农业国快速转变成先进的工业国，实现强国自立的目标，中国领导人确立了优先发展重工业的战略目标。[2] 为工业化、城市化的快速发展获取财税资源成为基层政权职能履行的重心所在，这是我们认识国家与乡村社会关系的逻辑前提。

　　乡镇政权作为连接国家与乡村社会的枢纽，其职能履行蕴含着认识国家与乡村社会关系的密码。以此为出发点，我们认为国家与乡村社会之间形成了"规划性"支配的关系，这种关系是在全能主义政治的政治社会形态下演变而来的，是一个国家权力有规划性地退出乡村社会的过程。[3] 国家对于乡村社会的规划性支配，具体表现为国家通过有计划、有目标的政策和行动，策略性地运用国家能力，有选择性地对乡村社会进行渗透，并对乡村社会实施现代性变迁的国家控制过程。

---

① 〔美〕杜赞奇：《文化、权力与国家：1900—1942 年的华北农村》，王福明译，江苏人民出版社，2010，第 24~25 页。

② 林毅夫：《解读中国经济》，北京大学出版社，2012，第 75 页。

③ 孙立平、王汉生、王思斌等：《改革以来中国社会结构的变迁》，《中国社会科学》1994 年第 2 期。

整体来看，国家对乡村社会的规划性支配主要体现在以下四个层面。首先，国家策略性地选择在乡村社会的某些特定场域加强权力控制，而在其他场域，则会选择性退出。基层调研显示，国家通常在乡村社会的经济发展、资源获取、基层党建、计划生育、社会稳定等场域强化权力控制，而在其他领域则不同程度地存在策略性退出的情况。[①] 其次，国家策略性选择自身在乡村社会存在的主要面向。现代国家以提供政治保护与公共服务为筹码，换取地方忠诚，并从地方获取财税资源。[②] 因此，前者通常以公共服务的提供者和财税资源的获取者两种形象出现在乡村社会。然而，长期以来在"赶超式"发展的压力下，特别是在特定的历史时期内，国家更倾向于以资源获取者而非服务提供者的面向出现在乡村社会。再次，策略性地运用国家能力实现对乡村社会的规划性支配。一般认为，"国家能力包括渗入社会的能力、调节社会关系、提取资源以及以特定的方式配置或运用资源四大能力。"[③] 国家能力在乡村社会的选择性运用，主要体现在两个方面：一是重点选择运用某一种能力，比如在乡村社会国家特别重视运用资源获取的能力；二是同一种能力在不同领域内的选择性运用，比如，同样是渗透社会的能力，在乡村社会的某些领域，国家的渗透能力很强，而在另外一些领域，国家的渗透能力较弱。最后，国家对于乡村社会治理方式的规划性应用，这突出体现在国家在使用强制能力与基础能力之间的策略性选择层面。作为后发现代国家，国家对于乡村社会的治理方式，呈现出由国家强制治理向制度治理的过渡性特点。

国家对乡村社会的规划性支配构成了乡镇运行的内在逻辑，国家通过治理的制度体系建设反映其治理偏好，同时形成了乡镇治理的激励与约束机制。同样，乡镇治理要以职能履行回应国家的治理偏好，这种回应性充分体

① 〔德〕托马斯·海贝勒、雷内·特拉培尔：《政府绩效考核、地方干部行为与地方发展》，王哲译，载〔德〕托马斯·海贝勒等主编《"主动的"地方政治：作为战略群体的县乡干部》，中央编译出版社，2013，第299页。

② 张静：《基层政权：乡村制度诸问题》，上海人民出版社，2007，第80~82页。

③ 〔美〕乔尔·S.米格代尔：《强社会与弱国家：第三世界的国家社会关系及国家能力》，张长东等译，江苏人民出版社，2009，第5页。

现在乡镇运行的过程当中，它塑造乡镇的权力结构、组织流程、行政决策、执行监督等环节的主要特征。换言之，乡镇运行的内在逻辑建构与之契合的乡镇运行模式，以实现国家对乡村社会规划性支配的治理目的。

二 乡村治理的中心工作

乡村治理具有独特的内在逻辑，本书在遵循历史逻辑的前提下，将其概括为国家对乡村社会的规划性控制。乡村治理的内在逻辑是塑造乡村治理样态的结构性力量，也塑造了乡村治理的激励与约束机制。乡村治理要以职能履行回应国家的治理偏好，乡村治理中凡是那些列入国家治理偏好的治理议题，往往成为乡镇的中心工作。

（一）调查的基本情况

2017年，笔者在东部某省L市、Y市、R市下辖的5个乡镇进行问卷调查。其中L市B镇、D镇和H镇每个乡镇110份，Y市X镇、R市L镇两个乡镇各80份，总共发放调查问卷490份，共计收回有效问卷443份。

本次调查以县乡干部为主要调查对象。其中，县级党政机关干部占7.6%，乡镇党政机关干部占65.7%，乡镇站所工作人员占26.7%。在被访问的干部中，处级干部占3%，科级干部占26%左右，一般工作人员占71%左右。在性别方面，男性受访者占72%，女性受访者占28%。在年龄方面，年龄为20~29岁的受访者占29.8%，年龄为30~39岁的受访者占39.4%，年龄为40~49岁的受访者占23.6%，年龄为50~59岁的受访者占8.2%。在文化程度方面，具有高中或者中专学历的受访者占9.6%，具有大学专科及本科学历的受访者占86.4%，具有研究生及以上学历的受访者占4%。在工龄方面，27.3%的受访者工龄不足5年，28.9%的受访者工龄为5~10年，20%的受访者工龄为11~19年，具有20年以上工龄的受访者占24%。受访者的上述结构分布，在一定程度上保证了本次调查数据的可信性以及代表性。

此外，为了保证调查问卷填写的信度和效度，在设计调查问卷的具体问题时，主要采取了问题和陈述两种方式，以便获知受访者对于中心工作以及其他问题的真实看法。相对问题而言，陈述是更为直接的获知受访者态度的方式，如果可以通过相对简短的陈述来总结态度，那么就可以提出一些陈述并让受访者回答同意或者不同意。[①] 在问卷中同时使用问题和陈述两种方式设置问题：一是能够直接获得乡镇干部和工作人员对某个问题的真实态度，为后续问题的设置和回答奠定基础；二是使用陈述的方式设置问题，在使受访者对于问题保持高度敏感性的同时，也能够较好地还原乡镇工作的场景，便于调查者获得真实有效的相关信息。

（二）调查的主要内容

学术概念的提炼与学术命题的提出都根源于实践活动，乡镇中心工作机制的研究也是如此。学术界早就关注到了乡村治理中的中心工作现象，然而，遗憾的是当前学界对乡镇中心工作的研究仅仅停留在概念提炼与现象描述阶段，对于乡镇中心工作的生成机理及其运作过程，尤其是对乡镇围绕中心工作生成的一套协调与控制系统——中心工作机制的相关研究并不深入，没有认识到其对于乡镇治理实践的深刻影响，更忽视了其具有的理论研究价值，而这正是本项研究的原动力。

1. D 镇的中心工作

本次调研在 D 镇共发放问卷 110 份，收回有效问卷 101 份。为了获知乡镇工作人员对于乡镇中心工作现象的态度和认知，笔者在问卷中设置了如下陈述式的问题："乡镇的某些工作领导会非常重视，成立各种临时性的指挥部或者领导小组，乡镇会投入较多的人力、财力和物力去完成；乡镇的另外一些工作领导并不是很重视，通常由各办公室、站、所加以完成，乡镇投入的人力、财力和物力也较为有限"。对于这一问题总共设置了四个答案选项，分别是非常赞成、赞成、不同意和非常不同意。调查统计数据显示，在 D 镇有 16.2% 的受访者选择"非常赞成"选项，有高达 74.8% 的受访者选择"赞成"选项。

[①] 〔美〕艾尔·巴比：《社会研究方法》（第十一版），邱泽奇译，华夏出版社，2009，第 246 页。

　　为了更加深入地获知受访者对于乡镇中心工作的认知，调查问卷进而设置了如下陈述式的问题："根据当地实际，乡镇面临数量众多的治理任务，乡镇会将众多的治理任务划分为重点工作（中心工作）和常规工作（一般性工作）"。本题共设置了四个答案选项：非常赞成、赞成、不同意和非常不同意。调查结果显示，在收回的 101 份有效问卷中，有 4 位受访者明确表示"不同意"，有 19 位受访者表示"非常赞同"，有 59 位受访者表示"赞成"。在所有受访者中，持"非常赞成"和"赞成"态度的受访者的比例高达 77.2%。由此可见，在 D 镇，高达 77.2% 的受访者认可乡镇将工作区分为中心工作和常规工作这一说法。

　　获知受访者对乡镇中心工作现象的基本态度与认知以后，笔者进一步对乡镇中心工作的具体构成进行了调查，调查问卷中的问题设置如下：根据当地实际，您认为近五年来乡镇的主要中心工作包括哪些？（可以多选，请在选项前的空格内打√）（见表 1-1）。

表 1-1　2013~2017 年乡镇的部分中心工作调查

序号	指标名称	序号	指标名称
1	全面改薄任务和幼儿园建设	15	农村低保及五保供养工作
2	增强全民法治观念	16	落实河长制工作
3	文化产业发展	17	现代农业现场交流
4	从严选任管理干部	18	提升基层党建水平
5	社会稳定	19	依法全面履行职能
6	常住人口城镇化率及提高幅度	20	转方式调结构现场交流
7	新型城镇化现场交流	21	"三引一促"工作 *
8	环保突出问题督查整治	22	美丽乡村示范村建设
9	社会保险综合覆盖率	23	文化建设
10	一般公共预算收入	24	城乡建设用地增减挂钩工作
11	群众对改革的获得感	25	食品安全工作
12	固定资产投资及其项目建设	26	年度改革任务完成情况
13	推进统一战线工作	27	新农合工作
14	人口均衡发展与健康素质提高	28	基层公共文化服务体系建设

　　注：＊ "三引"是指引资金、引人才、引技术，"一促"是指促进地方经济社会发展。

从受访者对于乡镇中心工作的数量这一问题来看，有 10.7% 的受访者认为乡镇中心工作的数量在 3 件以下，有 18.8% 的受访者认为乡镇中心工作的数量为 3~5 件，有近 60% 的受访者认为乡镇中心工作的数量为 6~10 件，有近 13% 的受访者认为乡镇中心工作的数量在 10 件以上。由此可见，多数受访者认为乡镇中心工作的数量为 6~10 件。

对于哪些工作被视为乡镇中心工作这一问题，D 镇受访者对于调查问卷中 28 项工作的重要性的认知存在一定差异。比如，在 D 镇几乎没有受访者将全面改薄任务和幼儿园建设、增强全民法治观念、文化产业发展、从严选任管理干部等工作视为中心工作。与此相对，有高达 77.4% 的受访者和 86.4% 的受访者将社会稳定工作列为年度乡镇中心工作。整体而言，受访者的认知大致能够反映乡镇治理的基本方向，乡镇治理中的确存在高度重视某些工作，而对另外一些工作又不够重视的情形。客观来看，任何工作的开展都有重点和非重点之分，这种工作方法本身并没有问题，关键在于乡镇将哪些工作视为中心工作，对于这个问题的回答将决定着乡镇治理的主要面向。

具体来讲，在 D 镇有 3% 以下的受访者将推进统一战线工作、常住人口城镇化率及提高幅度等六项工作视为中心工作，有 10.0% 左右的受访者将增强全民法治观念、文化产业发展等工作视为乡镇中心工作，有 20.0% 左右的受访者将农村低保及五保供养工作、新型城镇化现场交流等工作视为乡镇中心工作，有 29.7% 的受访者将"三引一促"① 工作列为中心工作，有 32.1% 的受访者将一般公共预算收入列为乡镇的中心工作，有 35.1% 的受访者将提升基层党建水平列为乡镇中心工作，有 45.9% 的受访者将美丽乡村示范村建设列为乡镇中心工作，有 51.3% 的受访者将城乡建设用地增减挂钩工作列为乡镇中心工作，有 62.1% 的受访者将环保突出问题督查整治列为乡镇中心工作，有 77.4% 的受访者将社会稳定工作列为乡镇中心工作，有高达 86.4% 的受访者将精准扶贫工作列为年度乡镇中心工作。

乡镇中心工作是一个源于实践的概念，对于中心工作范畴的认知和把握

---

① "三引一促"意为引资金、引技术、引人才，促科学发展。

一定要回到乡镇治理的现实，或者说要站在乡镇治理的立场来判定。受访者是乡镇治理的决策者与实施者，对于某项工作而言，将其视为中心工作的受访者比例的高低，恰能说明该项工作在乡镇治理中的重要程度。以受访者将某项工作视为中心工作比例的高低为主要标准，参考受访者对于中心工作数量的认识，笔者认为，就 D 镇而言，其中心工作的构成主要有以下几个方面：一是经济发展工作，主要包括"三引一促"工作、一般公共预算收入、固定资产投资及其项目建设等；二是生态环境建设类工作，主要包括美丽乡村示范村建设、环保突出问题督查整治工作等；三是城镇化建设类工作，主要是指城乡建设用地增减挂钩工作等；四是社会治理类工作，主要是指社会稳定等相关工作；五是基于"运动式"治理的相关工作，主要是指上级安排的阶段性中心工作。

2. B 镇的中心工作

本次调研，在 B 镇共发放问卷 110 份，收回有效问卷 98 份。调查问卷内容的设置主要采用了问题和陈述两种形式。调查统计数据表明，B 镇受访者普遍认同乡镇将工作划分为中心工作与常规工作这一基本判断，为了准确获知乡镇工作人员对于中心工作的态度，笔者在问卷中设置了如下陈述式问题："乡镇的工作中存在中心工作与常规工作的区别，乡镇对于二者的重视程度不同，二者开展的过程也不相同"。对于这一问题，共设置了四个答案选项，分别是非常赞成、赞成、不同意和非常不同意。调研结果显示，在 B 镇有 8.5% 的受访者选择"不同意"选项，有 22.9% 的受访者选择"非常赞成"选项，有高达 68.6% 的受访者选择"赞成"选项。由此可见，在 B 镇绝大多数的受访者认为乡镇存在将工作进行分类的做法，有些工作乡镇会非常重视，而有些工作乡镇并不重视。

具体来讲，在 B 镇仅有 5% 以下的受访者将文化建设、常住人口城镇化率及提高幅度、推进统一战线工作、群众对改革的获得感、全面改薄任务和幼儿园建设、基层公共文化服务体系建设等六项工作视为中心工作，有5.8% 的受访者认为增强全民法治观念是乡镇的中心工作，有 10% 左右的受访者将食品安全工作、人口均衡发展与健康素质提高、文化产业发展、新型城镇化现场交流等工作视为乡镇中心工作，有 20% 左右的受访者将环保突出问题督查整治、社会保险综合覆盖率、落实河长制工作、现代农业现场交流等工作视为乡镇中心工作。此外，有 30% 左右的受访者将"三引一促"工作、依法全面履行职能列为乡镇的中心工作，有 44.1% 的受访者将固定资产投资及其项目建设列为乡镇的中心工作，有 47.3% 的受访者将一般公共预算收入列为乡镇的中心工作；50.2% 的受访者将社会稳定工作列为乡镇的中心工作，有 52.9% 的受访者将城乡建设用地增减挂钩工作列为乡镇的中心工作，有 67.9% 的受访者将提升基层党建水平列为乡镇中心工作，有 70.6% 的受访者将农村低保及五保供养工作列为乡镇中心工作，有 71.3% 的受访者将美丽乡村示范村建设工作列为乡镇中心工作。

将受访者视某项工作为中心工作比例的高低作为主要评价标准，参考受访者对于中心工作数量的认识，本书认为 B 镇的中心工作主要有以下方面：一是经济发展工作，主要包括固定资产投资及项目建设、"三引一促"工作、一般公共预算收入等；二是生态环境建设类工作，主要包括美丽乡村示范村建设、环保突出问题督查整治工作等；三是城镇化建设类工作，主要是指城乡建设用地增减挂钩工作等；四是社会稳定等相关工作；五是上级安排的阶段性中心工作；六是改善民生类的阶段性中心工作，主要是指农村低保及五保供养工作。然而，整体来看民生工作并不是 B 镇工作的重心，这是因为调查统计数据表明，在 B 镇并没有受访者将群众对改革的获得感、全面改薄任务和幼儿园建设、基层公共文化服务体系建设等民生工作视为乡镇的中心工作。

3. H 镇的中心工作

本次调研，在 B 镇共发放问卷 110 份，收回有效问卷 103 份。调查问卷内容的设置主要采用了问题和陈述两种形式。调查统计数据表明，H 镇受访者普遍认同乡镇将工作划分为中心工作与常规工作这一基本判断，为了准确获知乡镇工作人员对于中心工作的态度，笔者在问卷中设置了如下陈述式的问题："乡镇的工作中存在中心工作与常规工作的区别，乡镇对于二者的重视程度不同，二者开展的过程也不相同"。对于这一问题，共设置了四个答案选项，分别是非常赞成、赞成、不同意和非常不同意。调研结果显示，在H镇有16.5%的受访者选择"不同意"选项，有11.1%的受访者选择"非常同意"选项，有高达72.3%的受访者选择"赞成"选项。由此可见，H镇绝大多数的受访者认为乡镇存在将工作进行分类的做法。

调查统计数据显示，有12%左右的受访者认为乡镇中心工作的数量在5件以下，有69%的受访者认为乡镇中心工作的数量为5~10件，有18%的受访者认为乡镇中心工作的数量为11~15件，仅有2.7%受访者认为乡镇中心工作的数量为15件以上。由此可见，多数受访者认为乡镇中心工作的数量为5~10件，但也有近20%的受访者认为，乡镇中心工作的数量为11~15件。

具体来讲，H镇受访者对于乡镇中心工作的认知呈现明显的阶梯状分布。展开来看，10%以下的受访者将常住人口城镇化率及提高幅度、人口均衡发展与健康素质提高、文化产业发展等工作视为中心工作，29%左右的受访者将文化建设、年度改革任务完成情况、增强全民法治观念、食品安全工作、基层公共文化服务体系建设工作视为中心工作，49%左右的受访者将社会保险综合覆盖率、新型城镇化现场交流、转方式调结构现场交流、群众对改革的获得感等工作视为乡镇中心工作，69%左右的受访者将一般公共预算收入、"三引一促"工作、现代农业现场交流、社会稳定、固定资产投资及其项目建设工作视为乡镇中心工作，70%以上的受访者将提升基层党建水平、美丽乡村示范村建设、城乡建设用地增减挂钩工作等工作视为乡镇中心工作。

受访者是乡镇治理的决策者与推动者，对于某项工作而言，受访者将其视为中心工作比例的高低，可以视为判定中心工作的重要标准。有鉴于此，本书认为就H镇而言，其中心工作大致包括如下方面：一般公共预算收入、"三引一促"工作、现代农业现场交流、社会稳定、固定资产投资及其项目建设、提升基层党建水平、美丽乡村示范村建设、城乡建设用地增减挂钩工作等工作。

通过对L市三个乡镇的调查与分析，可以得出如下初步结论。

首先，乡镇在执行上级政策时存在选择性执行的现象。调查统计数据显示，在 L 市的三个乡镇，有高达 73% 的受访者表示认可乡镇在执行上级政策时存在选择性执行的现象。中国乡村治理中的选择性政策执行现象，早已引起学界的关注①，实际上，乡镇对于上级政策的选择性执行，从政府职责的角度来看，表现为乡镇对于政府职责的选择性履行。乡镇对于职责的选择性履行和乡镇对于上级政策的选择性执行，是一枚硬币的两个方面，这也说明乡镇治理具有明显的选择式治理的基本特点。

其次，乡村治理中的选择性政策执行现象，折射出乡镇对不同的治理议题区别对待的问题。基层调研显示，乡镇治理者普遍认为乡镇治理中存在将工作划分为中心工作和常规工作的做法，而且对于中心工作，乡镇会重点去完成，而对于常规工作，乡镇配置的资源则相对有限。从基层治理的实践来看，这是乡镇治理中的一个普遍现象，然而，正是这种现象赋予了乡镇治理自身的独特属性。实际上，任何一级政府都有其治理的独特性，学术研究的关键是要分析乡镇治理的这种独特性，以便为乡镇治理的现代转型提供坚实基础。

再次，尽管 L 市三个乡镇某些中心工作排序的位次有所不同，但是中心工作构成的结构呈现高度的一致性。整体来看，经济发展工作仍然是乡镇治理的重中之重，一般公共预算收入、固定资产投资及其项目建设、"三引一促"工作等都是各个乡镇的中心工作。此外，以社会稳定工作为主要面向的乡村管治工作也是乡镇治理的重心，与之相对，公共物品与公共服务的提供不是乡镇治理的中心工作。从政府职责层面来看，L 市乡镇服务型政府建设任重而道远。另外，体现乡村生态宜居导向的系列工作逐步取代计划生育工作成为近几年乡镇治理的中心工作，然而，目前来看，此类工作尚没有取代经济发展和公共管理工作地位的可能性。

最后，乡镇对于不同的治理议题，采取不同的组织运作方式，乡镇对于

---

① 〔美〕欧博文、李连江：《乡镇执行中的选择性执行》，唐海华译，载〔德〕托马斯·海贝勒等主编《"主动"的地方政治：作为战略群体的县乡干部》，中央编译出版社，2013，第341~364 页。

治理议题的区别对待，已经影响到乡镇的组织运作过程。调查问卷中设置如下陈述式问题："根据当地实际，从乡镇政府组织动员的形式来看，由于任务不同，乡镇存在不同的组织动员形式，其中中心工作一般通过成立'领导小组''指挥部'等形式进行组织动员，而常规工作则通过站所（或者办公室）进行组织动员。"调查统计结果显示，在 L 市的三个乡镇，有高达85.4%的受访者赞成这一说法。由此可见，乡镇将工作区分为中心工作和常规工作的做法，深刻影响着乡镇的组织运作和行政过程。对不同的任务采取不同的组织形式，已经成为乡镇治理中的常见现象，也是乡镇治理独特性的一种典型体现。

（三）L 市乡镇的中心工作

当前，学术界对于乡镇中心工作机制的研究尚处于概念提炼与现象描述阶段。赵树凯将中心工作与各个办公室、站、所、中心的部门业务工作相区别，认为中心工作是党委统一安排的工作。[①] 吴毅认为，乡镇中心工作是指"围绕上级部署的各种任务而展开的各种阶段性工作。对于这些工作，乡镇必须不计成本和代价地去完成，而但凡中心工作又都必辅之以相应的考核检查"。[②] 刘能用行政年历一词表述乡镇政权公共行政过程中的时间流和事件流，并认为中心工作类似于乡镇"每年都要做的事"。[③]

就中心工作包含的事项而言，刘能认为，乡镇中心工作主要包括：经济事务，指的是从总收入到利润的一系列指标都要达标；党务和组织建设；常规财政过程，主要包括收粮、纳税和敛费等工作；基本建设的规划、管理和实施；涉及"一票否决"的其他事项。[④] 本书认为乡镇中心工作与常规业务性工作相对，它是指在特定的历史时期或者时间段内，根据上级的部署以及考核

---

① 赵树凯：《乡镇治理与政府制度化》，商务印书馆，2010，第 139 页。
② 吴毅：《小镇喧嚣：一个乡镇政治运作的演绎与诠释》，生活·读书·新知三联书店，2007，第 17 页。
③ 刘能：《等级制和社会网络视野下的乡镇行政：北镇的个案研究》，社会科学文献出版社，2008，第 98 页。
④ 刘能：《等级制和社会网络视野下的乡镇行政：北镇的个案研究》，社会科学文献出版社，2008，第 111 页。

要求，在乡镇政府职能结构中具有优先完成的战略地位，需要乡镇集中力量加以完成的工作。具体而言，乡镇中心工作主要有以下几类（见表1-2）。

长期性中心工作。长期性中心工作是指常年在乡镇考核指标体系中占有较大的分值权重，需要乡镇长期投入大量人力和物力才能完成的工作。对乡镇治理而言，长期性中心工作有两层基本含义：从时间维度来看，意味着在乡镇行政的每一个年度内，它都被列为乡镇的中心工作；在上级对乡镇的考核指标体系中，长期性中心工作一般占据较大的分值权重，在压力型体制和"政治锦标赛"双重压力下，任何乡镇都对长期性中心工作高度重视。这些工作主要有经济财政类工作，包括从一般公共预算收入到工商税收升降幅度等一系列指标，基层党建类工作，社会管理、信访、社会稳定类工作，生态文明建设类工作等。

阶段性中心工作。阶段性中心工作是指乡镇治理顺应农时节令变化或者因为某项治理议题的自身特点，需要乡镇在某一个时间段内重点推进的工作。比如，土地增减挂钩工作、精准扶贫工作、农业特色小镇项目建设等，这些工作从筹划到完成往往需要几个月甚至半年的时间。此外，还有时间相对固定的阶段性工作，比如村级组织换届选举、乡镇年终迎检考核等工作。

临时性中心工作。临时性中心工作一般是指乡镇治理中上级临时安排或者某项临时性政策、突发性事件引发的临时性的任务。在L市，常见的临时性中心工作主要有秸秆禁烧、临时性检查迎检、移风易俗工作（红白理事会等）、落实河长制等。相较于阶段性或者长期性中心工作，其最突出的特点就是治理时间比较短，有些临时性中心工作具有周期重复性，虽然治理时间短，但是每年都要进行，而有些工作则不具有周期性。

"一票否决"事项。乡镇中心工作往往与"一票否决"事项挂钩，一票否决制本质上是一种强激励约束机制，某项工作一旦被列入其范畴，意味着对该项工作的考核将直接决定承担该治理议题的单位和负责人在年终考核中的最终评价，如果没有完成这项工作，那么就无法参加全年各个方面的先进评选，对于乡镇主要领导而言，这意味着他将失去职务或者职级晋升的机会，所以乡镇会对列入"一票否决"的相关工作高度重视。调研显示，社会管理综合治理、安全生产和重大安全生产事故风险、重大食品安全事故、主要污染物总量减排等工作考评时往往实行一票否决制。"一票否决"作为特殊的责任承担机制，在干部引咎辞职制度尚没有全面推行的情况下，在治理中可以强化某项议题的重要性，可以鞭策下级规范治理方式，提高治理效率[①]。

表 1-2　L 市部分乡镇中心工作的内容

类别	具体内容
长期性中心工作	经济事务类:转方式调结构现场交流、一般公共预算收入、工商税收升降幅度、"三引一促"工作 社会管理类:社会管理、信访、社会稳定 生态文明建设类:大气污染防治、河流、生态乡镇建设 其他类:基层党建工作、安全生产
阶段性中心工作	城乡建设用地增减挂钩工作、村级组织选举、干部考核与晋升、防洪抗灾、森林防火、全域旅游实施工作、精准扶贫工作项目(光伏发电项目、温室大棚、扶贫道路整修等)等
临时性中心工作	秸秆禁烧、临时性检查迎检、美丽乡村示范村建设工作、村级办公场所及其服务平台建设、移风易俗(红白理事会等)等
"一票否决"事项	社会管理综合治理、安全生产和重大安全生产事故风险、重大食品安全事故、主要污染物总量减排(2014 年以来逐渐强化)、信访工作、节能环保、减轻农民负担、土地管理等

　　综上所述，首先，从政府职责结构来看，L 市乡镇普遍重视发展性职能，忽视保护性职能，经济发展在乡镇治理中扮演着重要地位，乡村社会权利的保护得不到足够重视。其次，L 市乡镇重视社会维稳等乡村管制工作，对于公共物品和公共服务提供不够，重管制、轻服务是该地区乡镇职能履行的重要特征。最后，生态环境建设工作已成为当前该地区乡镇的中心工作，这项工作也是新时期乡镇治理的新中心工作。然而，整体来讲，L 市乡镇中心工作的构成结构并不合理，主要原因在于这些乡镇并没有将民生建设以及

---

① 杨锦江:《"一票否决"勿过滥》,《中国党政干部论坛》2005 年第 9 期。

民主政治建设工作列入乡镇治理中心工作的范畴，更为关键的是乡镇治理普遍存在注重结果而轻视过程的问题，对乡村治理中群众参与的程序规定关注不足，基层民主建设进程缓慢。以上问题表明，L市乡镇治理的现代转型之路任重道远。对于这些乡镇而言，实施乡村振兴战略，可以考虑从逐步优化乡镇治理中心工作的结构入手，推动乡镇治理的现代转型。

三 运转乡村的实现路径

乡村治理的现实逻辑决定运转乡村的路径选择。国家对乡村社会的规划性支配构成了乡村治理的现实逻辑，从乡镇政府职能的角度来说，这为乡镇政府的职能履行设定了轨道，乡镇政府作为国家在乡村社会的权威性代表，将国家的治理偏好与兴趣设定为自身的治理目标与任务。为了完成国家对乡村社会的规划性支配，乡镇政府在职能履行、组织运作和行政过程等诸多层面，衍生出具有乡镇自身独特性的治理机制与进路，生成了运转乡村的现实路径。本书在基层调研的基础上，借鉴学术界既有研究成果，将运转乡村的实现路径描述为乡镇中心工作机制，并认为中心工作机制的治理路径，契合了乡村治理的内在逻辑，满足了运转乡村的现实需要。

（一）中心工作机制形塑乡村治理样态

行政形态学认为，"要想了解一个国家的公共行政，必须从塑造这个行政的生态背景去着手"。[①] 单一制的国家结构，以及多层级的行政区划构成了乡镇行政的生态背景，独特的行政生态使得乡镇治理机制迥异于其他层级的地方政府。从制度文本层面来看，无论是组织结构还是职能设置，乡镇政府都是按照马克斯·韦伯意义上的官僚制组织的原则建构起来的。然而，一旦深入乡镇治理的实际运作过程，就会发现乡镇治理具有独特的逻辑与进路，乡镇治理面临制度的名实分离问题。质而言之，上级的政策、命令和决议是乡镇政府职能履行的核心依据，塑造乡镇治理的兴趣与偏好，建构起乡镇中心工作机制的治理路径。中心工作机制是指乡镇围绕中心工作而形成的

---

① 金耀基：《行政生态学》，台湾商务印书馆，1992，第2页。

一个以有机整体形式发挥作用的一系列制度安排和行政过程，中心工作机制是理解乡镇治理机制的关键词。

中心工作机制形塑乡镇职能履行的样态。税费改革以来，乡镇职能履行出现诸多矛盾现象。一方面，乡镇职能履行处于应酬政治的情境中，各种考核与检查成为上级对下级进行组织控制的重要手段，然而，乡镇行政执行中依然存在大量策略化运作及选择性执行的问题。[①] 另一方面，在乡村社会的某些领域，乡镇逐渐蜕化为悬浮型政府，然而，在另外一些领域，乡镇又具有很强的规制与行动能力。[②] 由此可见，中心工作与常规工作的划分，体现出乡镇职能履行的选择性策略，在压力型体制及"政治锦标赛"的双重压力下，对于那些在考核指标体系中分值权重大的治理议题，乡镇会调动大量的资源去完成，而那些分值权重较小，或者上级不进行量化考核的治理议题，则很难引起乡镇的关注，实际上正是乡镇中心工作机制塑造了乡镇职能履行的模式。

中心工作机制反映出乡镇治理中两种类型的制度化现象。在乡村治理的现实语境中，各类规范性文件作为治理与政策工具享有很高的权威性，因为乡镇对上级下发的规范性文件高度重视，所以乡镇文件执行的制度化水平较高。与此同时，乡镇治理也存在完成上级工作与发挥基层主观能动性之间的矛盾，致使基层群众自治制度建设滞后，群众参与的制度化水平较低。通过中心工作的运行机制可以发现，中心工作往往是指那些在乡镇职能结构中的重要部分，即具有紧迫性、重要性和关键性的工作。为了有效完成这些工作，上级政府往往采用将工作责任层层下压的方式推进，所以容易引发村级治理的行政化现象，导致乡村居民制度化参与不足问题。众所周知，基层治理既关乎服从中央权威，也涉及地方积极性的充分调动。为此，《中共中央、国务院关于加强基层治理体系和治理能力现代化建设的意见》指出，

---

① 〔美〕欧博文、李连江：《乡镇执行中的选择性执行》，唐海华译，载〔德〕托马斯·海贝勒等主编《"主动的"地方政治：作为战略群体的县乡干部》，中央编译出版社，2013，第341~364 页。

② 基层调研访谈记录，2017 年 3 月。

要坚持共建共治共享，建设人人有责、人人尽责、人人享有的基层治理共同体，这为乡镇中心工作机制的优化提供了目标和现实路径。

中心工作机制塑造乡镇治理的组织形态。当前，乡镇治理的组织形态呈现高度复杂的特征，一方面乡镇政府组织的建构，无论是机构设置还是职能履行，都是按照科层制的组织原则建构起来的，稳定性是乡镇政府组织的核心特征。以高度稳定性应对外部环境的不稳定性是科层组织的核心特征，乡镇从岗位编制、职能部门设置、逐级负责制组织原则，一直到乡镇党委书记主持全面工作的原则，都具有清晰的组织脉络。另一方面，在完成上级布置的中心工作的过程中，乡镇为了有效调配有限的资源，在乡镇政府组织母体内部成立了大量的任务型组织，这使得乡镇的组织运作呈现逆科层化的现象。从组织成员的角度来看，一位工作人员可能同时隶属于不同的任务型组织，而一个职能部门需要同时应对不同的治理任务，乡镇职能部门制度化的运行模式，被非制度化的治理任务所肢解。与此同时，乡镇主要领导既要对某项中心工作负具体责任，又要对乡镇政府组织负全面领导责任。这种组织形态既打破了科层组织固有的岗位职责固定化的原则，也打破了科层组织固有的横向部门化的机构设置原则，以及纵向层级化的权责界定原则，乡镇政府组织运作呈现明显的逆科层化特征。

21 世纪初，随着农村税费改革的推进，现代国家在乡村社会的建构也迎来了新的历史契机。然而，由于缺少宏观层面的理论指引，加之乡村工作实践存在"路径依赖"问题，乡村治理现代化进程推进迟缓。乡村治理是国家治理的基石，党的十八届三中全会提出推进国家治理体系和治理能力现代化的重大命题，标志着"三农"工作的总体形势正在发生深刻变化，国家与乡村社会关系的调整进入了一个新的历史时期，乡镇治理也面临新的机遇和挑战。在国家治理现代化的价值导向下，作为乡镇治理机制和路径的重要组成部分，中心工作机制正面临着转型的现实课题和要求，完善制度体系和提升治理能力，以此推进乡镇治理现代化成为乡镇中心工作机制转型的目标所在。

（二）中心工作机制是运转乡村的实现路径

治理议题的多样与治理资源的匮乏，构成了乡村治理的结构性矛盾。为了获得组织存续的合理性，乡村治理在很大程度上偏离了制度的前台文本，形成了运转乡村的"后台文本"，即乡镇中心工作运行机制，这与其说是对韦伯意义上科层制组织原则的偏离，不如说是对乡镇政府治理路径的再造。乡镇围绕中心工作生成了一套体现组织协调与控制的机制——中心工作机制，从而生成了能够契合乡镇运行逻辑的治理路径，即乡镇中心工作机制的治理路径。

首先，将乡镇中心工作机制理解为运转乡村的路径选择，实际上赋予了乡镇中心工作机制研究范式的地位。托马斯·库恩认为研究范式的建立是科学研究达到成熟的标志，他用范式一词意在提出某些科学实践的公认范例，范式是一个公认的模型或者模式。[1] 一般而言，研究范式建立在一个学术共同体使用共有的概念以及研究通则的基础之上。将中心工作机制解读为乡镇治理的现实路径，是因为它具有一系列核心概念以及相关命题的支撑。比如，其核心概念主要包括选择式执行、策略主义、中心工作、制度偏离，等等。同样，中心工作机制建立在共有的通则之上，比如，乡村基层政权是政权经营者[2]，国家对农村的治理是一种获取式整合等。[3] 这些核心概念和研究通则或者命题，能够被整合进中心工作机制的研究中，从而在事实上赋予中心工作机制研究范式的地位。

其次，国家对乡村社会规划性支配的现实逻辑，使得乡镇常年将各种长期性、阶段性、临时性的中心工作视为主要工作目标，这塑造了乡镇双轨制运行模式，即对于常规性业务工作，乡镇治理遵循韦伯意义上的常规工作运行模式，而对于中心工作，乡镇则开启中心工作治理模式。然而，从二者之间的关系来看，乡镇中心工作机制，已经在事实上对乡镇常规工作机制形成了压倒性优势，或者说中心工作机制作为一套体现逻辑自洽性的协作与控制系统，它已经不是仅仅表征乡镇治理的次要面向、只具有派生性被支配地位

① 〔美〕托马斯·库恩：《科学革命的结构》，金吾伦、胡新和译，北京大学出版社，2012，第8~19页。

② 张静：《基层政权：乡村制度诸问题》，浙江人民出版社，2000，第50~85页。

③ 吴理财：《从管治到服务：乡镇政府职能转变研究》，中国社会科学出版社，2009，第235页。

的治理路径，而是已经成为能够表征运行乡村主要面向、具有独立性支配地位的治理路径。

再次，中心工作机制是指乡镇围绕中心工作而建构起来，能够以一个有机整体的形式发挥作用，并体现内在自洽逻辑的运行方式和过程。乡镇中心工作机制作为一套协调与控制系统，使得乡镇的行政决策、乡镇权力结构与组织原则、乡镇行政过程、乡镇行政责任与监督等各个环节，都围绕中心工作形成了一个内部逻辑统一的治理体系。乡镇治理从内在逻辑到外在过程，无不体现出中心工作的组织目标和治理意图，它对乡村治理路径的塑造是全面的、整体性和长期性的，所以本书认为中心工作机制已经在客观上成为运转乡村或乡村治理的路径选择。

最后，乡镇中心工作机制是基层政权回应国家治理偏好的产物。国家在现代政权建设进程中，基于资源和治理能力的现实考量，会对治理议程进行选择性处理，这种甄选机制经过层层传导进入基层政权，形成了各项治理议程之间的差异性。尽管每一层级的政府出于自主性与自利性的需要，在治理议程中都存在意志添加现象，但是，基层政府的治理议题最终必然反映国家治理的兴趣和偏好。一定程度上，中心工作机制是处于现代政权建设进程中的国家和地方政权合谋的产物，体现出特定历史时期内国家政权建设的历史自觉性，尽管这种自觉性很大程度上是以牺牲政府治理的制度化为代价的。

党的十八届三中全会提出了推进国家治理体系和治理能力现代化的重大战略命题，"国家治理体系和治理能力是一个国家制度和制度执行能力的集中体现……相辅相成。"① 对于乡镇治理而言，治理现代化主要体现为乡镇治理的制度化，从乡镇运行的角度看，这将是一个中心工作机制逐渐弱化而常规工作机制逐步强化的过程。当然，这只是一种规范性层面的分析，对于乡镇中心工作机制而言，其发展趋势最终将取决于现代国家建设进程中国家

---

① 中共中央文献研究室编《习近平关于全面深化改革论述摘编》，中央文献出版社，2014，第24页。

与乡村社会关系的变迁。这将是执政者的战略谋划与现代国家建设客观进程互动的结果。

第四节　乡镇中心工作机制的分析框架

中心工作机制作为运转乡村的现实路径，在反映乡村治理内在价值诉求的同时，也在外在层面调整与塑造运转乡村过程。本书将乡镇中心工作机制解读为运转乡村的现实路径，作为运转乡村的现实路径，乡镇中心工作机制是认识乡村治理的关键切入点，能够在以下三个层面诠释运转乡村的核心面向：中心工作机制视角下的乡镇政府职能、中心工作机制视角下的乡镇政府组织运作、中心工作机制视角下的乡镇行政过程。三者共同决定运转乡村的实际效能。

乡镇中心工作机制中的政府职能、组织运作和行政过程，构成了认识乡镇中心工作机制的"一体两翼"格局，其中，"一体"是指乡镇中心工作机制中的政府职能。中心工作机制作为运转乡村的路径选择，其本意就是指乡镇围绕中心工作展开治理，或者说乡镇政府职能履行是围绕中心工作而展开的，因此，中心工作机制在本质上指出了乡镇政府职能履行的核心面向。在这个意义上，离开了对乡镇政府职能履行的考察预分析，也就无法全面认识乡镇中心工作机制。另外，"两翼"是指乡镇中心工作机制中的组织运作与行政过程，这两者构成了乡镇中心工作机制的保障力量，为乡镇完成中心工作提供特定的组织模式与行政形式。为了完成乡镇中心工作的治理目标，乡镇治理的组织运作与行政过程与制度文本层面的科层制组织的理想类型相去甚远，中心工作机制重构了乡镇的组织运作模式，再造了乡镇行政过程。"一体两翼"构成了研究乡镇中心工作机制必不可少的环节和要素。

一　中心工作机制中的政府职能

政府职能是政府理论研究的核心环节，决定政府体制、机制和过程。乡镇中心工作机制作为运转乡村的路径选择，其主要内涵即是在回答运转乡村的目的是什么。因此，对于乡镇中心工作机制的研究必然需要分析乡镇中工作机制中乡镇政府职能履行的现状。或者说，如实回答乡镇政府在中心工作机制中的职能履行情况，构成了乡镇中心工作机制研究的基础和前提。

"职责同构"的政府治理体制，构成了分析乡镇政府职能的逻辑起点。乡镇政府位于国家行政体系的末梢，职能履行面临"上面千条线、下面一根针"的现实问题，名目繁多、数量众多的上级考核构成了乡镇治理的基本特点。在笔者参与调研的 T 县，由 T 县县委、县人民政府联合下发的全县经济社会发展综合考核指标体系中，针对乡镇的综合考核指标体系由共性评价指标、目标差异指标、专项工作三个部分构成，其中共性评价指标 17 项、目标差异指标 8 项、专项工作 12 项。综合来看，乡镇政府面临的综合考核指标共计 37 项。① 然而，这还仅仅是乡镇面临的综合考核指标体系，为了便于上级考核的顺利推进，针对每一项综合考核指标上级还要出台具体的考核细则，比如，在 L 县出台的《2017 年科学发展考核部分考核细则》中，民生项目建设工作的考核被分成教育提升、社会救助、社保就业、医疗卫生四类指标，总共涉及 27 项考核内容，涉及考核条目达上百条之多②。

上级下发的考核文件构成了乡镇职能履行情况的主要因素。事实上，乡镇治理始终面临资源的有限性与治理议题的多样性之间的矛盾。上级通过"文件政治"的方式从制度层面解决乡镇治理的基本矛盾。然而基层调研发现，乡镇政府在职能履行中，仅仅享有非常有限的自主空间，在很大程度上，上级下发的各类考核文件，构成了乡镇政府职能履行的核心塑造因素。尽管学术界早已认识到乡镇面临数量过多的检查与考核这一问题，遗憾的是学界对于各类考核之间的差异性，以及这种差异性对于乡镇行为的塑造方面研究尚有不足。比如，在 H 镇专项工作考核指标体系中，服务业、新型城镇化等考核指标，其分值权重每项仅为 15 分，而转方式调结构现场交流一项的分值权重高达 200 分。③

---

① T 县《2017 年全县经济社会发展综合考核办法》。
② L 县《2017 年科学发展考核部分考核细则》。
③ T 县《2016 年全县科学发展综合考核办法》，其中 T 县对乡镇的综合考核实行"指标考核+专项工作考核"（各占 500 分）的方式。

考核指标之间分值权重的差异性构成了乡镇职能履行的塑造机制。众所周知，地方政府及其主要官员处于带有较强锦标赛特征的政治激励模式中。对于乡镇治理而言，这种激励机制常表现为县级政府给乡镇政府下达具有竞争性的任务指标，由各乡镇政府围绕上级下达的指标任务相互竞争，而上级则对乡镇完成指标任务的情况进行考核排名，并将考核排名与部分乡镇领导的职务晋升和考核评优相挂钩，以此对乡镇及其主要领导进行激励。因此，日常行政中，乡镇必然高度重视那些在考核指标体系中分值权重较大的工作，这是因为"即使引起政府重视的那些问题，在进入决策议程时也存在着一个轻重缓急的优先次序排列问题。"[①] 对于那些在考核中分值权重较大的工作，乡镇通常将其由常规工作升格为中心工作，以此调动乡镇有限的资源完成该项工作，从而在"政治锦标赛"中获取好的名次。

根据上级规划进行治理构成了乡镇职能履行的基本方面。"文件政治"是乡镇中心工作机制中政府职能履行的主要塑造因素：一方面，上级根据现实需要将某些治理议题设置为乡镇年度中心工作，而其他治理议题则被排除在中心工作范围以外；另一方面，上级对不同的治理议题又进行了等级化处理，对不同的治理议题在考核中赋予不同的分值权重，上级对于治理议题的分类化和等级化的设置，构成了乡镇职能履行的现实情境，形成了乡镇选择性履行政府职能的现实格局。

二　中心工作机制中的组织运作

乡镇的组织运作主要是指乡镇在中心工作机制中采用什么样的组织原则，形成什么样的权力结构。如果说乡镇对政府职能的选择性履行，构成了乡镇中心工作机制的逻辑起点，那么中心工作机制的顺利推动，需要组织化的力量提供资源。然而，中心工作往往具有时间紧、任务重的特点，而且乡镇治理始终面临治理议题的多样与治理资源的匮乏之间的结构性矛盾，所以

---

① 唐贤兴：《中国治理困境下政策工具的选择——对"运动式执法"的一种解释》，《探索与争鸣》2009 年第 2 期。

乡镇治理的普通路径往往无法为中心工作的推动提供资源保障。换言之，作为马克斯·韦伯意义上的科层制组织的乡镇，无法为完成乡镇治理任务提供组织载体。中心工作的推动，需要重构乡镇的组织运作模式，重构乡镇原有的组织原则和权力结构，为乡镇中心工作的推动提供组织载体和资源保障。

中心工作机制重构了乡镇政府组织原则。马克斯·韦伯意义上的科层制组织秉持逐级负责的运行原则，组织内部各管理层级由低到高逐级负责，而主要领导人则对整个组织负责，由此形成了金字塔形的权力结构。中心工作机制改变了乡镇的组织原则，如前文所述，由乡镇党委书记或者乡镇长担任某项中心工作总指挥的做法，不但改变了乡镇运行的权力结构，同时也改变了乡镇运行的组织原则。纵向来看，乡镇主要领导由对乡镇行政的总体工作负全面责任，进而转向对乡镇某项中心工作负具体责任。同时。乡镇主要领导由对具体事项负间接责任，升级为直接责任，这体现出越级负责制的基本精神，它打破了常规工作机制中的逐级负责的组织原则。横向来看，乡镇运行由常规工作机制中的部门独立责任制，改变为中心工作机制中部门联合责任制。比如，某村整村搬迁安置被列为 H 镇 2017 年度中心工作，该镇成立了房屋拆迁安置工作指挥部，镇长任总指挥，抽调土地、信访、房建、财政等部门集中办公，同时抽调 30 余名机关工作人员具体靠上抓整村搬迁安置工作。[①] 由此可见，乡镇中心工作机制实现了对乡镇运行原则的重构。

中心工作机制重塑了乡镇权力结构。乡镇常规工作机制中的权力结构主要是一种行政权力结构，然而中心工作的机制，打破了乡镇原有的组织结构。基层调研发现，为了应对中心工作，乡镇党委书记经常亲自挂帅，成立由乡镇主要领导负责的临时领导小组，并担任某项中心工作的具体负责人。[②] 大量类似于"指挥部""领导小组"这种准"任务型"组织的成立，在乡镇原有的制度文本之上，形成了新的、临时性的金字塔形权力结构，实际上这是一种政治权力结构，它是对常规工作机制中行政权力结构的吸纳。

---

① L 市 H 镇调研访谈记录，时间：2017 年 5 月。
② L 市 D 镇调研访谈记录，时间：2016 年 11 月。

理论上，执政党执掌的权力属于政治权力，它与行政权力二者之间在目的、结构和合法性等方面都有很大不同。中心工作机制对乡镇权力结构的重构，体现出乡镇党委政治权力对于乡镇政府行政权力的全面吸纳，反映出乡镇党政职能混淆、以党代政的问题仍在一定程度存在。

组织理论特别强调目标在组织分析中的重要地位，认为"行政机关在最高层次上应该按照主要目标组建起来"。① 每个部门应该包含一切有助于实现组织目标的活动，乡镇中心工作机制中，治理议程的选择设置则构成了乡镇中心工作机制的逻辑起点，此时完成乡镇中心工作成为乡镇政府组织的首要目标。当乡镇常规型组织无力承担完成中心工作的治理任务时，乡镇一定会在科层制组织的母体内建构起项目型组织，以顺利推动乡镇中心工作的实施。

三　中心工作机制中的行政过程

乡镇行政过程是指乡镇行政的流程，行政过程侧重于阐述乡镇行政的环节、步骤。刘能在关于北镇的个案研究中，将乡镇日常行政的推行形式概括为"召开会议"、"具体做事"、"检查和迎接检查"以及"评比总结"四个步骤。② 基层调研发现，中心工作机制改写了乡镇行政过程制度文本的内容，赋予了乡镇行政过程新的内涵，主要表现在以下四个方面。

乡镇治理议题设置的被动性。治理议程的设置属于行政过程的起始环节，对于整个行政过程的演进发挥着重要作用。乡镇治理议程设置的核心是乡镇政府根据各项议题的重要性从而对不同的治理任务进行排序，议程设置不仅是乡镇匹配治理资源的依据，也是乡镇回应外部诉求的重要方式。从乡镇治理的现实来看，中心工作往往源于上级政府规划的年度或阶段性中心工作，或者出于应对突发性公共事件的需要。从乡镇治理的角度看，中心工作

---

① 〔美〕詹姆斯·W. 费斯勒、唐纳德·F. 凯特尔：《行政过程的政治：公共行政学新论》，陈振明等译，中国人民大学出版社，2002，第 54 页。

② 刘能：《等级制和社会网络视野下的乡镇行政：北镇的个案研究》，社会科学文献出版社，2008，第 117 页。

意味着乡镇治理议程的设置呈现一定的被动性。不仅如此，相对于其他层级的地方政府而言，乡镇政府的治理资源较为有限，所以乡镇较少自主设置相关中心工作，这也在一定程度上引发乡镇治理回应性不足的现实问题。

通过目标管理责任制实现治理目标。众所周知，我国是一个区域发展不平衡的超大规模国家，在这样的基本国情下推进现代化建设，就需要在考虑资源条件和发展需求双重约束的情形下，集中资源优先解决国家治理中最核心和最紧要的矛盾，即根据发展的不同时段确立相关中心工作。这也使得我国乡村治理呈现较强的规划性，而下发目标责任书则是实现规划式治理的重要政策工具。目标管理责任制是把上级确定的责任总目标，通过指标体系的方式进行分解与细化，并以书面责任书的形式逐级下达到部门和个人的一种运作方式。① 在此背景下，县级政府通过下发目标责任书及考核排名的方式对乡镇及其主要领导进行激励，许多乡镇主要领导的评优、奖励和晋升或相应处罚等也与考核排名挂钩。② 对于乡镇治理而言，目标管理责任制的核心在于通过赋予领导干部"责任人"身份的方式，强化领导干部的责任意识和重视程度，建构以逐级负责为核心的责任管道，强化对组织的纵向和横向控制，从而将组织运作中可能存在的不确定性进行最大限度的压缩，以确保相关工作能够落实到位。

注重执行中的协调机制。有效的协调机制能够形成认知合力，集中资源确保实现组织目标。阶段性中心工作往往需要通过设立临时性的任务型组织来完成，后者是指以任务为导向，具有临时性特征的组织，能够弥补常规型组织在处理非常规事务上的不足。③ 由于任务型组织具有临时性的特点，因此其有效运作必然需要强化沟通协调机制，特别是需要一系列会议机制，比如专题会议、动员会议、调度会议、现场办公会议等来统筹资源、协调各方，以便推进相关工作。其中调度会议在协调机制中发挥着核心作用，调度

---

① 王汉生、王一鸽：《目标管理责任制：农村基层政权的实践逻辑》，《社会学研究》2009 年第 2 期。

② 杨华：《县域晋升锦标赛模式有效性分析》，《长白学刊》2019 年第 5 期。

③ 张康之等：《任务型组织研究》，中国人民大学出版社，2009，第 9 页。

会是上级听取各部门负责人汇报，并就具体问题发出指示的会议，主要功能在于通过领导的政治权威形成工作合力。而现场调度会议更是通过场景设置的方式形成工作压力，以督促各方合力攻坚，完成既定工作目标。

乡镇回应性与责任性的弱化。公共行政要以透明、高效、制度化的行为回应社会诉求，实现公共利益。政府回应性是指对公众的需求与问题做出及时有效的反应和回复，它是政府合法性基础的重要组成部分。对于服务型政府建设而言，"我们应当以这种方式，即以增强变革的前瞻性、回应性及公民参与的方式，管理公共组织和机构"。① 回应性与责任性构成公共行政精神的核心部分，然而，中心工作机制中的各项治理任务和指标多是通过行政命令的方式逐级下达的，治理任务的完成情况直接影响乡镇的政绩，甚至决定乡镇领导的升降去留。为了有效集中乡镇有限的资源实现中心工作的治理目标，乡镇必然要通过行政化手段强化对乡村社会的影响、渗透和行政控制，从而弱化了基层行政的回应性与责任性。

综上所述，乡镇治理的路径选择是认识乡镇治理现状的关键点，也是基层治理现代转型的切入点。"职责同构"的治理体制，"文件政治"的治理机制以及乡镇治理自身的独特性构成了塑造乡镇治理路径的主要因素。从后发现代化国家转型的角度而言，国家对乡村社会的规划式治理构成了乡镇治理的现实逻辑，它和乡镇治理的体制机制等因素共同塑造了乡镇中心工作机制的治理路径。乡镇中心工作机制表征乡镇治理的主要面向，揭示乡镇职能履行的现实，阐释乡镇政府组织的主要机制与模式，诠释乡镇行政过程，是认识乡镇治理的一种新视角。

---

① 〔美〕乔治·弗雷德里克森：《公共行政的精神》，张成福、刘霞等译，中国人民大学出版社，2003，第155页。

第二章

规制政府职能：中心工作机制的职能履行

中心工作机制是国家对乡村进行规划式治理的产物，也是上级运转乡村的实现路径。中心工作机制与乡村治理的内在逻辑高度契合，它塑造乡镇政府职能履行的核心面向，决定乡镇行政过程的主要特征。乡镇作为国家政权在乡村社会的权威性代表，在国家与乡村社会关系的互动中发挥着中介作用，在运转乡村中既要体现国家逻辑，又要彰显乡村社会立场。为了实现国家对乡村的有效运转，乡镇衍生出中心工作机制的现实路径。

第一节　规制乡镇政府职能的政策工具

乡镇政府职能是塑造乡村治理样态的重要推动力量，也是观察乡村运转效能的重要变量。政府职能是行政学研究的首要目标，代表公共行政的核心内容，体现公共行政的本质要求。公共治理的价值诉求、中心议题、实现途径等都与政府职能的履行息息相关。同时，公共行政每一个层面的治道变革，无论是制度与政策、行为与过程，还是体制与机制，都要落脚在政府职能层面。统而言之，"在中国治理话语体系中，治道变革总是与政府职能的认识相关联，与政府职能调整相同步"。① 政府职能是政府理论研究的逻辑

---

① 程同顺、邢西敬：《关于治理的政治学分析》，《新疆师范大学学报》（哲学社会科学版）2017 年第 4 期。

基础和关键，中心工作机制作为契合乡镇内在逻辑的运行模式，其职能履行具有自身特点，建立在特有的政策工具的基础之上。

一　法律文本中的乡镇政府职能

政府职能是指国家机构活动的主要方向和基本方面，作为现代社会结构中的三大部门之一，政府已经成为塑造现代社会形态的核心力量，也已经建构起一个涵盖若干方面和层次的整体性的职能结构网络。正因如此，多数学者主张政府职能应该包括多重面向，乔耀章教授认为政府职能是指政府根据社会发展需要而应履行的职责及其所应起的作用与能力。[①] 朱光磊教授认为政府职能涵盖政府的功能和职责，前者是指政府依托国家权力而对重要的社会关系进行调控的活动，后者是指政府对社会履行的基本义务，是政府职能中比较"实"的部分。[②]

2014 年 10 月 23 日，中国共产党第十八届中央委员会第四次全体会议审议通过了《中共中央关于全面推进依法治国若干重大问题的决定》，指出全面推进依法治国，总目标是建设中国特色社会主义法治体系，建设社会主义法治国家。毋庸讳言，依法行政是建设社会主义法治国家的核心和关键，而依法行政的核心环节则是各级政府依法履行职能。就乡镇政府而言，包括宪法在内的多部法律法规都对乡镇政府职能做出了或原则性或具体的规定，对于我们解读乡镇职能具有重要指导意义。

我国 1982 年《宪法》以最高法律的形式对乡镇政府职能做了原则性规定。根据《宪法》第一百零七条规定："乡、民族乡、镇的人民政府执行本级人民代表大会的决议和上级国家行政机关的决定和命令，管理本行政区内的行政工作。"宪法作为国家的根本大法，规定国家的根本制度和根本任务，宪法对于乡镇政府职能的相关规定，更多的是体现指导性和方向性，而关于乡镇政府具体的职能，则需要专门的法律进一步明确。此外，《中华人

---

① 乔耀章：《政府理论》，苏州大学出版社，2000，第 245 页。
② 朱光磊：《中国政府职能转变问题研究论纲》，《中国高校社会科学》2013 年第 4 期。

民共和国地方各级人民代表大会和地方各级人民政府组织法》（以下简称
《地方组织法》），以列举的方式对乡镇政府职能做了具体规定。该法第六
十一条规定，乡、民族乡、镇的人民政府主要行使下列职权："（一）执行
本级人民代表大会的决议和上级国家行政机关的决定和命令，发布决定和命
令；（二）执行本行政区域内的经济和社会发展计划、预算，管理本行政区
域内的经济、教育、科学、文化、卫生、体育事业和财政、民政、公安、司
法行政、计划生育等行政工作；（三）保护社会主义的全民所有的财产和劳
动群众集体所有的财产，保护公民私人所有的合法财产，维护社会秩序，保
障公民的人身权利、民主权利和其他权利；（四）保护各种经济组织的合法
权益；（五）保障少数民族的权利和尊重少数民族的风俗习惯；（六）保障宪
法和法律赋予妇女的男女平等、同工同酬和婚姻自由等各项权利；（七）办理
上级人民政府交办的其他事项。"

　　基于法律相关规定，我国乡镇政府职能的结构主要包括以下几个层面。
一是执行性职能，主要体现为执行本级人民代表大会的决议和上级国家行政
机关的决定和命令。二是发展性职能，主要体现为主导本行政区域内的经济
和社会发展事项。三是管理、服务性职能，体现为管理本行政区域内的教
育、科学、文化、卫生等公共事业。四是保护性职能，主要表现为保护本行
政区域内的公民、法人以及其他组织的人身权利、民主权利和其他权利。五
是其他职能，主要是办理上级人民政府交办的其他事项。此外，从国务院到
省、市、县各级政府与部门又都出台了一系列法规、规章、制度、条例、意
见等，对乡镇政府职能做出了更加明确、具体、详细的规定，这些规定种类
繁多、在此不再一一赘述。

　　从法律文本的视角剖析乡镇职能，属于典型的规范性研究，它侧重于从
"应该怎么样"的角度诠释乡镇政府职能。然而，现实中国家对乡村的运转
受到多重因素的影响，同时乡镇政府职能的履行会受到多种因素的制约，法
律层面对乡镇政府职能所做的原则性和一般性规定，需要相关具体的政府文
件加以落实。因此，必须回归现实，侧重于从"实际怎么样"的角度剖析
乡镇政府职能。

二　政府文件文本中的政府职能

税费改革以来，随着运转乡村之目的发生历史性变迁，乡村治理的政治生态与格局发生深刻变化。国家对基层政府的角色进行了重新定位，乡镇政府逐渐向乡村社会的管理者和公共服务提供者转型，乡镇职能的重心也由管治向服务转变。然而，基层调研显示，乡镇政府在很大程度上仍然扮演着经济发展主导者以及财税资源获取者的角色，公共服务职能履行并不到位。[①]吴理财用"职能锁定"一词阐释乡镇职能的窘境，"职能锁定"意指乡镇政府组织维持原有职能不变，不能适应新农村建设的需要，无法为"三农"提供公共服务，主要表现为乡镇延续以往的管治职能，高度重视招商引资，经济发展已经成为基层政府工作的"重心"[②]。客观来看，乡镇政府职能转变的理想与现实之间的差距，要求我们必须对乡镇职能的规制机制及政策工具进行经验性的考察和理解。

（一）上级绩效考核文件中的乡镇政府职能

乡镇政府位于国家与社会的"连接点"，其职能履行要体现国家运转乡村的自上而下逻辑，规制与引导乡村运转，同时也要体现乡村嵌入国家运转的自下而上逻辑，即乡镇政府还要通过职能履行满足乡村社会民众的需求，扮演公共服务提供者的角色。"职责同构"的治理体制、"下管一级"的干部人事制度、上级对乡镇政绩的考核模式，无不凸显着"文件制度"在乡镇治理中的重要地位，因此，对于乡镇职能的考察与分析，必须回归到"文件制度"的话语体系中进行解读。

对乡镇职能进行经验性分析，必须回归"文件制度"的语境。"文件"或称"红头文件"，最初是中国共产党用来发布决定的主要形式，后来这种

---

① 〔澳〕格雷姆·史密斯：《乡镇政府"空壳化"问题研究》，苏丽文、展枫译，载〔德〕托马斯·海贝勒等主编《"主动的"地方政治：作为战略群体的县乡干部》，中央编译出版社，2013，第248~269页。

② 吴理财：《从管治到服务：乡镇政府职能转变研究》，中国社会科学出版社，2009，第83~87页。

做法逐渐在政府和其他科层系统内部推行开来，文件已经成为各级管理主体用来制定并推进政策的重要方式，整个政治系统的运作离不开文件，它已经演化为一套非常成熟的政治制度。[①]"文件制度"构成了乡镇治理的制度环境，成为塑造乡镇行为的结构性力量。有学者认为，文件在国家治理中发挥着极为重要的作用，文件政治是理解我国国家治理理论与实践的一条重要路径。[②] 实际上，上级政府下发的年度考核指标体系是乡镇政府设定治理议题的总体性依据。在 L 市，上级对于乡镇的考核指标的设计，一般又分成两种情况。

第一种情况，对于考核指标的设置相对简单明朗，一般仅设置共性和差异化考核指标以及加分、扣分指标。比如，在 D 镇，上级下发的考核文件规定，考核指标设置共性考核指标、差异化考核指标、加分指标、扣分指标。其中，共性考核指标 760 分，差异化考核指标 120 分，具体如表 2-1 所示。

表 2-1　D 镇科学发展部分共性考核指标

序号	考核指标	权重	数据来源或考核单位
1	街镇党(工)委书记抓基层党建	150	县委组织部
2	社会稳定(含综治、信访、维稳、网络舆情、12345 热线办理)	150	县委政法委、县信访局、县网络办、县 12345 热线办
3	安全生产	60	县安监局
4	美丽乡村建设(含小城镇建设、精神文明建设、城乡环卫一体化建设、硬化改厕等)	80	县委农工办、县住建局、县文明办、县城管局
5	"两区同建"(含土地增减挂钩)	90	"两区同建"指挥部办公室
6	"三引一促"工作	90	"三引一促"领导小组办公室
7	一般公共预算收入和生产性固定资产投资	80	县财政局、县发改局
8	民生项目建设(含教育提升、社会救助、社保就业、医疗卫生)	60	县教体局、县民政局、县人社局、县卫计局
合计		760	

---

① 谢岳：《当代中国政治沟通》，上海人民出版社，2006，第 116 页。
② 施从美：《文件政治与乡村治理》，广东人民出版社，2014，第 388 页。

D 镇共性考核指标如下：共性考核指标主要考核镇街党（工）委书记抓基层党建、社会稳定（含综治、信访、维稳、网络舆情、12345 热线办理）、安全生产、美丽乡村建设（含小城镇建设、精神文明建设、城乡环卫一体化和违建治理、硬化改厕）、环保工作（含大气和水污染防治、畜禽污染防治）、"两区同建"（含土地增减挂钩）、脱贫攻坚、"三引一促"工作、一般公共预算收入和生产性固定资产投资、民生项目建设（含教育提升、社会救助、社保就业、医疗卫生）等指标（具体见附件 1）。社会稳定中的综治、信访、维稳、网络舆情、12345 热线办理按 3∶3∶2∶1∶1 的比例分配计分权重；美丽乡村建设中的美丽乡村建设、精神文明建设、城乡环卫一体化和违建治理、硬化改厕按 3∶3∶3∶1 的比例分配计分权重；环保工作中的大气和水污染防治、畜禽污染防治按 1∶1 的比例分配计分权重；"三引一促"工作中引资、引才、引技按 3∶1∶1 的比例分配计分权重；一般公共预算收入、生产性固定资产投资按 1∶1 的比例分配计分权重；民生项目建设中的教育提升、社会救助、社保就业、医疗卫生平均分配计分权重。共性考核指标采用功效系数法计算，基本得分为权重的 70%，具体计算方法为：[0.3×（数据值－最小值）÷（最大值－最小值）＋0.7]×本项指标权重。

——摘自：L 县《2017 年度镇街（区）科学发展考核办法》

通过共性考核表可以看出，根据每项考核指标的分值权重，共性考核指标体系共分成四个等次。第一等次：基层党建、社会稳定；第二等次："两区同建"（含土地增减挂钩）、"三引一促"工作，即引资金、引人才、引技术、促科学发展；第三等次：美丽乡村建设、一般公共预算收入和生产性固定资产投资；第四等次：安全生产、民生项目建设。治理议题的区别性对待表现在考核分值权重的差别。

乡镇考核指标体系的第二种情况相对复杂。这种考核指标体系一般采用复合式结构，比如上级对 H 镇的考核指标体系的设置，实行"1+X"的模式，即"指标考核+专项工作考核"。"1"主要是全面对接 L 市对县（区）科学发展综合考核指标体系；"X"主要是县委、县政府重大决策部署和中心工作任务贯彻落实情况。指标考核由定量指标和定性指标构成。定量指标包括共性评价指标、目标差异指标、地方提升指标、加扣分项目 4 个部分。专项工作考核包括转方式调结构现场交流、"三引一促"工作、基层党建、重点项目、社会稳定、安全生产、12345 热线承办、政务（便民）服务中心、扶贫开发、服务业、新型城镇化、农村公路建设、文化建设和义务教育均衡发展等 14 个部分。就分值权重来看，专项工作的分值权重明显大于定量指标的分值权重[①]。

上级政府对于乡镇政府考核指标体系的设置，大致可以分为两种模式。第一种模式较为简单，主要将考核指标体系简单区分为共性指标和差异化指标以及加扣分指标；第二种模式采用"1+X"的考核方式，即"指标考核+专项工作考核"。通过对以上两种考核模式的分析可以看出，无论上级采用哪种考核模式，它们都构成了乡镇治理的激励与约束机制。无论是共性指标、差异性指标的分值量化标准，还是加扣分项目的设置，无不体现出上级政府治理的偏好与兴趣。

综上所述，"文件制度"中的乡镇职能呈现如下特点。一是上级及乡镇政府对于治理议题的区别对待。面对数量众多的治理议题，上级通过对治理议题进行分类处理的方式，设定了乡镇治理的中心工作与常规工作。二是治理议题的选择性设置。在现有的考核模式下，上级的治理规划与考核模式构成了乡镇治理的激励与约束机制，对乡镇治理行为具有很强的规制性。乡镇为了获取组织存续的合理性并在绩效考核评比中获得优异成绩，必然会根据上级治理意图和考核规定，有选择性地设定治理议题。三是乡镇治理的规划性。乡镇作为农村地区的基层政权，主要承担执行性职能，国家对乡村社会发展的规划，甚至省、市一级地方政府对于地方发展的规划，都会影响乡镇的职能履行。

---

① T 县《2017 年度镇街（区）科学发展考核办法》。

（二） 中心工作机制中乡镇职能的规划性履行

从历史上看，不同历史时期国家运转乡村的目的是不同的，这构成了乡镇职能履行的制度情境，是规制乡镇政府职能履行的重要政策背景。乡镇政府职能的履行具有较强的规划性特征，它是在上级政府的主导规划下展开的，服务于国家运转乡村的现实需要。上级的规划性治理深刻影响乡镇治理的方方面面，使得乡镇主动将分值权重大的考核指标设定为中心工作。在上级考核的指挥棒下，乡镇自觉地将治理议题划分为中心工作和常规工作，并围绕中心工作形成了一套特有的制度安排和规则体系。

上级治理的侧重最终反映的是国家运转乡村的现实需要。当前，上级对于乡镇治理的考核指标体系设置体现出明显的规划性。从国家与乡村社会关系的角度来看，乡镇的考核指标体系本质上反映的是国家对于乡村社会的规划性支配逻辑，正是为了实现国家对于乡村社会的规划性统合，乡镇才衍生出中心工作机制。作为后发外源型现代化国家，我国只能以工农业"剪刀差"的方式为工业化发展积累资金。因此，在相当长的历史时期内，乡镇政府职能不仅体现为提供公共物品和服务，也体现为通过获取农业剩余以推动国家的工业化发展。正因如此，有学者认为在农村税费改革以前，我国乡镇政府的职能主要体现在社会整合与资源获取两方面，乡镇在公共物品和公共服务提供方面存在不足。所以，这一时期农村基层政权建设的现代化，在一定程度上体现为组织层面的建制现代化，而非功能层面的职能现代化。

毋庸赘言，乡镇中心工作机制是一个复杂的体系，它塑造了乡镇运行的基本模式。从政府职能履行的视角看，乡镇中心工作机制中的政府职能，具有明显的规划性特征。换言之，乡镇对于职能的选择性履行是乡镇中心工作机制的有机组成部分，也是契合乡镇运行内在逻辑的必然产物。国家对乡村社会的规划性支配，形塑乡镇的运行模式，同时塑造乡镇职能的履行模式。具体来讲，乡镇对于职能履行的规划性主要体现在以下几个层面。

乡镇职能履行的规划性指涉乡镇对于治理议题的规划性设置。从法律文本的层面来看，乡镇政府要全面履行法律规定的相关职能，扮演好乡村社会管理者和服务者的角色。然而，在规范性文件是落实政府法定职责的工具这一背景下，乡镇政府实际上主要是根据上级政府的重要文件及会议精神，并结合乡镇自身实际，对乡镇职能结构进行规划与调整。从历史上看，上级政府的治理规划又是根据特定历史时期内的社会主要矛盾确立的，换言之，乡镇政府是为了解决特定历史时期内的社会主要矛盾而确立职能结构并确定相关中心工作的。比如，在改革开放和社会主义现代化建设新时期，为了解决人民日益增长的物质文化需要同落后的社会生产之间的矛盾，乡镇必然会突出强调发展性职能、管理性职能和执行性职能。当然，这一时期乡镇也会根据上级政府规划和现实需要，不断完善其职能配置和机构设置。

乡镇职能履行的规划性指涉乡镇对治理资源的规划利用。任何公共治理的开展都建立在对治理资源有效配置的基础上。乡镇政府治理议题的多样性和资源的有限性是乡镇治理的结构性矛盾，因此，伴随着乡镇职能的规划性履行，乡镇政府必然要对有限的治理资源进行规划配置。乡镇政府组织母体内部衍生出的大量项目型组织，或者准任务型组织便是乡镇治理资源配置的产物。

乡镇职能履行的规划性还指涉乡镇治理能力的选择性使用。不论是国家能力还是治理能力，其内容都包括一系列具体的能力要素。我国学者王绍光等认为国家能力主要由资源获取能力、合法化能力、调控能力和强制能力构成。[①] 美国学者米格代尔以国家与社会关系的分析框架界定治理能力，认为治理能力主要包括两个层面，分别是国家权力渗透社会进而调节和整合社会关系能力，以及获取社会公共资源以及配置和运用资源的能力。[②] 弗朗西斯·福山认为国家能力与制度执行力紧密相关，"国家制定并实施政策和执法的能力特别是干净的、透明的执法能力——现在通常指国家能力或制度能力"。[③] 通过以上分析，我们可以看出当前乡镇治理能力的运用具有

①　王绍光、胡鞍钢：《中国国家能力报告》，辽宁人民出版社，1993，第2页。
②　〔美〕乔尔·S. 米格代尔：《强社会与弱国家：第三世界的国家社会关系及国家能力》，张长东等译，江苏人民出版社，2012，第5页。
③　〔美〕弗朗西斯·福山：《国家构建：21世纪的国家治理与世界秩序》，黄胜强、许铭原译，中国社会科学出版社，2007，第7页。

明显的规划性倾向，乡镇对乡村社会的某些领域有着较强的调控能力，而对其他领域的控制力较弱，甚至存在规划性退出的情况。

整体来看，中心工作机制是国家运转乡村的重要政策工具，它主要是在上级政府的主导规划下展开的。上级的治理规划为乡镇公共治理设定了中心工作，衍生出中心工作机制。毋庸赘言，从运转乡村的现实层面看，规划性治理构成了乡镇职能履行的制度情境。乡镇自觉地将治理议题划分为中心工作和常规工作，主动将分值权重大的考核指标设定为中心工作，从而不计代价地去完成这些工作，形成了乡镇基于规划履行政府职能的基本格局。

第二节　乡镇政府职能履行的规制机制

国家对乡村的运转是有目的、有计划、有步骤的，具体体现为乡村治理的规划机制。治理议题的多样性与治理资源的有限性构成基层治理的结构性矛盾，为了实现运转乡村的目的，乡镇衍生出中心工作机制的治理路径。从乡镇职能履行层面来看，运转乡村建立在乡镇职能规划性履行的基础上。乡镇政府职能的履行建立在一系列规划机制之上，通过这些规划机制的运行，乡镇政府实现了对中心工作的选择，选定了乡镇的治理议题，设置了乡镇的治理议程。

一　治理议程的规划设置

治理议程的规划性设置机制，是塑造乡镇中心工作机制的重要一环。乡镇治理议题的多样性与资源的有限性构成了基层治理的结构性矛盾。从公共政策的角度来看，政策议程的设置对于公共治理意义重大。任何一项治理任务的展开和推进，前提条件是必须进入治理议程的设置环节，对于政策议程的控制实际上就控制了最终的政策选择，或者说控制了公共治理的目标和方向，并在终极意义上影响政府职能的履行。

（一）定性指标与定量指标的区分

在乡镇中心工作机制中，上级通过将考核指标区分为定性指标和定量指标的方式，实现对乡镇治理议程的规划性设置。目前，L市县（区）下发的针对乡镇的考核指标体系，普遍将考核指标分为定量考核指标和定性考核指标两大部分，具体见表2-2、表2-3。

表2-2　2015年度L市B镇考核定量指标

序号	指标名称	权重	权重	考核单位
1	地方财政收入	主要考核财政收入总量、增幅情况,分别按40%、60%的权重记分	50	财政局
2	固定资产投资及项目建设	主要考核新上固定资产投资100万元以上、境外固定资产投资100万美元以上的新上工业项目、服务业项目和投资500万元以上老工业企业扩大规模或技改项目,以及2013年以来立项的续建项目,续建项目只考核年内新增固定资产投入部分	100	考核办
3	服务业发展	重点考核服务业发展以及投资情况	30	发改局
4	统计指标及统计工作	对各镇(街道、开发区)经济统计指标和统计基础进行考核	20	统计局
5	农业优质农产品基地品牌建设及"四监管"工作	考核产业园、品牌建设完成情况和"四监管"工作落实情况	20	农业局
6	社会养老保险工作	考核机关事业单位、企业以及城乡居民养老保险征缴率	20	人社局
7	镇村建设	考核村镇规划和村镇建设情况	20	住建局规划局
8	城乡环卫一体化建设	考核城乡环卫一体化开展情况	50	执法局
9	现场观摩点评	根据现场观摩情况对各镇(街道、开发区)进行排序评议。现场观摩上半年、下半年各举行一次,上半年成绩按40%、下半年成绩按60%计入年度考核总成绩	40	县委办考核办

表2-3　2015年度L市B镇科学发展综合考核定性指标

序号	考核内容	考核部门
1	党风廉政建设和反腐败建设	纪委
2	统一战线工作	统战部
3	机构编制管理情况	编办

续表

序号	考核内容	考核部门
4	食品安全工作	食药监局
5	安全生产	安监局
6	反邪教工作	610办
7	法治宣传教育工作	司法局
8	新农合工作	人社局
9	妇女儿童工作	妇联
10	残疾人权益保障	残联
11	12345市民服务热线办理情况	县政府办
12	造林绿化及森林防火工作	林业局
13	水利建设与改革工作	水利局
14	村村通建设与管理情况	交通运输局
15	社会服务中心建设工作	民政局
16	低保工作	民政局
17	双拥	民政局
18	镇便民服务中心建设工作	政府服务中心
19	人民武装建设	人武部
20	公民道德建设	宣传部
21	基层公共文化服务体系建设	文广新局
22	国家生态文明先行示范区建设	发改局

通过认真梳理乡镇考核指标体系设置的相关规则，便可以发现那些能够列入定量考核指标体系范畴的治理议题，都是上级比较重视的工作，这些治理议题在考核指标体系中普遍分值权重较大。相反，那些列入定性考核指标体系的治理议程，则意味着乡镇可能并不重视。这是因为上级对于定量指标和定性指标采用不同的考核办法，通常情况下对于定量指标，上级都会根据其重要程度，赋予不同的分值权重；而对于定性指标，上级在考核中通常不会根据分值权重进行评价，而是根据实际情况将所有考核指标放进一个池子里，统一进行等次评价。

从表2-2、表2-3还可以看出，上级对于定量指标和定性指标采用不同的考核方式。上级一般对定量指标的每项治理议题都赋予相应的考核分值权重，然而，上级对定性指标仅进行等级评价，一般将定性指标区分为"好""较好""一般""较差"4 个等次，通常评定为"好"等次的不超过 30%，"较好""一般"等次要求合理分布，对"较差"等次的也要求实事求是地评价。由此可见，相对于定量指标的分值权重而言，等次评价的考核方式要求更宽松，这就为乡镇治理议程的选择性提供了可能性。另外，问题的关键在于 L 市多数县（区）都规定对于定性指标的考核结果不列入乡镇政绩考核的总分数，比如 B 镇考核的计分方法明确规定，乡镇"综合考核得分 ＝（共性评价指标得分＋专项工作指标得分＋加减分）×考核系数"。[1] 很显然，上级在考核中对于定性指标和定量指标进行区别对待的做法，构成了乡镇职能履行的制度情境，导致乡镇在公共职能履行过程中会对治理议题进行区别对待。

（二）"一票否决"制的运用

乡镇治理中，"一票否决"制是一种对各级主要领导施加制度化压力的主要手段。刘能在北镇的个案研究中将一票否决视为乡镇行政中责任分配的制度化手段，也是转移行政风险的惯常手段。[2] 如果说上级政府将考核指标区分为定性指标和定量指标的做法，体现出对于治理议程进行选择性控制的话，那么，一票否决制同样也体现出基层治理对于治理议程的选择性控制。这是因为凡是那些被列入一票否决制范畴的治理议题，表明它们已经获得了基层治理议程设置的优先权。在基层治理资源普遍不足的现实条件下，能够获得基层治理议程设置的优先权，足以说明这些事项在基层治理中的重要性。

在 L 市，各乡镇都面临来自一票否决制的压力。比如，上级对 B 镇下列事项实行一票否决：社会综合治理、安全生产和重大安全生产事故风险、节能目标考核、重大食品安全事故、主要污染物总量减排、减轻农民负担、特别重大伤亡火灾责任事故。[3] 上级对于 H 镇的社会治安综合治理、安全生

---

[1] P 县《2015 年全县科学发展综合考核办法》。

[2] 刘能：《等级制和社会网络视野下的乡镇行政：北镇的个案研究》，社会科学文献出版社，2008，第 153 页。

[3] P 县《关于关于清理规范"一票否决"事项的通知》。

产、减轻农民负担、环境保护等工作事项实行一票否决。[①] 一般而言，上级对于乡镇的综合考核结果，往往作为加强领导班子建设的重要参考和评价领导干部政绩的重要内容，并作为调整使用干部的重要依据。而乡镇治理中一旦出现被上级一票否决的问题，对于乡镇而言，就意味着失去了本年度被表彰的机会，而对于乡镇领导而言，失去表彰机会，则意味着本年度的政绩不被承认和认可，这不但影响对乡镇的整体评价，更关乎乡镇领导个人的职务或者职级晋升，所以处于官员晋升与激励的"政治锦标赛"模式下的乡镇政府，会对涉及一票否决制的治理议题格外关注。

新制度主义理论认为，制度不仅代表正式的结构，也是规则、规范和惯例的集合体，制度具有影响行为的恰当性逻辑。制度能够影响组织成员的行为，处于特定制度场域内的组织成员，在行为中更多考虑的是行为是否符合特定的规则，而非其行动的结果。"制度规定了一套对制度内不同职位的个体的行为期望，然后加强那些适合角色的行为，制裁那些不适合角色的行为。"[②] 毋庸赘言，制度建构起组织运行的场域，同时制度也构筑起个体行为的情境。乡镇对于治理议程的选择性设置，实际上是通过两种机制来实现的：一是通过考核指标的分类设置，二是运用"一票否决"制。以上两种机制的运用，实现了治理议程的选择性设置。

二　治理议题的规划分类

基层调研发现同样进入定量考核范畴的治理议题，也并不意味着它们都会受到乡镇同等的重视。尽管同样被列入定量考核指标体系范畴，各项考核指标在分值权重等层面仍然存在巨大的差异性。为了实现运转乡村的现实目的，乡镇定量考核指标体系被划分成共性评价指标和专项工作两个类别，从而完成了对于基层治理议题的规划性设置。

一般而言，在上级政府对乡镇政府的绩效考核中，专项工作考核指标的

---

①　L县《2017年度镇街（区）科学发展考核办法》。

②　〔美〕B. 盖伊·彼得斯：《政治科学中的制度理论："新制度主义"》（第二版），王向民、段红伟译，上海人民出版社，2011年版，第30页。

分值权重要明显大于共性考核指标的权重。所谓专项工作考核指标是指上级政府根据年度工作计划所确定的中心工作或根据某乡镇自身发展实际，专门制定下发的有针对性的考核指标。从专项工作考核指标的内容看，主要包括"三引一促"工作、环境保护工作、生态文明乡村建设、社会稳定等相关指标。从考核的权重来看，专项工作考核指标的权重要大于共性考核指标，以彰显上级对于年度专项工作的重视。此外，共性考核指标则是县级政府针对乡镇一级政府下发的，适用于县域内所有乡镇的绩效考核指标，其在年度绩效考核中的分值要明显小于专项工作考核指标。共性考核指标主要内容包括服务业发展、社会养老保险工作、镇村建设、城乡环卫一体化建设、固定资产投资及项目建设工作等。①

基层治理议题的分类设置，体现出上级对于不同治理议题的不同态度，这种规则设计本质上折射出上级治理的偏好与规划，对于引导乡镇治理行为具有重要作用。在 L 市 B 镇，根据上级政府文件的规定，共性考核指标主要是全面对接市、县（区）经济社会发展综合考核指标体系，而专项考核指标主要对接市、县（区）重大决策部署和中心工作任务的贯彻落实情况。② 实际上，共性评价指标和专项工作的划分体现出上级对于治理议题的选择性分类的治理思维。一方面，从主体层面来看，共性考核评价指标侧重于体现市以及县（区）的治理思维，而专项工作的考核更多体现的是县级政府的治理思维。另一方面，从考核的客体层面来看，共性考核评价指标侧重于经济社会发展层面，而专项工作则根据县委、县政府的重大决策部署来确定。总体来看，由于对乡镇政府政绩的考核主要是由县级政府进行的，因此，体现县级政府治理思维的年度专项工作更有可能被乡镇列入中心工作的范畴。

共性评价指标和专项工作在考核中具有不同的分值权重。通过以上分析可以看出，凡是能够列入专项工作的考核指标，其分值权重整体上大于共性

① 参见 T 县《2017 年全县经济社会发展综合考核办法》关于 B 镇定量考核指标的相关规定。
② T 县《2017 年全县经济社会发展综合考核办法》关于考核内容的相关规定。

指标。上级政府对于考核指标进行规划性设置的做法，致使乡镇在面对不同的考核指标时，采用了不同的治理方略。或者说，乡镇对于治理议程的选择机制，生成了支撑乡镇治理的两套制度结构，对于分值权重较大的治理议题，乡镇一般会成立"工作小组""指挥部""领导小组"等各种任务型组织。大量任务型组织的成立，打破了常规工作机制中乡镇的组织原则和权力结构，在很大程度上再造了乡镇的行政过程。从乡镇运行的视角看，中心工作机制和常规工作机制并行不悖，形成了乡镇运行的双轨制模式。

三　同类议题的区别对待

如上文所述，上级政府出于运转乡村的现实需要，通过考核指标体系设计中的规则设计，将乡镇的考核指标体系划分为定量考核指标体系和定性考核指标体系，从而有效推动乡村运转。同时，对于列入定性考核的治理议题，上级的考核同样划分为两个序列，即共性评价指标和专项工作两个序列。对于乡镇治理而言，这种考核的规则与制度，不仅体现乡村治理的规划机制，更为运转乡村提供了制度基础。

乡镇职能的规划机制还建立在对治理议题区别对待的基础上。上级对于能够进入同一考核序列的治理议题，在检查与考核中设置了不同的分值权重，以凸显上级治理的兴趣与偏好。本质上这是一种对于乡镇治理议题进行规划的治理理念，即对于那些在考核中被列入同一考核类别的治理议题，在检查与考核中设置了不同的分值权重，以凸显上级治理的规划意图，这也是国家运转乡村的一种有效机制。

治理议题区别对待也是乡镇规划式治理的实现路径。在乡镇考核指标体系中，无论是共性评价指标还是专项工作，每一项治理议题都被赋予了不同的分值权重，这种区别性对待治理议题的做法对于乡镇规划式治理具有直接推动作用。基层调研中有工作人员直言不讳，"整体来看，乡镇领导对于一些工作并不是很看重，因为它并不是决定乡镇政绩的主要方面"。[①] 治理议

---

① 基层调研访谈记录，2017 年 5 月。

题的区别性对待对于引领乡镇的组织行为发挥着十分重要的作用。

治理议题的区别对待表现在对于这些治理议题考核细则的规定上。考核指标体系回答的是对哪些议题进行考核，以及每一项议题的分值权重。而考核细则回答的则是如何进行考核的问题，实际上对于这个问题的回答更能凸显上级的治理规划。这是因为考核细则作为制度的具体化，更能彰显制度制定者的态度和价值理念。比如，对于一般性公共预算收入，上级会在考核细则中明确规定："根据每个月组织收入进度完成情况进行考核，年度组织收入工作中，每出现一个月低于时间进度 0~2（含两个）个百分点的扣 5 分，低于时间进度 2 个百分点以上的扣 10 分。每个月均衡入库情况与当月调度款安排挂钩，对于未达到均衡入库要求的镇街（区），按相应比例扣减当月应拨调度款。"[①] 将一般公共预算收入完成情况与调度款拨发相挂钩，显然构成了一般公共预算收入特殊的激励与约束机制。这是因为调度款事关乡镇日常运行，一旦停拨调度款，对于乡镇而言就意味着乡镇停摆，这凸显了一般收入预算工作在考核治理体系中的极端重要地位，而这种制度设计从根本上保证了乡镇对于一般公共预算收入的高度重视。

需要指出，同样处于共性考核指标体系之中的其他分值权重较小的相关工作，其考核细则的设计就与以上工作有很大不同。分值权重较小的相关治理议题，其考核细则除了规定相关加减分项目以外，普遍不再另外设计特殊的激励与约束机制。比如小城镇建设工作考核细则、电子商务工作考核细则等，其考核细则的主体部分主要是关于各项考核指标的分值权重，除此以外，普遍没有将这类工作与乡镇的调度款拨发相挂钩的特殊的激励与约束机制，甚至有些治理议程的考核细则都没有出现关于治理加减分的特殊规定。[②] 可以说检查考核细则的区别对待，也构成了乡镇治理的制度结构，构成了乡镇治理议程选择设置的制度空间，诱发了乡镇选择式治理的相关行为。

社会学制度主义认为制度代表一种漫长历史过程中反复发生的活动序列

---

① L 县《2017 年度一般公共预算收入考核细则》。
② L 县《2017 年度科学发展考核部分考核细则》。

（sequence）以及稳定设计。如果将制度视为某种已经获得某种地位或特征的模式或者秩序，那么制度化则意味着秩序或者模式的获得过程。罗纳尔德·L. 杰普森认为，制度既是一种控制同时也是一种授权，"制度都是一种确立行动者身份认同的程序或规则框架，是具有这些身份的行动者的活动脚本。"① 作为规则的制度，为组织的行动设定了活动的程序，是组织应对各种复杂情境的一种具有普适性的方式，因此，它使得行动者之间能够产生可预期的相互期待。由此可见，乡镇公共治理中的制度规则设计，塑造着乡镇政府组织的行为，形成了乡镇职能规划性履行的基本局面，体现的是国家对乡村运转的期待与规划。

第三节　乡镇政府职能履行的支撑结构

国家对乡村的有效运转建立在复杂的制度设计的基础上。政治系统理论中的结构功能主义学派，借助结构与功能等概念，为认识政治现象提供了一把钥匙。本书借助政治系统理论的结构与功能等核心概念，为分析乡村的运转提供一个可能的框架。从结构功能主义学派的视角来看，中心工作机制中乡镇政府职能的履行建立在特定的系统结构之上，是结构支撑起乡镇中心工作机制中的职能，推动乡村的有效运转。

一　职能履行的环境

组织行为与组织环境的关系问题是组织社会学研究中的经典论题之一。组织理论的制度学派认为，组织不是一个封闭的系统，组织始终受到环境的影响，换言之，组织是处于社会环境、历史影响之中的一个有机体，"组织的发展演变是一个自然的过程，是在和周围的环境不断相互作用下不断变

---

① 〔美〕罗纳尔德·L. 杰普森：《制度、制度影响与制度主义》，载〔美〕沃尔特·W. 鲍威尔、保罗·J. 迪马吉奥主编《组织分析的新制度主义》，姚伟译，上海人民出版社，2008，第 160 页。

化、不断适应周围环境的自然产物，而不是人为设计的结果"。① 从组织行动的角度来看，组织行为之所以与外部环境密切互动，主要的动因在于组织必须从与社会环境互动中获取自身存续的合法性。这里的外部环境一般指组织行动的社会大环境，包括政治、经济、文化等主要方面。任何组织的存续必须与社会环境密切互动，并从后者获取合法性来源。

从组织理论的视角看，乡镇中心工作机制中的职能履行是乡镇政府组织行为的典型体现。社会学研究一直有"行为—结构"研究的历史传统。美国学者约翰·W.纽斯特罗姆和基斯·戴维斯在他们所著的《组织行为学》（第十版）一书中提出，人、结构、技术和环境是影响组织行为的主要变量，其中环境对于人和技术又发挥着重要的影响（见图 2-1）。他们将组织所处的环境视为影响组织行为的核心变量之一。有鉴于此，本书在阐释乡镇中心工作机制中的职能履行结构时，从组织理论的视角出发，认为环境对于乡镇政府组织行为的塑造发挥着至关重要的作用，是理解乡镇政府组织行为的结构性要素之一。因此，对乡镇职能履行的结构进行分析，环境必然是重要变量之一。

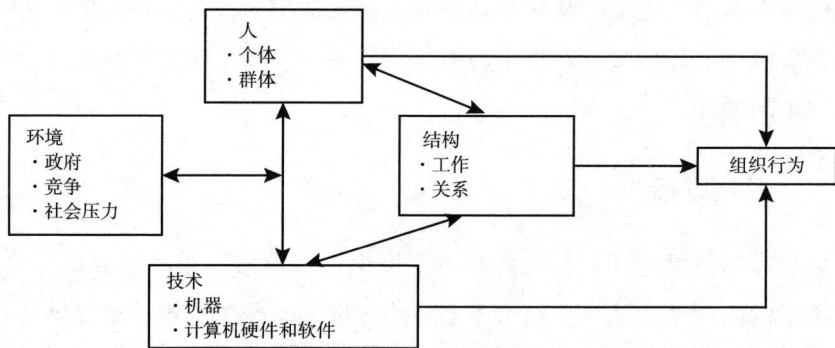

图 2-1 影响组织行为的主要动力

〔美〕约翰·W.纽斯特罗姆、基斯·戴维斯：《组织行为学》（第十版），陈兴珠等译，经济科学出版社，2000，第 6 页。

---

① 周雪光：《组织社会学十讲》，社会科学文献出版社，2003，第 70 页。

组织与环境的互动本质上体现出组织从环境获取合法性的意图。社会的法律制度、观念文化、价值规范都是被人们广为接受的社会事实，这些社会公认的制度与观念，影响了组织行为。在约翰·W.纽斯特罗姆和基斯·戴维斯看来，它们构成了组织行为的结构的一部分。组织行动的外部环境解决的是组织行动的意义或者价值观层面的问题。任何组织行动都是为了解决组织行动的动力问题，更是为了从社会环境当中获取自身存续的合法性。

乡镇行政面临的环境因素深刻影响了乡镇职能履行的模式。首先，行政发包的行政传统，这赋予了乡镇中心工作机制中的职能履行历史合理性。中国自秦以后中央和地方的行政关系，形成了政令自中央出，但交由地方执行的行政传统文化。中央官员、中间层级官员与基层地方官员的职权结构也大致清晰，后者主要负责政策落地，中间层级的官员主要是传递和贯彻中央指令以及监督基层官员，而中央政府则主要负责顶层设计和总体规划。[①]任何国家的治理都建立在本国的历史和文化传统上，乡镇中心工作机制中的职能履行也是如此。从政府治理体制的角度来看，乡镇对于治理议程的选择设置，实际上体现出上级政府乃至中央政府的治理理念和方略。

其次，组织的纵向控制。政府治理体制中的压力型体制构成了组织纵向控制的主要内容，为乡镇中心工作机制中的职能履行提供了现实基础。这里的压力主要指的是从计划经济向市场经济转轨过程中，上级在实行分权后对下级的行政压力，是"一级政治组织（县、乡）为了实现经济赶超，完成上级下达的各项指标而采取的数量化任务分解的管理方式和物质化的评价体系"。[②]在赶超式发展的压力下，各级党委和政府把各种任务指标层层量化分解，辅之以签订目标责任书的方式，把工作下派给组织和个人，然后根据指标完成情况进行经济乃至政治方面的奖惩。对于上级下派的指标和中心工作，上级采取的主要考核方式是"一票否决"制，换言之，一旦中心工作不达标，就意味着出现组织或者个人全面的工作成绩为零的风险，这不但影

---

① 周黎安：《再论行政发包制：对评论人的回应》，《社会》2014年第6期。

② 荣敬本、崔之元等：《从压力型体制向民主合作体制的转变：县乡两级政治体制改革》，中央编译出版社，1998，第28页。

响绩效评定，甚至还会影响主要领导的职务晋升。因此，组织间纵向控制产生的压力为乡镇职能履行提供了结构基础，致使中心工作机制中的职能履行存在选择性设置治理议程的现实问题，形成了乡镇对于职能的选择性履行的现实格局。

最后，组织的横向控制。周黎安在解释中国政府激励与经济增长的关键线索时提出了政府治理模式"政治锦标赛"的概念，它"是指上级政府对多个下级政府部门的行政长官设计的一种晋升竞赛，竞赛优胜者将获得晋升，而竞赛标准由上级政府决定"。[①] 毋庸赘言，人民立场是我们党执政的根本政治立场，是党区别于其他政党的显著标志。中国共产党始终坚守为人民谋幸福、为中华民族谋复兴的初心使命，坚持全心全意为人民服务的根本宗旨，把"实现好、维护好、发展好最广大人民根本利益作为出发点和落脚点"。[②] 从实践层面上看，发展则是解决我国一切问题的基础和关键，而坚持人民立场、践行初心使命，归根结底是要推动高质量发展，为实现人的自由全面发展和社会全面进步奠定坚实基础。从绩效考核的视角看，衡量一个地方发展质量和效益最直接的指标便是经济建设方面的指标，所以发展或者说经济建设方面的成绩就成为评价地方政绩的关键性指标，甚至在一定程度上成为决定干部晋升的重要因素。正因如此，富有锦标赛特色的官员激励与约束机制，实际上是把各级干部投入经济建设的竞技场中，为促进地方发展而竞争。这不仅是我们党践行初心使命的必然要求，也是决定乡镇职能履行的重要因素，为乡镇规划年度工作议题提供了现实动力。

组织与环境之间存在紧密互动关系，制度环境是影响组织结构形式的重要变量。W. 理查德·斯科特在研究制度环境与组织结构之间的互动关系时，提出了环境对组织结构的几种影响。一是组织结构的环境强制输入观。这种观点认为有些场域中，存在影响力较为强大的"环境能动者"，可以把某种组织结构形式强加给从属的组织单元。二是组织结构的环境授权观。这

---

① 周黎安：《转型中的地方政府：官员激励与治理》（第二版），格致出版社、上海三联书店、上海人民出版社，2008，第 89 页。

② 习近平：《习近平谈治国理政》（第一卷），外文出版社，2014，第 154 页。

种观点认为下层单元不是被迫遵守上层单元（环境）的要求，而是主动寻求获得上层授权机构的许可。三是组织结构的环境诱致观。此观点认为权威机构通过物质激励等方式，引发组织的结构变迁。① 中心工作机制中乡镇对于治理议程的选择设置，作为组织行为的一种体现，是与乡镇环境互动的产物，或者说乡镇环境赋予了乡镇对于治理议程选择设置的合法性。

二　职能履行的主体

政治系统理论中的结构主要包括两大构成要素，一是系统中的行为体，二是系统中的制度。政治系统的结构首先是指系统中的行为体，或者参与政治系统的各种角色。"结构（例如立法机构）是由各种相互关联而又相互作用的角色组成的；政治体系则是由相互作用的机构构成的。"② 由此可见，政治系统理论中的结构功能主义学派所说的结构，首先是指系统中不同的角色，行为体构成了系统结构的核心要素。

组织制度的运行载体以及执行主体集中表现为组织成员，因此组织应该是人格化的组织。韦伯认为，现代科层制组织的出现是因为它比其他形式的组织更能体现理性化的色彩，更加具有效率。资本主义大生产要求现代组织高度协调，并且严格按照时间效率办事。而现代科层制组织建立在严格的规章制度之上，依靠专门化训练的人员进行管理，所以，现代科层制组织相对于其他组织形式而言，具有自身的理性优势和效率优势。

然而，现实中组织的运行往往背离了韦伯式科层制组织的理想模式，组织行为的人格化致使组织的实际运行往往偏离既定轨道，陷入非理性化的困境。菲利普·塞尔兹尼克关于田纳西流域水电工程的研究便说明了这一点。在韦伯式的理性组织模型中，组织是一个为了完成任务而建立的高度理性的技术体系，组织会按照既定制度和规则，追求既定的目标。然而，塞尔兹尼

---

① 〔美〕W. 理查德·斯科特：《制度理论剖析》，载〔美〕沃尔特·W. 鲍威尔、保罗·J. 迪马吉奥主编《组织分析的新制度主义》，姚伟译，上海人民出版社，2008，第189~192页。

② 〔美〕加布里埃尔·A. 阿尔蒙德等：《比较政治学——体系、过程和政策》，曹沛霖等译，上海译文出版社，1987，第14页。

克的研究告诉我们事实并非如此，在田纳西河流域很多项目的实施与设计时的初衷大相径庭，甚至背道而驰，出于帮助穷人的目的而建造的系列工程，最后却是富人得到了服务和利益。[①] 在这里组织的实际运作和组织的制度设计呈现巨大的张力，而其主要原因在于组织运作的行为体层面。塞尔兹尼克的研究提示我们，现实中组织的运行往往会偏离科层制组织的理想模型，对组织行为的分析需要加强对行为体的关注。

上级政府对于乡镇治理议程设置的规划意图构成了乡镇规划式履行政府职能的直接动因。既有关于乡镇治理的研究存在一些不容忽视的不足之处：一是这种研究将乡镇政府和上级政府相剥离，基层治理如果出了问题，往往归咎于基层政府本身，或者顶多归咎于县乡不合理的制度；二是当前基层治理的研究，其研究变量的选取普遍将行为体主观态度排除在外，忽视了基层治理决策者对于基层治理的主观态度。

从组织行为体的角度看，乡镇治理面临的一个现实问题是其有限的人力、财力和物力，无法对上级交办的所有工作一视同仁。因此，上级政府只能根据本年度经济社会发展的现实情况，再加上政绩观的考量因素，综合权衡制定出乡镇的考核指标体系。由此可见，乡镇对于职能规划性履行的策略，在很大程度上是上级政府对于治理策略进行主观选择的结果。一些基层治理的决策者在接受调研时直言不讳，乡镇政府的资源非常有限，因此，乡镇工作只能采用抓重点的方式来进行。[②] 从基层治理行为体的角度来看，乡镇政府对于职能的规划性履行是乡镇政府和上级政府合谋的结果。

追求政绩以实现职务和职级晋升是乡镇干部行为的基本动机，对乡镇干部而言，无论是职业目标和理想，还是个人职业生涯的发展都与个人职务晋升联系在一起。长期以来，乡镇干部的地位、收入、职业理想甚至职业满足感，都受公务员级别、职位分类所制约，所以职务晋升就构成了分析乡镇干部的主要变量之一。有学者认为，"脱离追求职务和职级晋升去分析乡镇

---

① 〔美〕菲利浦·塞尔兹尼克：《田纳西河流域管理局与草根组织：一个正式组织的社会学研究》，李学译，重庆大学出版社，2014，第189~192页。

② L市D镇调研访谈记录，2017年6月。

干部行为，无异于空中楼阁"。① 对于乡镇干部而言，实现职务和职级晋升的制度化路径主要是依靠政绩，这是因为在当前乡镇治理的格局中，政绩评定的主要标准是乡镇考核指标体系。所以，对于乡镇主要领导干部而言，要想实现职务晋升，乡镇运行就必须严格按照考核指标体系的相关规定进行。换言之，乡镇的治理在很大程度上都是按照考核指标体系的设置所进行的规定动作，自主性空间有限。因此，乡镇干部追求政绩的动机，客观上也造成了乡镇规划性履行政府职能的问题。

行为体是政治系统结构的重要变量之一。政治系统的结构决定系统的功能，乡镇政府对于职能的规划性履行，建立在相应的结构之上。从行政系统行为体的角度来看，乡镇干部追求政绩以实现职务和职级晋升的治理动机，以及上级政府对于乡镇公共治理规划式治理的理念，共同构成了乡镇治理系统结构的重要变量，也成为乡镇职能履行的结构性支撑因素。

三 职能履行的制度

制度环境不但能够建构组织结构，而且能够塑造组织行为。制度构成对行动主体策略行为的"场景"或者游戏规则，制度塑造行为体的兴趣与偏好，制度通过制度要素内化（或称制度化）的方式，约束行动主体的行为，塑造行动主体的价值偏好，实现社会秩序的建构。制度同样能够塑造组织结构以及组织行动的过程，美国学者罗纳尔德·L. 杰普森在《制度、制度影响与制度主义》中说："制度主义普遍认为，行动者和利益从其运行和来源来看是高度制度化的，而且在现代政体中他们经常建构制度本身。"② 换言之，作为组织的行动者，无论是其行为抑或是行为动机都根源于制度设计，制度制约组织行为并且塑造组织的行为偏好。

乡镇中心工作机制是上级政府与基层政府合谋的结果，乡镇考核指标体

---

① 万君：《策略化行为：乡镇干部行为研究》，华中师范大学博士学位论文，2014。
② 〔美〕罗纳尔德·L. 杰普森：《制度、制度影响与制度主义》，载〔美〕沃尔特·W. 鲍威尔、保罗·J. 迪马吉奥主编《组织分析的新制度主义》，姚伟译，上海人民出版社，2008，第173页。

系的设置是乡镇政府职能履行的制度性根源。认真梳理乡镇相关考核指标体系，我们可以发现乡镇考核指标体系构成了乡镇职能履行的激励与约束机制，前者成为塑造乡镇行为的最核心变量。规制乡镇运行的正式结构要素，包括组织规程、正式程序、政策工具以及技术制约力量等。乡镇政府处于行政体系的末端，围绕上级指令运转构成了乡镇职能履行的主要特征，乡镇在很大程度上成为运行在考核表上的一级政权。

在笔者参与调研的 T 县，由 T 县县委、县人民政府联合下发的全县经济社会发展综合考核指标体系中，针对乡镇的考核指标体系由共性评价指标、目标差异指标、转型工作三个部分构成，其中共性评价指标 17 项、目标差异指标 8 项、专项工作 12 项，综合来看，乡镇政府面临的综合考核指标共计 37 项。[①] 然而，这还仅仅是乡镇面临的综合考核指标体系，为了便于上级考核的顺利推进，针对每一项综合考核指标上级还要出台具体的考核细则。比如，在 L 县出台的《2017 年科学发展考核部分考核细则》中，民生项目建设工作的考核被分成教育提升、社会救助、社保就业、医疗卫生四类指标，总共涉及 27 项考核内容，涉及考核条目达上百条之多。[②]

上级将对于乡镇的考核结果作为调整使用干部的重要依据，导致乡镇主要领导对于乡镇考核指标体系高度重视，可以说乡镇考核指标体系成为乡镇日常行政最重要的制度依据，成为塑造乡镇政府组织行为的重要变量。为了强化对乡镇行政的激励与约束机制，乡镇面临的众多考核文件，都会有强化相关激励与约束机制的相关规定。比如 P 县为了强化对乡镇行为的引领与塑造，在其下发的相关文件中明确规定，把综合考核结果作为加强领导班子建设重要参考和评价领导干部政绩的重要内容，真正让"想干事、能干事、干成事"的干部有为有位；对问题突出、整改不力的，通过约谈等方式给予提醒警示，严重的进行组织调整。[③]

乡镇面临的考核指标体系，被选择性地设计为定量考核指标体系与定性

---

① T 县《2017 年全县经济社会发展综合考核办法》。
② L 县《2017 年科学发展考核部分考核细则》。
③ P 县《2015 年全县科学发展综合考核办法》。

考核指标体系。其中对于定性考核指标的考核，仅进行等次评价，不进行计分考核，并且对于定性指标的考核原则上不进行年终总考核，不计入乡镇考核的总分值。① 因此无论治理成效如何，都不会直接影响对乡镇的考核。实际上，这就为乡镇治理议程的选择设置提供了可能空间，为乡镇职能的选择性履行提供了制度基础和结构支撑。

乡镇面临的考核指标体系，被选择性地设定为共性考核指标体系与专项考核指标体系。为了突出一个行政年度内的重要工作事项，每年年初县级政府在出台对乡镇考核指标时，都会根据县域治理的现实情况，把一些治理议程列为县域治理的中心工作，而这些工作便无可争议地被列入当年度专项工作考核指标体系。相对于共性考核指标体系而言，专项工作考核体系通常考核指标的数量少，但是每一项考核指标的分值权重大。② 由此可见，这对于乡镇行为的塑造发挥着重要作用。同时，考核指标分值权重的区别性对待，也为乡镇职能的选择性履行提供了制度基础。

乡镇面临的考核指标体系中关于加减分项目的相关规定，对于塑造乡镇行为具有重要作用。考核指标体系中的加减分项目设计构成了乡镇行为的制约与激励机制。在部分考核指标体系中，许多考核指标的分值权重并不大，而在加减分项目设计中动辄出现，比如"党委政府重大工作改革创新事项被党中央、国务院已中发、国发、中办发、国办发正式文件表彰或推广的，每次加 40 分"③，这为乡镇开展项目创新提供了显著动力。同时，对"在社会管理综合治理、安全生产和重大安全生产事故风险、食品安全事故、主要污染物总量减排、计划生育等方面出现问题的，分别由主管部门做出处理，提出'一票否决'的建议"。④ 这些规则也在一定程度上塑造乡镇的组织行为，为乡镇职能的选择性履行提供了激励和约束机制的制度基础和结构支撑。

---

① 　P 县《2015 年全县科学发展综合考核办法》。
② 　P 县《2015 年全县科学发展综合考核办法》。
③ 　P 县《2015 年全县科学发展综合考核办法》。
④ 　P 县《2015 年全县科学发展综合考核办法》。

综上所述，国家对乡村社会的规划性支配是运转乡村的现实逻辑，也是塑造运转乡村路径的推动力量。乡镇治理议程的规划设置以及治理议题的区别对待，构成了乡镇履行政府职能的实现机制。乡镇政府组织的环境、上级与乡镇政府在职能履行中的共谋，以及乡镇职能制度文本的设置是乡镇规划式治理的支撑结构。乡村规划式治理与乡镇中心工作机制是国家运转乡村的一体两面，政府职能是政府理论分析的逻辑起点，也是考察和分析乡镇中心工作机制治理路径的关键一环。全面考察国家运转乡村的实现路径，必须对乡镇职能的履行进行深入考察和分析。

第三章

重构组织模式：中心工作机制的组织运作

　　国家运转乡村的功能实现离不开基层政府的组织运作。从政府职能履行的层面来看，中心工作意味着乡镇对于治理议程的规划性设置，一旦乡镇将某项议题列入治理议程，就意味着治理组织化进程的开启。从组织理论的视角看，乡镇政府的组织运作是遵循科层制组织原则设计、建构起来的，其初衷主要是应对常规工作，而完成中心工作的治理任务对乡镇政府组织运作而言是一种挑战，需要乡镇在组织运作层面进行相应调整，以契合中心工作机制的运行逻辑和现实需要。

第一节　中心工作机制中的组织形态

　　完成中心工作是乡村治理的重中之重。然而，乡村治理的实践中除了要完成中心工作外，还要承担大量繁重的常规工作，即各个部门科室职权范围以内的工作。从组织运作的形态来看，对于大量繁重的常规工作，乡镇主要依循韦伯意义上的科层制组织原则进行治理，这也是许多人心目中乡镇治理的常规型组织形态。然而，需要指出乡镇的组织样态并不是只有一个面向，而是呈现一种复合型格局，即乡镇中心工作机制中的组织形态，以及常规工作机制中的组织形态。

一　常规工作中的组织形态

　　任何组织的成立都服务于特定的任务或者目的，没有不担负任务的组织。在人类社会工业化发展进程中，工业文明较之农业文明所具有的高度异质性与变迁性，促使人们在管理思维层面去思考如何以高度的确定性应对可能的不确定性。以确定性应对不确定性的思维方式，加上生产力的发展带来的分工精细化以及组织管理科学化的需要，共同使得科层制组织在 20 世纪获得了巨大成功。后者使人们相信它在"形式上可以用于一切任务，纯粹从技术上看可以达到最高的完善程度"。① 张康之和周雪梅基于组织所承担的任务将组织分为常规型组织与任务型组织，常规任务具有稳定性、重复性和可预见性的特点②。对于这些任务，常规型组织一般通过稳定的结构和固定的程序来应对。因此，常规型组织是指以完成常规任务为主要目标的组织，它以自身存续为中心，具有相对稳定的行为模式和文化心理结构。常规型组织成员的行为通常具有程式化和模式化的特点。③ 一般认为，公共组织或者说官僚制组织是典型的常规型组织。

马克斯·韦伯所说的科层制组织是常规型组织的"理想类型"。韦伯意义上的科层制组织也被称为官僚制（Bureaucracy）组织，官僚制的字面意思指"官员的统治"，代表一种整体类型，与人们熟知的民主制、贵族制等政体类型相并列。④ 马克斯·韦伯是真正从学术上系统地分析官僚制的集大成者。官僚制理论居于马克斯·韦伯现代化理论的中心，在韦伯构筑的理论体系中，理性科层制是作为传统行政体制的对照物出现的。理性与合法性是支撑韦伯科层制理论大厦的两根主要支柱。"尽管用于刻画科层制的'理性—合法'一词经常被翻译者结合到一起，但在韦伯的文章中，即使是结合状态，它们也是两个分离的概念。"⑤ 其中，合法性构成了韦伯意义上的科层制权威的基础，而理性则体现了科层制的核心特征。

马克斯·韦伯在研究西欧产生理性资本主义形态的根源时，展开了对官

① 〔德〕马克斯·韦伯：《经济与社会》（上卷），林荣远译，商务印书馆，1997，第 248 页。
② 张康之、周雪梅：《常规组织与任务型组织的权力关系比较》，《东南学术》2007 年第 5 期。
③ 张康之等：《任务型组织研究》，中国人民大学出版社，2009，第 35~37 页。
④ 〔英〕马丁·阿尔布罗：《官僚制》，阎步克译，知识出版社，1990，第 95 页。
⑤ 〔英〕戴维·比瑟姆：《马克斯·韦伯与现代政治理论》，徐鸿宾等译，浙江人民出版社，1989，第 66 页。

僚制的相关研究，或者说官僚制研究仅仅是韦伯对西方理性主义研究的副产品。施鲁赫特认为韦伯官僚制研究中的理性化主要指涉社会各个层面合理化的过程。① 黄小勇认为韦伯著作中的理性化主要包括两个层面，经济、国家生活中结构体系的理性化和经济、国家生活中文化体系的理性化。在国家生活中结构体系的理性化表现为"理性的、可预期的法律制度和法律秩序——法治以及政治领域中可预期的行政管理体制即理性的官僚制"。② 由此可见，韦伯将法治或者说基于法律制度、法律秩序的行政管理体制视为理性的官僚制，法律构成了理性官僚制的核心要素。基于法律的管理才是可以预期的管理构成了理性官僚制的核心特征。

组织内部的结构是决定组织形态的重要要素，也是决定组织运作方式的重要变量。W. 理查德·斯科特和杰拉尔德·F. 戴维斯从组织结构的角度对组织进行了分类，他们认为，"组织结构将工作组合成更大的单位（如团队或部门），确立组织中不同的单位与个人之间的正式沟通方式和职权关系"。③ 以组织结构为分类标准，组织可以分为简单结构、科层结构、职能结构、多分部结构（multidivisional structure）、矩阵结构、自律结构和网络结构等基本形态。其中，前三种组织形态具有目标单一以及管理上直接指挥的特点，而后四种组织形态则具有适应多重目标和权威分散的特点。④

按照韦伯理性类型的观点，常规型组织具有以下基本特点：首先，"把为实现组织的目标所需的日常工作，作为正式的职责分配到每个工作岗位"。⑤ 建立在固定的分工与合作基础上的，体现专业化精神的岗位责任制

---

① 〔德〕Wolfgang Schluchter：《理性化与官僚化：对韦伯之研究与诠释》，顾忠华译，联经出版事业有限公司，1986，第 3 页。

② 黄小勇：《现代化进程中的官僚制》，黑龙江人民出版社，2003，第 22 页。

③ 〔美〕W. 理查德·斯科特、杰拉尔德·F. 戴维斯：《组织理论——理性、自然与开放系统的视角》，高俊山译，中国人民大学出版社，2011，第 25 页。

④ 〔美〕W. 理查德·斯科特、杰拉尔德·F. 戴维斯：《组织理论——理性、自然与开放系统的视角》，高俊山译，中国人民大学出版社，2011，第 149~150 页。

⑤ Max Weber, *The Theory of Social and Economic Organization*, translated by A. M. Henderson and Talcott Parsons, New York：Oxford University Press, 1947, p. 331.

是科层制结构的基本特征。其次，"所有岗位的组织遵循等级制度原则，每个职员都受到高一级职员的控制和监督"。① 行政等级制内任何一位职员，都能够在上级面前为自己和自己下属的行为负责。责任和权威在韦伯的科层制组织中缺一不可，因为他要为自己下属的工作承担责任，因此他对下属就具有权威性，能对下属发号施令，下属有服从的义务。最后，组织活动是"由一些固定不变的抽象规则体系来控制的……这个体系包括了在各种特定情形中对规则的应用"。② 设计这样的规则体系，是为了保证不管多少人从事某项工作，其结果都能一致，而且不同的工作之间能协调。

整体来看，"常规组织的全部奥秘就在于用规则体系控制组织的运行和发展，使组织不致偏离目标太远，同时也控制着外在环境对组织要素的一切任意改变之要求"。③ 法治或者制度化赋予了组织理性化的基础，分配到每个岗位的正式职责构成了常规型组织的基础构件，以权力作为基础的等级制或者说遵循等级制度的原则赋予了组织层级管理的现实可能性：以上要素共同构成了韦伯意义上的官僚制组织的基本要件。

二　中心工作中的组织形态

任何研究方法都要服务于特定的研究目的，想要对运转乡村的组织形态进行更加深入的了解，我们需要更加自觉地运用经验性研究方法。组织作为一套协调与控制系统，是一种可扩展的工具，一种设计用来完成某项工作的理性工具。从经验性视角来看，乡镇是国家行政的基础，也是整个国家行政机器的"末梢神经"，乡镇经常以基层政权全权代表的身份出现，是上下条块管理的结合点。④ 乡镇治理的特殊性决定了乡村运行的独特性。

乡镇政府组织可以通过自己稳定的结构和程序，遵循韦伯意义上的科层

① Max Weber, *The Theory of Social and Economic Organization*, translated by A. M. Henderson and Talcott Parsons, New York: Oxford University Press, 1947, p. 331.

② Max Weber, *The Theory of Social and Economic Organization*, translated by A. M. Henderson and Talcott Parsons, New York: Oxford University Press, 1947, p. 330.

③ 张康之等：《任务型组织研究》，中国人民大学出版社，2009，第76页。

④ 金太军等：《乡镇机构改革：挑战与对策》，广东人民出版社，2005，第218~219页。

制组织的运行原则，应对大量的常规工作。中心工作在乡镇考核中分值权重较大，且与常规工作有很大不同，是运转乡村的重要动因，通常具有压力大、任务重、时间紧等特点，这就决定了乡镇无法通过程序化、制度化的常规工作机制来应对，乡镇治理中的任务型组织应运而生。

任务型组织与项目型组织类似。美国项目管理协会给项目下的定义是项目是为创造独特的产品或服务而进行的临时性事业。项目就是基于特定资源要求的制约，为达成一定目标而确立的一次性工作，它具有以下特征：一是项目不具有常规工作的稳定性、可重复性等特征，因此，它是常规组织无力解决的问题；二是项目组织具有唯一性，它被设立起来专门负责某一问题，在整个社会的范围内不会有其他组织与它形成竞争关系，它不具备完成一个项目后再不加改变地去承担另一个项目的能力。[1]

事实上，乡镇只能在自身现有的组织资源以内，通过设立任务型组织的方式来应对中心工作。换言之，目前乡镇治理中韦伯意义上的科层制组织方式难以应对中心工作的治理议题。乡镇政府组织原有的结构框架难以承担起完成中心工作的任务，或者说只有当乡镇无力解决非常规的中心工作治理议题的时候，才设立专门性的任务型组织。

任务型组织与中国政治组织体系中的"领导小组"具有相似性，二者都属于政治组织体系中的特殊组织模式。然而，乡镇治理中的任务型组织与政治组织体系中广泛存在的"领导小组"等临时性组织，尤其是与中央政府层面的议事协调机构差异巨大。就中央各领导小组而言，其总体定位是中央谋划决策、指导工作的参谋助手，是各方面情况上传下达的中心枢纽。由此来看，中央各领导小组的职能包括参与重大决策、完成重要事项和开展重点活动。[2] 而任务型组织从其成立的宗旨来看，其职能活动围绕中心工作展开，参与重大决策显然不是其职能活动的重心。

张康之教授等人以组织承担的不同类型的任务为标准，将组织区分为常

---

① 张康之等：《任务型组织研究》，中国人民大学出版社，2007，第41页。
② 周望：《中国"小组机制"研究》，天津人民出版社，2010，第71~80页。

规型组织和任务型组织。常规型组织承担的治理任务多是可重复的，组织为完成这些任务所开展的工作往往也具有可重复性，因此组织的运作流程与组织成员的行为具有高度程式化的特征。而"任务型组织是围绕某一特定任务而设立的，它随着任务的完成而被解散。它为了解决特定任务而设立，是一种服务于具体性需要的个性化组织形式。"①

基层任务型组织具有独特的组织逻辑，能够完成常规型组织所不能完成的治理任务。相比常规型组织的原则和结构，任务型组织具有独特的职能结构，该种组织结构集中体现了治理资源集中协调这一核心组织逻辑。这一组织逻辑赋予了任务型组织特殊的组织属性，保证了该组织能够应对非常规的治理任务。

从组织运行的角度看，乡镇的任务型组织主要体现治理资源的集中协调这一组织逻辑。众所周知，乡镇作为国家行政组织的末梢，其治理议题是多样的，而其能够调动的组织资源又非常有限，因此，乡镇只能调动组织内部的有限资源来完成特定的治理任务。乡镇任务型组织本质上是乡镇政府组织的子系统，从任务型组织的人力资源构成来看，无论是任务型组织的普通成员，还是其主要领导，都源于原有的乡镇政府组织母体，任务型组织只是实现了对乡镇原有治理资源的重新整合。比如，D镇为加强对全镇矛盾纠纷大排查大调处百日专项行动的组织领导，成立了集中开展矛盾纠纷大排查大调处百日专项行动领导小组，下设综合协调办公室、矛盾纠纷排查调处办公室、重点信访案件排查化解办公室、重点群体排查稳控办公室、督查指导办公室，具体内容如下：

一、领导小组

组　长：刘×× 镇党委书记

副组长：尹×× 镇党委副书记、镇长

　　　　……

---

① 张康之、李圣鑫：《组织分类以及任务型组织的研究》，《河南社会科学》2007年第1期。

成　员：陈×× 派出所所长

　　　　……

二、专项工作办公室

（一）综合协调办公室

主　任：赵×× 政法委员、综治办主任

成　员：陈×× 派出所所长

　　　　……

（二）矛盾纠纷排查调处办公室

主　任：刘 × 司法所所长

成　员：李×× 司法干警

　　　　……

（五）督查指导办公室

主　任：赵×× 政法委员、综治办主任

成　员：陈×× 派出所所长

　　　　李 × 政法科员

　　　　……

办公室设在综治办，负责专项行动的督查指导工作。

　　由此可见，乡镇任务型组织体现的治理资源集中协调的组织逻辑，赋予了任务型组织新的属性。一是职能导向性，即组织的设立是为了执行某种特定的任务或者项目，职能的导向性使得任务型组织具有极强的资源吸纳能力。二是管理的直接性，通过减少横向的职能部门以及纵向管理层级的方式，降低劳动分工的程度，最大限度地实现直接管理的目标。三是高度集权化，任务型组织并不是摒弃了科层制组织的运行原则，相反，其运行更加贯彻了韦伯意义上的科层制组织的原则，即组织运行体现高度程式化、正式化、集权化特点。

　　据不完全统计，L市乡镇以领导小组形式存在的各种任务型组织在30

个左右，各类领导小组职责主要涉及依法治理、意识形态工作、河长制工作、政务公开、党风廉政建设、脱贫攻关、平安建设、综合治理、招商引资、征迁、便民服务中心、应急管理、节能降耗、美丽乡村建设、道路交通安全、国家卫生镇创建、党建工作、人口与计划生育、城乡居民基本医疗保险、食品安全、流动人口计划生育管理、药品安全、卫生应急、社区教育、扫盲、双拥、人民调解等。① 实际上乡镇领导小组远远不止这些，当然，很多领导小组都是应对上级考核才成立的，其工作也仅仅停留在文件上，但是不能少。

尽管乡镇设置了大量的常设性领导小组，但是遇到政策调整或者发生问题时，又会临时性设立新的领导小组，所以根据不同的治理环境调整领导小组是乡镇治理的常态。而且随着乡镇治理制度化的加强，领导小组的设立呈现专业化的趋势，比如随着生态文明建设进程的加快，很多乡镇在原有环境保护工作领导小组的基础上，还会成立大气污染防治工作领导小组等。

任务型组织具有开放式的组织结构，其特殊的组织原则与权力结构影响行政决策的执行力度和效果。其治理的有效性强化了人们对任务型组织的信心，客观上形成了重要工作都要通过任务型组织完成的思维习惯，导致领导小组数量众多，这也带来领导兼职过多、结构重叠等问题。另外，"职责同构"的治理体制形成了上下对口、左右对齐的治理结构。上级党政机关设立领导小组，也要求下级设立对接机构，甚至将是否设立领导小组作为衡量乡镇对某项工作重视程度的标准，致使任务型组织数量泛滥。

综上所述，常规工作机制与中心工作机制并行不悖的现实塑造了乡镇政府组织形态的复合结构。它表明从组织形态的角度看，中心工作机制中的乡镇运行突破了单一式、平面化的组织形态模式，形成了复合式的组织形态。对于常规工作而言，乡镇的治理遵循韦伯意义上的科层制组织原则，组织内部横向的部门负责制和纵向的层级负责制构成了组织运作的核心内容。然而，对于中心工作而言，由于乡镇常规工作中的组织模式无法为中心工作提

---

① 基层调研访谈记录，2017 年 4 月。

供足够的资源，乡镇在原有的科层制组织的基础上建立起为数众多的任务型组织，这些临时性成立的任务型组织无论是在组织结构还是在组织原则层面，都呈现其特有的结构性特征。常规工作的组织形态和中心工作的组织形态共同构成了乡镇政府组织形态的复合模式。

第二节　中心工作机制中的组织运作

组织与制度是人类社会生活中历史最为悠久的现象，也是人类文明进步的重要体现。组织与制度作为上层建筑的重要组成部分，建立在一定的经济基础之上，组织与制度是具体历史中的社会现象。从组织理论的视角看，对于组织结构和原则的探索推动着组织理论不断向前发展。从历史来看，在第一次世界大战之前，对组织结构和原则最有影响的人物可能是泰勒（F. W. Taylor），他试图在标准化的基础上，发展出一套工业组织运行的科学原则，而这套科学原则的重心在于，通过注重正式组织的结构和原则，实现组织的高效率运转。① 随着社会生产力的不断发展，组织的形态也在不断演进，然而，对于组织结构和组织原则的分析仍然是组织研究的基石，也是认识公共治理的重要基础。

一　常规工作中的组织运作

美国学者罗伯特·B. 登哈特（Robert B. Denardt）在《公共组织理论》（第五版）一书中指出，政治科学作为一门学科无法涵盖公共组织所关心的全部问题，特别是无法充分考虑组织与管理上的某些问题。② 诚然，诸如政治与行政、事实与价值、回应与效率、责任与自治、理论与实践等种种政治学的议题，一旦进入公共治理的实践环节，组织层面的问题就成为必须谈论

---

① 〔英〕米切尔·黑尧：《现代国家的政策过程》，赵成根译，中国青年出版社，2004，第137~138 页。

② 〔美〕罗伯特·B. 登哈特：《公共组织理论》（第五版），扶松茂、丁力译，中国人民大学出版社，2011。

的议题。在某种程度上，政治科学之"魂"需要公共组织之"体"，二者的有机结合才是推动公共治理现代化的路径选择。

本书所说的组织原则正是在组织沟通与协调的意义上。组织原则也称为组织功能的分解或者分配原则，它是组织内部横向不同职能部门之间，以及纵向不同层级之间沟通与协作的基本指导原则。组织原则作为组织运行的内在机理决定组织外在的结构形式，不同的组织原则形成了同一组织内部不同职能部门与纵向不同层级之间的关系模式和互动过程。组织结构是指组织内部横向的部门划分结构和纵向的权力层级结构，其中权力结构是指组织内部不同层级之间基于权力划分而形成的金字塔形的权力结构，它是认识组织结构的核心和关键。

韦伯意义上的科层制组织是认识常规型组织运作的理想类型。韦伯的官僚制理论对现代组织理论影响深远，为我们提供了各种重要的概念。那么，韦伯如何认识组织现象呢？日本学者佐藤庆幸认为，韦伯所说的组织是指命令权力的分配。就这点来讲，韦伯是将焦点集中于承担完成目标功能的结构来思考组织的。[①] 正因如此，韦伯所说的"统治"是指基于组织的统治。马克斯·韦伯认为，作为行政组织的官僚制一般包括以下结构性因素："对维系官僚制存在所需要的、经常性的工作进行固定的分工……对完成以上工作所需要的命令权力，同样进行固定的分割，并且通过规则对赋予它们的强制手段，划清固定的界限……为了完成以上工作，需要配备一种普遍规定的资格的人员。"[②] 建立在法律与规则基础上的固定的岗位职责与人员配置，以及固定的权力结构构成了科层制组织结构的内核。

组织社会学认为正式组织是各种活动的蓝图，而由办事机构、职能部门、职位和项目构建的组织结构则代表组织架构，它决定组织活动的功能与关系。组织结构的分析涉及平行的分化与垂直的分化，前者是指组织的部门化，后者是指组织的层级化。[③] 部门划分理论是组织理论发展的早期阶段所

---

① 〔日〕佐藤庆幸：《官僚制社会学》，朴玉等译，生活·读书·新知三联书店，2009，第54页。
② 〔德〕马克斯·韦伯：《经济与社会》（下卷），林荣远译，商务印书馆，1997，第278~279页。
③ 张润书：《行政学》，三民书局，1979，第160~161页。

关注的重要议题，它关注的是如何把组织任务细化为岗位职责，再把岗位职责编成可管理的"分部"，进而把这些"分部"编成更大的"部门"，即形成职能部门，因此，每个"部门"都被视为职员之间分派并执行任务的集合体。任何组织的活动与任务都是事先确定的，一旦组织任务分配到不同职能部门以及个体，便产生了组织内部不同部门与层级之间的沟通与协调问题。

乡镇政权制度文本层面的组织结构，遵循韦伯意义上的科层制组织结构的一般原则，固定的岗位职责与人员配置、固定的职能部门划分与职责，以及固定的权力结构构成了其核心内容。由此可见，建立在高度确定性原则上的分工与协作原则是常规型组织的主要组织原则，其具体含义如下。

首先，常规型组织的组织原则具有高度的确定性，组织社会学者克罗戴特·拉法耶（Claudette Lafaye）认为，就常规型组织的结构而言，"它是一种严格稳定的构建"[①]，常规型组织的结构具有封闭性，希冀通过具有高度稳定性的组织原则应对来自环境的压力，并以此塑造组织成员可预见的行为，提高组织运转的效率。以高度的确定性应对环境的高度不确定性是常规型组织运转的基本逻辑。

其次，固定的岗位职责和人员配备，这被称为组织的职能制，它是常规型组织普遍具有的一个特点，构成了其组织原则的重要部分。在组织中基于职能而获取的身份称为职能性身份制度，"在这种体系中，划分身份的基础不是权力和管辖权，而是职能"。[②]

最后，职能部门的横向划分。众所周知，分工与协作是常规型组织运作的基本原则，组织的运行建立在职能划分的基础上，更建立在一个部门内部和不同职能部门之间协作的基础上。固定的岗位职责和人员配备，构成了组织运作的基础，而职能部门的横向划分则建构起组织结构性框架的一部分，它们都是常规型组织的组织原则的重要内容。

呈现高度线性关系的命令与服从原则，也是常规型组织的主要组织原

---

① 〔法〕克罗戴特·拉法耶：《组织社会学》，安延译，社会科学文献出版社，2000，第 9 页。
② 〔美〕切斯特·巴纳德：《组织与管理》，詹正茂译，机械工业出版社，2016，第 169 页。

则。组织内部横向的职能划分与纵向的层级划分共同形成了纵横交错的组织结构，其中，从组织内部纵向的层级关系来看，常规型组织以高度线性关系的命令与服从原则作为自身的组织原则。组织各层级之间的线性关系意味着组织内部上下级之间的关系具有高度的确定性，上下级之间各自的权力关系明确而具体，权力边界清晰，不同层级之间的权力结构高度稳定，因此常规型组织中的权力常常被称为职权。由于职权的高度确定性，常规型组织在实际运作中其活动不是围绕组织任务而进行的，而是围绕组织职权展开的。① 综上，常规型组织的运作具有高度封闭性的特征，其自身保持高度的稳定性，几乎不与外部环境进行物质与能量的交换。而任务型组织的运作则有很大不同，其组织的原则具有高度开放的特征，其自身始终保持有机适应性，能够随任务的不同而与环境进行对话与交流，在组织内部形成了矩阵型而非线性的命令与服从关系。

常规型组织的权力结构呈现垂直梯状特征，构成了组织内部金字塔形的权力结构。组织权力结构的垂直梯状分布，体现层级化或者说垂直分化的组织特征。本质上，权力结构是组织内部层级控制的一种手段，其主要目的在于统一组织中人员的行为，"对公共组织来说，统一和可预测性十分重要，因为它必须确保公平对待和尊重所有的客户。"② 为了强化组织的统一性和可预测性，常规型组织依靠层级制的命令链条来发挥强有力的政治与行政领导，形成了权力结构的金字塔形模式，它具有以下特征。

一是权力结构的机械性。常规型组织内部上下级之间的权力关系具有等级分明的特点，权力边界明确，具有高度的刚性，而且在日常运作中具有硬化的趋势。权力结构的机械性形成了组织"职权本位"的运作逻辑，以确定性应对来自外部环境的不确定性是常规型组织权力结构的典型特征。这种组织结构在工业化时代具有巨大的优势，然而它不能适应后工业化时代的要求。后工业化时代具有高度不确定性的特征，而组织权力结构的机械性，使

---

① 张康之、周雪梅：《常规组织与任务型组织的权力关系比较》，《东南学术》2007 年第 5 期。
② 〔美〕B. 盖伊·彼得斯：《官僚政治》（第五版），聂露、李姿姿译，中国人民大学出版社，2006，第 170 页。

得常规组织无力面对来自环境的挑战，导致相关治理议题陷入危机状态，从而使得组织自身也陷入某种危机状态。

二是权力结构的封闭性。常规型组织的权力结构无法与外部环境进行对话与交流，不能进行物质与能量的交换，组织无法与环境进行有效互动，从而产生组织的合法性危机。美国学者埃里克·詹奇认为"只有当系统的内部状态处于衡态时，与环境的交换才能由系统本身来维持，否则交换过程将趋于停止。"[①] 组织结构的封闭性使得常规型组织无法根据外部环境的要求调整自身的行为，由于组织拒绝外界新的物质、能量与信息的输入，组织自身的能量按不可逆的方向由高到低，平衡稳定的状态由有序变为无序，组织效率递减，从而变为一个孤立封闭的系统。

二　中心工作机制中的组织运作

中心工作机制是运转乡村的实现路径。大部分的乡镇中心工作具有与常规型工作不同的特点，前者具有动态性、时间性和复杂性等特点。动态性是指乡镇中心工作始终处于形成与发展当中；时间性是指乡镇中心工作的推进具有明显的时间上的阶段性；复杂性是指乡镇中心工作的推进处于随时变动的情况下，人力、财力以及物力资源和政策工具、组织策略等都无法确定。乡镇中心工作本身的特殊性对乡镇常规化的组织运作提出了挑战，需要乡镇成立各种类型的任务型组织来应对。

（一）任务型组织的组织原则

中心工作机制中乡镇的组织原则体现为集权化的组织原则。一般而言，韦伯意义上的科层制组织遵循分权化与专业化的组织原则，二者是一枚硬币的两个方面。专业化组织必然要求事权逐级下放，这是工业化时代为了提高工作效率而采取的科学化的管理方法。就科层制组织而言，专业性不可避免地会导致信息的专业性，使得组织成员之间互不了解，甚至存在一种可能的

---

① 〔美〕埃里克·詹奇：《自组织的宇宙观》，曾国屏等译，中国社会科学出版社，1992，第39页。

威胁，即组织整体性的任务被专业化分工分裂为无数碎片。就像詹姆斯·Q. 威尔逊所言："官僚看到的是一群松散的协调的人，在一系列复杂的制约条件和不同程度的政治支持下执行各种各样的任务。部门长官要知道这些人在干什么经常是困难的，并且他常常用模糊和变化的标准来评价他能看到的情况。"① 当组织成员个体和部门都竭力维护和实现自己的利益时，组织的多元目标之间就会形成冲突。

中心工作机制的目标是一元化的，要求乡镇实行集权化的组织原则。一般而言，任何组织包括公共组织的目标都是多元化的，对多元化的目标采取专业化的管理的基本理念，衍生出分权化管理的组织部门。然而，在乡镇中心工作中，乡镇政府组织的目标完全是一元化的，因此，一元化的目标就要求乡镇改变组织原则，将应对多元化目标的事权逐级下放的原则修正为事权逐级上收原则，采纳集权化组织运作方式，通过缩减组织层级的方式，逐级下放的事权实现了向上集中，从而在根本上消弭了组织运作中可能出现的信息不对称的可能性，增加了乡镇政府组织运行的确定性。

中心工作机制呈现的对组织运行集权化的要求，改变了乡镇政府组织的层级结构，也改变了乡镇逐级负责制的运行原则。乡镇常规工作机制中的科层制组织秉持逐级负责制的运行原则，职员对具体岗位负责，部门责任人对具体职能部门负责，而主要领导人则对整个组织负责，由此体现金字塔形的逐级负责的运作原则。然而，中心工作机制改变了乡镇的组织原则，如前文所述，由乡镇党委书记或者乡镇长担任某项中心工作总指挥的做法，不但改变了乡镇运行的权力结构，同时也改变了乡镇运行的组织原则。乡镇主要领导由对乡镇行政的总体工作负全面责任，进而转向对乡镇某项中心工作负具体责任。同时，乡镇主要领导由对具体事项负间接责任，升级为直接责任，打破了常规工作机制中逐级负责的组织原则。

组织原则决定组织内部各个部门之间相互依赖的关系。美国学者詹姆

---

① 〔美〕詹姆斯·Q. 威尔逊：《官僚机构：政府机构的作为及其原因》，孙艳等译，生活·读书·新知三联书店，2006，第 393 页。

斯·汤普森在《行动中的组织》一书中阐释组织的结构时，提到了组织内部相互依赖的类型化问题。他指出组织内部的相互依赖分为三种类型：一是集合的相互依赖，指的是组织的部门之间存在较强的独立性，组织的各个部门发生直接相互依赖或者支持的关系；二是序列性相互依赖，组织部门之间的相互依赖可以定位，因此也可以确定依赖的顺序；三是互惠的依赖，指的是每个部门的产生都成为其他部门投入的情形。① 组织内部不同类型的相互依赖对应不同的协作方式，而不同的协作方式意味着不同的协作成本。与此同时，集权化的运作方式，打破了乡镇政府组织原有的部门壁垒，消除了部门的组织界限，从而形成了暂时性的新的工作部门和组织。比如，某村整村搬迁安置被列为 H 镇 2017 年度中心工作，该镇成立了房屋拆迁安置工作指挥部，镇长任总指挥，抽调土地、信访、房建、财政等部门集中办公，同时抽调 30 余名机关工作人员具体靠上抓整村搬迁安置工作。② 由此可见，乡镇中心工作机制实现了对乡镇运行原则的重构。

（二）任务型组织的权力结构

安东尼·唐斯（Anthony Downs）深刻揭示了官僚组织等级结构产生的原因。他认为组织等级结构产生于大型组织有效协调的失败，"任何组织的最初形成都是为了实现一定目的的。如果不对从事不同任务的许多个体的工作进行协调，目的是不可能实现的。这意味着组织的每一个成员都必须愿意调整自己的行为以与其他成员的行为相互协调。如果这种相互调整可以同时实现，那么，将不再需要层级分明的权威组织。"③

等级制组织的正式权力关系呈金字塔形分布，从组织的上层逐渐向底层延伸，等级制组织有利于作为指挥和协调机制的正式权力的运用。组织任务塑造组织结构。唐斯认为组织等级结构源于大型组织有效协调的需要。对组

---

① 〔美〕詹姆斯·汤普森：《行动中的组织——行政理论的社会科学基础》，敬义嘉译，上海人民出版社，2007，第 63~64 页。
② L 市 H 镇调研访谈记录，2017 年 5 月。
③ 〔美〕安东尼·唐斯：《官僚制内幕》（中文修订版），郭小聪等译，中国人民大学出版社，2006，第 55 页。

织内部从事不同任务的个体进行协调的需要，产生了对组织层级结构的需要。组织的结构一方面表现在组织横向的部门划分构成的职能结构，另一方面表现在组织纵向的层级划分构成的权力结构。组织结构一般是指组织的等级权力结构，即组织内部基于等级关系所形成的权力的金字塔形结构。

如果说唐斯是从组织执行的角度阐释组织的结构，那么西蒙则是从决策的角度阐述组织的结构。赫伯特·西蒙从组织决策的角度提出了对于组织结构的认识。他认为，"组织结构本身就是一种对决策制定程序的不完全的技术说明。组织结构规定了一套关于组织的哪些成员将对哪些类型的决策负责的设想和预断。组织结构也规定出一套次要目标结构，在组织的各部门起选择标准的作用。"① 可以看出，西蒙对于组织结构的认识是从决策的角度展开的，在组织中对于谁来决策这个问题的回答，决定组织的结构。换言之，西蒙对于组织结构的认识更多是从决策权的角度展开的，西蒙的组织决策的权力结构为我们分析乡镇中心工作的组织权力结构提供了一种分析视角。

中心工作机制在乡镇生成了新的权力结构。一方面，上级政权通过权力的层级位移或者权力置换，改变了制度文本层面乡镇的权力结构。毋庸赘言，乡镇中心工作主要反映的是上级政府的治理规划，从组织决策的权力结构来看，乡镇中心工作机制中，乡镇的部分行政决策权，特别是关于治理议题的决策权，让位或者置换给上级政府。组织决策权的让渡改变了乡镇权力的结构，折射出特定历史时期内国家建设的现实需要。从乡镇治理的角度看，中心工作机制对于乡镇权力结构的塑造，体现出上级政府治理规划对乡镇治理的规制与引导，这推动了乡村治理与国家治理的有机融合，但也在一定程度上制约了乡村治理自主性空间的拓展。

另一方面，乡镇中心工作机制特有的考核与评价价值，事实上造成了乡镇党委、政府的政治权力和行政权力二者不分的权力结构。乡镇党委与政府的关系，一般而言都有正式的制度规定，然而，现实中乡镇党委与政府的关

---

① 〔美〕赫伯特·A. 西蒙：《管理决策新科学》，李柱流、汤俊澄等译，中国社会科学出版社，1982，第43页。

系受到多重因素的制约，一般而言集中表现在乡镇党委书记与乡镇长的关系上。尽管乡镇党委书记主持全面工作，而乡镇长则主要负责辖区内的行政管理工作，处理乡镇日常事务。然而，仔细研究 L 市辖区乡镇的考核指标体系，可以发现一个显见的事实，那就是当前县级政权对于乡镇党委、政府的考核并没有按照不同主体，分别设计不同的考核指标体系，而是采用一套考核指标体系，对乡镇党委、政府进行一体化考核，乡镇党委、政府的负责人在这种考核方式面前共进退。比如，J 镇为在全镇范围内集中开展镇域违法建设治理行动，专门印发了《J 镇违法建设治理行动实施方案》的通知，决定成立 J 镇违法建设治理行动领导小组。其中，领导小组组长为镇党委书记和镇政府镇长，副组长由一名镇党委副书记、四名副镇长及镇人大主席构成，小组成员则主要包括镇财政审计所所长、司法所所长、城管中队长、镇各管理片区片长等人员。

通过以上分析可以看出，中心工作机制中形成了乡镇党委、政府政治权力和行政权力合体的权力结构。为了应对中心工作，乡镇党委书记经常亲自挂帅，成立由乡镇主要领导负责的临时领导小组，并担任某项中心工作的具体负责人。[1] 大量类似于"指挥部""领导小组"这种任务型组织的成立，在乡镇原有的制度文本之上，形成了新的、临时性的金字塔形权力结构，实际上这是一种政治权力结构，它是对常规工作机制中行政权力结构的吸纳。理论上，党委的权力属于政治权力，它与行政权力在目的、结构和合法性等方面都有很大不同。中心工作机制对乡镇权力结构的重构，体现出乡镇党委政治权力对于乡镇政府行政权力的全面吸纳。

第三节　中心工作机制重构乡镇政府组织模式

历史地看，"任何一个时代都会有属于自己的独特的组织形式"。[2] 当今社会生活中的大多数组织都是与工业社会一起发展起来的。特别是到了 20

---

① L 市 D 镇调研访谈记录，2016 年 11 月。

② Warren G. Bennis, The Coming Death of Bureaucracy, *Management Review*, March, 1967, p. 19.

世纪，经过马克斯·韦伯对于官僚制组织的系统化梳理，官僚制理论成为一种现代组织形态的"理想模型"。现代科层制组织迅速渗透社会生活的各个领域，成为最为常见的组织形态。乡镇政府组织正是按照韦伯意义上的科层制组织原则设计运行的。然而，当前乡镇中心工作机制实现了对于乡镇政府组织形态的重构，生成了复合型组织模式。从运转乡村的角度看，其中的一种模式主要体现的是运转乡镇的组织模式，即乡镇常规型组织模式。而另外一种组织模式，则主要体现的是"运转乡镇+运转乡村"的组织模式，即中心工作机制下的组织模式。

一　重构乡镇政府组织原则

中心工作机制对于乡镇政府组织的再造，主要是指它改变了韦伯意义上的乡镇政府组织的运行原则和结构。毋庸赘言，本质上作为公共组织的乡镇政府，其组织运行原则和结构体现现代科层制的理性化。从乡镇政府组织的运行原则来看可分为两个方面。一方面，乡镇政府组织的运行原则遵循效率至上原则。从事权的角度来看，以有限分权为原则，在组织内部构筑起层层分权的纵向层级制管理模式；从职能的角度来看，以部门科室负责制为中心，在组织内部构筑起以部门科室负责制为中心的横向管理机制。另一方面，从乡镇政府组织的权力结构来看，以事权的有限下放为中心构建起层层分权、逐级负责的权力结构，形成了权力自上而下的金字塔形权力结构。

为了完成中心工作，乡镇重构了组织运行原则。韦伯意义上的现代科层制组织体现出典型的分权化管理的倾向，建立在分权化原则基础上的纵向层级制和横向部门制构成现代组织管理的经典组织原则。现代公共组织大多是委托业务主管科室或者承办人去承担具体的组织任务，本质上这是一种有限分权的组织原则。各个主管科室或者承办人有权力按照规章制度在自身职权范围以内行使主管事项的裁决权。

然而，一旦进入中心工作模式，乡镇公共组织的运行原则实际上由有限分权进入集权模式。由乡镇主要领导担任中心工作具体负责人的做法，事实上带来乡镇政府组织管理层级的压缩，科室部门负责人直接对接主要领导。

管理层级的缩减，必然导致事权的逐级上收，此时，乡镇政府组织的运行模式实质上是由分权转向集权，乡镇政府组织的运行原则发生了逆转。比如，B镇在推进安全生产工作中，对镇领导班子成员的责任进行了相关规定，具体如下：

一、镇党政领导班子成员职责

（一）党委书记的职责。认真贯彻国家有关安全生产方面的法律、法规和方针政策，以及上级党委、政府有关安全生产工作的重要会议、文件精神；按照"一岗双责"和"谁主管、谁负责"的原则，督促镇领导干部抓好分管范围内的安全生产工作；定期听取安全生产工作汇报，分析安全生产工作形势与任务，有针对性地组织开展重大安全生产活动和重点检查指导工作，研究并解决有关安全生产方面的重大问题、事项及重大事故隐患的整治。

（二）镇长的职责。镇政府为全镇安全生产的责任主体，对全镇安全生产负总责，镇长是第一责任人。履行安委会主任职责，认真贯彻落实法律、法规和安全生产方针、政策；组织制定全镇安全生产工作计划、工作目标和工作措施……

二、镇党政领导成员具体责任范围

党委书记吴××：主持安全生产全面工作。

党委副书记、镇长尹××：全面监督管理全镇安全生产工作。

人大主席郎××：对人大、信访稳定、政法、武装、"两区同建"、农业安全监管工作，负具体领导责任。

党委副书记王××：对政协、党群、宣传、工会、文教卫生、计划生育、工业经济、招商引资领域的安全监管工作，负具体领导责任。

纪委书记车××：对纪委、审计办的安全监管工作，负具体领导责任。

组织委员张×：对组织、统战、人劳、老干、科协、群团等部门的安全监管工作，负具体领导责任，并负责联系工作区及企业的安全生产工作。

......

——摘自：B 镇《关于明确镇领导班子成员安全生产责任制的通知》

通过以上案例，可以看出中心工作机制再造了乡镇政府组织原则。从组织运作的纵向维度看，韦伯意义上的乡镇政府组织的纵向运作遵循逐级负责的原则，每一管理层级都有其固定的工作和职责，各尽其职、各负其责，不同的管理层级之间形成了金字塔形逐级负责的运作结构。然而，中心工作往往会改变这些内容，比如在以上的案例中，乡镇长既是乡镇政府行政领导也是具体部门科室负责人的做法，实际上压缩了乡镇政府组织纵向运作的层级。乡镇长作为安委会主任，同时也是第一责任人的做法，是一种"一竿子插到底"的运作方式，对乡镇逐级负责制的组织原则是一种突破。

从组织运作的横向维度看，乡镇横向运作遵循部门化分工负责的原则，以固定的岗位职责为基础，部门分工负责的横向运作机制，是韦伯意义上的乡镇政府运作的典型特征。可是乡镇中心工作改变了这种组织原则。在中心工作中，乡镇一般通过两种方式解决乡镇政府横向运作的问题。一是在乡镇政府原有部门划分的基础上，成立新的领导小组，并下设新的各个办公室分工负责各项工作；二是改变乡镇政府原来的部门化分工负责的常规做法，采用多部门联合办公的模式。比如，在 H 镇土地增减挂钩项目的整村搬迁安置工作中，H 镇由镇长任总指挥，抽调土地、信访、房建、财政等部门成立指挥部集中办公，抽调 30 余名机关工作人员具体靠上抓整村搬迁安置工作。以上做法，都在不同程度上再造了乡镇政府的组织原则。

由此来看，乡镇政府组织原则呈现一种明显的非制度化状态，在一个行政年度内，随着乡镇职能在常规工作和中心工作之间的转换，乡镇政府组织原则也在分权与集权之间不断转换，从而形成了组织原则的交替与叠加现象。

二　再造乡镇政府组织结构

组织结构使得组织迥异于其他一般的群体聚合方式，组织结构是维持组织秩序的前提，也是组织实现其功能的基础。组织结构把相关的组织功能分解到组织内部不同的层级，进而分配到不同的岗位，组织结构赋予了每一个岗位、部门和层级不同的职责任务，进而整合组织每一部分的功能，使得组织能以整体功能的形式出现。① 常规性结构追求的是稳定与平衡，为了实现这个目标，常规型组织内部的行为追求可预期性与可靠性。然而，任务型组织具有任务导向型，与环境的互动具有高度适应性，因此，其结构具有简单灵活的特点。

首先，任务型组织的结构具有简单灵活的特点，相对于韦伯意义上科层制组织的金字塔形结构而言，很多任务型组织的结构呈现扁平化。美国管理学家彼得·德鲁克（Peter F. Drucker）曾经指出："能达到所负任务的最简单的组织结构，即最佳的结构。"② 他认为，高度简单灵活的结构的组织，代表着组织未来的发展方向。其次，任务型组织的结构还具有高度的开放性，组织结构只有保持动态开放，才能与组织环境进行物质层面和能量方面的对接与交流，才能不断从外部环境获取合法性支持；任何组织只有不断从外部获取合法性支持，其自身才有存续的可能性。因此，可以认为乡镇大量的任务型组织，重构了乡镇政府组织的结构，打破了韦伯意义上乡镇政府组织结构的稳定性与平衡性，赋予了中心工作机制中乡镇政府组织结构以开放、灵活的组织结构。

为了完成中心工作，任务型组织重构了乡镇政府组织的权力结构。韦伯意义上的现代科层制组织，其权力结构体现出典型的金字塔形结构。韦伯认为组织的理性内容包括：受持续的规则限制的职务管理、该职务管理在一定的权限（管辖权）内行使、职务上的等级制和审级制的原理等诸多方面。③组织运行建立在上下级之间权限制度化划分的基础上，这同时也建构起组织运行层面权力的金字塔形结构。然而，中心工作机制改变了乡镇政府组织的权力结构，随着管理层级的缩减，乡镇金字塔形权力结构转变为扁平形权力

---

① 张康之、周雪梅：《论任务型组织结构的非平衡态》，《中国行政管理》2006 年第 12 期。

② 孙耀君：《西方管理学名著提要》，江西人民出版社，1992，第 223 页。

③ 〔日〕佐藤庆幸：《官僚制社会学》，朴玉等译，生活·读书·新知三联书店，2009，第 62 页。

结构，即乡镇主要领导由对乡镇工作负全面责任到对具体工作负具体责任，实现了责任的转换，同时也重构了乡镇的权力结构。从乡镇行政年度来看，随着乡镇职能在常规工作和中心工作之间的转换，乡镇政府组织权力结构也在金字塔形与扁平之间不断转换，从而形成了组织权力结构的交替与叠加现象。

组织权力结构再造的目的在于通过乡镇权力格局的重构，实现对乡镇既有资源的再组织。乡镇处于国家与乡村社会的"第三领域"，其职能履行要体现国家社会化、社会国家化的双重逻辑。换言之，基层政府作为国家权力在乡村社会的权威性代表，其职能是要实现国家权威和意志在乡村社会的全覆盖，尤其是对于上级确定的中心工作，更是要实现其在乡村社会的全面推动和落实，这就需要对乡镇既有资源的运用进行顶层设计和总体规划。换言之，这就要求乡镇政府打破乡镇治理资源现有的使用方式，实现在特定的时间段内，对资源分配方式进行重新调整，服务于中心工作的推动。

组织权力结构的再造，从组织管理的层面来看，其本质是通过建立临时性的任务型组织的方式，实现对常规工作机制中各个部门科室的原有权力实现临时性的上收，并将原有部门的事权进行阶段性的清零，从而赋予临时性的任务型组织新的事权，即中心工作的事权，以整合乡镇既有人力、财力和物力资源，快速推动乡镇中心工作。

综上所述，乡镇中心工作机制再造了乡镇政府组织结构，成了复合型组织模式。作为运转乡村的实现路径，乡镇为了推进中心工作，成了大量临时性的任务型组织，它们的运行与韦伯意义上的乡镇政府组织有着重要的区别，正是在这个意义上，中心工作机制生成了乡镇政府组织形态的复合型结构。从运转乡村的角度看，其中的一种模式主要体现的是运转乡镇的组织模式，即乡镇常规型组织模式。而另外一种组织模式，则主要体现的是"运转乡镇+运转乡村"组织模式，即中心工作机制下的组织模式，二者共同承担着国家运转乡村的任务。

第四章

再造行政过程：中心工作机制的运行模式

基于运转乡村的现实需要，上级对乡镇治理议题进行规划性设置，改造了乡镇政府组织的运行模式，实现了对乡镇权力结构的再造。与此同时，中心工作机制重构了乡镇的行政过程，改变了乡镇行政决策的基本模式，并实现了对乡镇行政流程的再造。乡镇中心工作机制改写了乡镇日常行政的形式，重构了乡镇行政过程。中心工作机制中的行政过程契合了运转乡村的内在逻辑，是运转乡村路径的重要组成部分。

第一节　中心工作机制中的行政决策

一　乡镇的党政关系分析

行政决策是乡镇行政的核心环节。美国学者查尔斯·林德布洛姆认为决策是一个政治过程，并提出了渐进决策的模式。行政决策同样是一个过程，它是指具有法定行政权的国家行政机关或有合法权限的政府官员为了实现行政目标，依照既定的政策和法律，对要解决的问题，拟定并选择活动方案，做出决策的行为。①毋庸赘言，行政决策是行政行为的核心内容，作为过程的行政决策往往是附带于每一个行政行为中的，没有脱离行政行为的决策，

---

① 戴建华：《作为过程的行政决策——在一种新研究范式下的考察》，《政法论坛》2012 年第 1 期。

也不可能有脱离决策的行政行为，"行政决策就是指做出抽象行政行为或者具体行政行为的决定"。① 对于乡镇行政决策的讨论，离不开对乡镇党委、政府关系的分析，这是因为党政关系既是重大理论问题，也是重大实践问题。处理好党政关系是我国治理体系中的关键环节，决定着我国政府行政过程的基本面。乡镇党委与政府之间的关系问题是乡镇治理研究中不容回避的核心问题，也是研究乡镇行政决策议题的前提和基础。

正确处理好党政关系，关键是要坚持党的领导。党的集中统一领导权力是不可分割的，"中国党政关系发展的目标是建立一种新型合理的党政关系，实现党政机构和职能上的协调与耦合，而不是仅仅停留在党政职能分开的阶段。"② 从党政关系的角度看，深化党和国家机构改革，目的是从机构职能上解决党对一切工作领导的体制机制问题，解决国家治理体系中党政的机构职能关系问题。所以，处理党政关系的立足点在于增强党的领导力，提高政府执行力，从而不断理顺党政机构关系，建立起党中央对重大工作的决策协调机制。

从文件制度的角度看，乡镇领导干部的职能具有相对明确的分工安排，乡镇党委与政府职责明确、分工具体，各职能部门各司其职、密切配合。可是从乡镇治理的实践来看，乡镇党政职能分开只停留在理论层面。从我国政府治理的实际来看，对于党政分开的改革要求，并未涉及乡镇这一层级，政治体制改革层面的党政分开主要在县级以上的党政部门展开。实际上，乡镇领导干部普遍认为，乡镇党委是乡镇治理主要的决策机构，党委书记主抓全面工作，而乡镇政府主要负责经济发展工作，乡镇治理的议题设置与议题推动都要基于党委的统筹安排，乡镇党委与政府之间的职责分工不具有制度化操作的空间。

从乡镇党委书记与乡镇长的关系来看，党委书记依据中国共产党的政治权威和文件规定主持全面工作，而乡镇长一般担任乡镇党委副书记，其主要

---

① 李迎春：《行政法视角下的行政决策》，《行政法学研究》2007 年第 4 期。

② 张勇、陈微：《科学把握新时代的党政关系》，《中国领导科学》2023 年第 1 期。

负责处理辖区内的行政管理工作，并落实乡镇党委书记交代的其他工作。根据中共中央印发的《中国共产党农村基层组织工作条例》，乡镇党委的主要职责是讨论和决定本乡镇经济建设、政治建设、文化建设、社会建设、生态文明建设和党的建设以及乡村振兴中的重大问题。同时，需由乡镇政权机关或者集体经济组织决定的重要事项，经乡镇党委研究讨论后，由乡镇政权机关或者集体经济组织依照法律和有关规定做出决定。此外，根据《中华人民共和国地方各级人民代表大会和地方各级人民政府组织法》第七十六条第二款的规定，乡镇人民政府的职权之一是执行本行政区域内的经济和社会发展计划、预算，管理本行政区域内的公共事业和行政工作。既有研究也认为，就乡镇党政关系而言，乡镇长更像是一个"管家婆"，其主要职责是落实乡镇党委书记交代的工作。[1] 由此可见，乡镇党委、政府之间是一种党委领导下的分工合作机制。

由此可见，从文件制度的角度看，乡镇领导干部的职能具有相对明确的分工安排。然而，基层调研发现，上级对于乡镇的考核呈现党政一体化现象，或者说上级并没有对乡镇党委和政府分别进行考核，所以乡镇治理实践中党政职能不可能截然分开。事实上，由于乡镇治理资源严重不足，乡镇党委与政府之间的职责分工并不具有制度化操作的空间，乡镇党委和政府之间的分工负责，更多的不是分权意义上的分工，而是授权意义上的分工。乡镇党委与政府之间的关系影响着乡镇行政的决策权。

二　中心工作的行政决策

根据行政决策客体的不同，政府治理中的行政决策又可以分为不同的类型，其中依据决策客体的重要性这一标准，可以将行政决策区分为一般行政决策和重大行政决策。有学者认为，"具有全局性、长期性、综合性等特点的事项，或涉及决策相对人较多，成本或金额较大，对公共利益或公民权利

---

[1]　刘宁：《选择性治理：税费改革后的乡镇治理模式——以山东桥镇为例》，华中师范大学博士学位论文，2015，第 21 页。

义务影响较深刻的应属于重大行政决策"①。与此同时，我国各地出台的地方行政程序规定中将重大行政决策界定为县级以上人民政府依照法定职权，对关系本地区经济社会发展全局，社会涉及面广，与公民、法人和其他组织利益密切相关的事项做出的决定。由此可见，政府治理中存在不同类型的行政决策，乡村治理同样如此。根据乡镇行政决策中客体的重要程度，可以将乡村治理中的行政决策大致区分为常规工作中的行政决策和中心工作中的行政决策。从运转乡村角度来看，后者具有高于前者的地位，而正是由于两者的地位或者重要性不同，其决策权分别属于不同的主体。

目前，乡镇政府权力结构中党委权力最实，政府次之，人大在行使职权方面仍存在一些不足。这种权力格局制约了乡镇自主设置治理议程的可能空间，乡镇职能的履行更多的是贯彻执行上级的命令和意图，从治理自主性的角度看，乡镇事实上处于准派出机关的地位。治理议程的设置属于行政过程的起始环节，对于整个行政过程的演进发挥着至关重要的作用。中心工作机制中乡镇治理自主性的弱化、治理议程设置的被动性，也进一步限制了乡镇行政决策的空间，使得乡镇行政决策的范畴主要限于如何开展上级安排的相关工作。从现实来看，尽管乡镇行政决策的空间较为有限，事实上乡镇的行政决策还是以乡镇党委和政府为主体形成了一定的分工机制。

乡村治理中的主要决策权属于乡镇党委，可乡镇党委书记与乡镇长之间仍然存在决策权的划分机制。一般而言，乡镇党委具有讨论决定本镇经济发展、改革开放以及社会建设的重大事项，组织领导群众建设地方经济，构建和谐社会等职责。乡镇人民政府负有执行本行政区域内的经济和社会发展规划、预算，并管理本行政区域内的相关公用事业和行政工作的职责。当然，乡镇长在乡村治理中也享有一定的财权和事权，但这种决策权的划分机制，在一定程度上是一种非正式化的内部协调机制，乡镇长实际上拥有参与决策过程的权力，而不是完整的决策权。

---

① 曾哲：《我国重大行政决策权划分边界研究》，《南京社会科学》2012 年第 1 期。

　　基层调研显示，乡镇党委对于中心工作享有决策权，在推进乡镇中心工作中，一般会形成党委决策、政府落实的权力格局。在笔者参与调研的 H镇，土地增减挂钩工作被列为当年乡镇中心工作，H 镇 Z 村是县土地增减挂钩工作试点村，Z 村整村搬迁安置工作被列为 H 镇 2017 年度中心工作。为了有效推动该中心工作，H 镇党委多次召开党委扩大会、拆迁工作专题会和现场调度会，随后成立了房屋拆迁安置工作指挥部，由镇长任总指挥，抽调土地、信访、房建、财政等部门成立指挥部集中办公，推动搬迁安置工作。① 同时，H 镇制定出台了《H 镇 Z 村房屋拆迁安置补偿公告》，同时抽调 30 余名机关工作人员具体靠上抓整村搬迁安置工作。从行政决策的角度来看，H 镇在推动中心工作过程中形成了镇党委决策，而由镇长任总指挥的权力结构，形成了党委决策、政府执行的工作格局。

　　乡镇党委享有对乡镇几乎所有中心工作的决策权。一般而言，乡镇党委的决策权主要体现在以下几个方面。一是乡镇党委有权决定将哪些治理议题列为中心工作。通常而言，社会稳定和经济发展工作长期以来都是乡镇中心工作，而其他诸如基层党建、社会建设、生态文明建设等方面的治理议题，乡镇党委可以根据自身实际，决定将哪些工作列为阶段性中心工作。二是乡镇党委可以决定调动乡镇的哪些资源完成某项中心工作，或者说乡镇党委可以决定成立哪种类型的任务型组织或者领导小组。不同的中心工作，其领导小组组长可以由乡镇不同层级的领导担任，而这一方面的决策权完全在乡镇党委。三是乡镇党委可以决定某项中心工作的协调与推进方式，这也在客观层面反映出某项工作的重要程度。

　　综上所述，可以看出乡镇治理中心工作的行政决策权主要集中于乡镇党委。由于上级对于乡镇的考核并没有将乡镇党委与政府区分开来，而是进行一体化考核，这种考核的实施方式决定了乡镇党委书记与乡镇长同样处于压力型体制之下，处于"政治锦标赛"的模式之中，二者可谓一荣俱荣、一损俱损，所以，乡镇才建构起这种类型的决策机制。

---

　　①　基层调研访谈记录，2017 年 3 月。

三 乡镇行政决策的复合形态

乡镇治理中的行政决策的复合形态，特指乡镇党委与政府对于行政决策的分享机制，而不是指乡镇人大与党委政府的分享机制。如前文所述，当前的乡镇治理体制，决定了上级党委和政府对于乡镇治理议题的设置具有决定权，而乡镇党委、政府只能在治理议题如何推动层面，享有非常有限的决策权。站在运转乡村的角度来看，乡镇党委、政府对于治理议题设置的权限非常有限，几乎所有治理议题的设置权都掌握在上级手里。

行政决策的共享机制表明乡镇的行政决策不是单一格局，乡镇治理中的行政决策权并非全部属于乡镇党委，更不是全部属于乡镇政府，而是依据治理议题的重要与否，分别由乡镇党委与政府共享。一般而言，对于乡镇治理中的常规业务性工作，其决策权属于乡镇政府，其实际的决策人是乡镇镇长；而对于乡镇中心工作，其决策权一般属于乡镇党委，主要决策人则是乡镇党委书记。因此，乡镇党委与政府事实上共享乡镇治理中的决策权，只不过在这个共享机制中，乡镇党委具有绝对主导权，乡镇政府则根据相关法律法规享有行政管理中的决策权。

乡镇党委书记在行政决策中享有的权威源于中国共产党的政治权威，也源于乡镇治理的文件制度规定。乡镇党委书记主持乡镇全面工作，赋予了乡镇党委书记行政决策的权力。从乡镇治理的现实来看，某项工作在上级考核的分值权重、乡镇本身的实际情况以及乡镇党委书记自身的经验，往往是影响乡镇党委书记决策的关键因素。

综上所述，乡镇治理中的行政决策权是一个较为复杂的体系。从行政决策的完整性角度而言，运转乡村主要体现的是上级的权威和意志，乡镇仅仅享有有限的决策权，尤其是在中心工作中，乡镇行政的重大治理议题都是上级设定的。因此，乡镇的决策权主要体现为采取怎样的方式及动用哪些资源来完成上级设定的治理任务。

第二节　中心工作机制中的行政执行

一　政策执行研究的兴起

公共政策的执行是公共行政的核心环节，它是公共政策从计划到实践的转化过程。从历史上来看，在公共政策研究领域，对公共政策执行的相关研究在相当长的时期内一直处于被忽视的状态。实际上，一直到 20 世纪 70 年代初期，政策执行还被假定为一种理想化的状态，也就是说那些被制定出来的政策，也会被全面执行。然而，加州大学的普雷斯曼（Pressman）和韦达夫斯基（Wildavsky）的著作《执行——联邦计划在奥克兰的落空》的出版，引发了研究人员对于政策执行问题的关注。他们的研究表明，由于执行公共政策的实际方式不同，行政政策实际上并没有按照政策制定人员的构想执行，由此开启了政策执行研究的热潮。

美国政策学者查尔斯·琼斯（Charles O. Jones）认为政策执行是使一个项目生效而采取的一系列行动，其中尤以组织活动、解释和应用活动最为重要。"组织涉及资源、机构以及使项目运作起来的方法的运用，解释涉及将项目的语言转化为实际可行的计划与指示，应用涉及服务、财政款项、政策工具的日常供应等。"[1] 林水波、张世贤认为政策执行主要体现为一种动态的过程，这个进程中，负责执行的机构人员与各种要素进行组合，采取各种行动，其中包括建构可行规则。[2] 综合来看，公共政策的执行是指"政策执行者通过建立组织机构，运用各种政策资源，采取解释、宣传、实验、实施、协调与监控等各种活动，将政策观念形态的内容转化为实际效果，从而使既定的政策目标得以实现的动态过程"。[3]

---

[1]　Charles O. Jones, *An Introduction to the Study of Public Policy* (3rd . ed.), California： Brooks Publishing Company, 1984, p. 166.

[2]　林水波、张世贤：《公共政策》，五南图书出版有限公司，1984，第 264 页。

[3]　张金马：《公共政策分析：概念·过程·方法》，人民出版社，2004，第 383 页。

公共政策执行的行动学派认为政策制定仅仅确定了政策执行的方向或者原则，然而，公共政策的执行能否实现既定目标，关键在于政策执行过程中的行动。"政策行动只要坚强有力、行动方法切实可行就可以较为顺利地实现政策目标，合理的政策执行活动甚至在一定程度上可以弥补政策决定的局限和无能。"① 如果从公共行动的角度分析，公共政策执行的过程可以大致表述为：公共政策的颁布与实施准备、公共政策的宣传与实验、政策执行的组织机制与协调机制、公共政策的实际执行。执行环节是其核心和关键，决定着公共政策执行的效果。

二 中心工作机制中的行政执行

行政执行是指动态化的行政过程，它是公共政策执行的核心环节，公共政策的有效执行正是建立在动态化的行政过程的基础上。乡镇行政执行以动态化的行政流程再现乡镇行政的过程。乡镇对于职能的选择性履行，不仅决定着乡镇治理的组织形态，更塑造了乡镇的行政过程。治理目标塑造行政过程。有学者将乡镇日常行政的推进形式概括为"召开会议""具体做事""检查和迎接检查""评比总结"四个步骤。② 基层调研发现，由于担负着运转乡村的现实需要，中心工作的推进具有与常规工作不同的过程与步骤。中心工作机制赋予了乡镇行政过程新的内涵，主要表现在以下几个方面。

（一）宣传发动

公共政策的执行离不开形式化的推动。从行政过程的角度看，政策执行功能通常与行政动员结合在一起。行政动员是指运用会议、宣传教育等方式调动行政人员对政策的认同、支持与配合，从而加强行政体系的施政能量，如调动乡镇各级干部和工作人员执行相关政策的积极性和主动性，使得乡镇人员团结一致、齐心协力，提高行政效率，为政策的贯彻执行提供坚实基础。

---

① 张骏生主编《公共政策的有效执行》，清华大学出版社，2006，第 34 页。
② 刘能：《等级制和社会网络视野下的乡镇行政：北镇的个案研究》，社会科学文献出版社，2008，第 117 页。

在 L 市的乡镇，上级下达治理任务主要通过以下几种方式：内网传达、电话传达、邮箱传达以及传真传达，其中电话传达与内网传达是最主要的两种方式。网络的快速普及改变了政府的行政环境，政府内部网络系统的建立，将各个乡镇与县级单位连为一体，构成了县域治理内部网络办公系统，目前它已经是上级下达治理任务最正式也最重要的渠道。各个乡镇党政办公室下设专门的机要室，由专门人员负责处理内网通知。电话通知也是上级下达治理任务的重要方式。电话通知具有一定的适用性，即往往用于某些临时性、突发性事项的安排，比如临时召开的紧急会议、某些工作事项的突击检查，乃至领取材料等相关事务。邮箱通知多是安排不宜公开的相关事项安排。

一般而言，乡镇政府宣传发动的主要方式是会议。"会议"一词古已有之，随着现代政治运作的复杂化、系统化、专业化发展，"会议"一词也被越来越多地赋予政治意涵。孙中山先生在《建国方略》的《民权初步》（原名《会议通则》）中指出："凡研究事理而为之解决，一人谓之独思，二人谓之对话，三人以上而循有一定规则者，则谓之会议。"[1] 中国共产党历来重视会议的作用，将会议视为做出政治决策、推动政治运行、实现政治发展的重要手段，并将会议机制化、常态化。

高规格的会议机制是运转乡村的现实需要，也是乡镇中心工作机制宣传发动环节的主要特征。会议机制是行政动员的重要环节，也是政府执行的核心步骤。"政府执行是政府过程一个十分关键的环节，也可以说，缺少了有效的政府执行，公共政策就是不完善的，甚至政策本身就不成其为政策。"[2] 乡镇中心工作机制中的会议机制具有自身的典型特征。经验观察可以发现，乡镇行政的会议众多，在一个行政年度内，乡镇领导干部需要参加的上级会议达 400 多次，乡镇召开常规性的党政联席扩大会议达 60 余次（基本每周

---

① 孙中山：《孙中山选集》，人民出版社，1981，第 386 页。
② 胡伟：《政府过程》，浙江人民出版社，1998，第 357 页。

一次)、临时性会议达 80 多次,其中需要村干部参加的会议在 30 余次左右。①

高规格的动员大会往往是宣传发动环节的主要内容。高规格主要是指与会者在等级制组织中处于组织等级序列的高等级状态。乡镇为了凸显某项工作的重要性,在其动员大会上,一般会邀请上级领导出席,不仅邀请县联系领导出席,甚至还会邀请市联系领导出席。会议的规格越高,会议的权威性就越强。会场的布置和宣读文件体现了不同的政治意义。乡镇高规格的动员大会,其会场构成了权力运作的特定场景。会场从空间结构上被划分为主席台和听众席,其中,主席台座席分为前后两排,县市领导以及乡镇党委书记与乡镇长在主席台前台就座,乡镇党委班子成员在主席台就座。会议的发言顺序,一般首先由乡镇党委书记先做动员讲话,再由乡镇长宣读文件,然后由出席领导做指示,最后书记总结发言并表示感谢。② 整体来看,从动员大会会场设置到与会人员的入场顺序、发言顺序等安排,无不彰显有序的权力关系,形成了乡镇权力运作的空间,其目的是推动中心工作造势,使得每一位乡镇工作人员,清晰地认知有效运转乡村需要权威在场机制。一般而言,权威是指使人信服的威望或者力量,从权力的运作角度来看,权威是对一种权力发自内心的认同与服从,并从行动上予以支持的状态。在常规工作机制中,一般由乡镇职能部门行使权力,这种组织方式常借助于职能部门自身权威推进工作,此时上级或乡镇主要领导的权威则以隐性的方式呈现。但中心工作机制中,常借助高规格的动员会议,或是由乡镇主要领导担任领导小组组长的方式推进工作。因此,从权威呈现的角度来看,无论是高规格的动员会议,还是乡镇领导担任领导小组组长的组织方式,其本质是借助上级或乡镇主要领导的权威推进中心工作。在这种组织模式中,上级或乡镇主要领导的权威是以明示的方式直接呈现的,所以有效运转乡村需要上级或者乡镇主要领导的权威在场机制,这种权威直接在场机制能够有效提升中心工作的权

---

① 刘宁:《选择性治理:税费改革后的乡镇治理模式——以山东桥镇为例》,华中师范大学博士学位论文,2015,第 173 页。

② L 市 D 镇基层调研访谈记录,2017 年 3 月。

威性和说服力，有利于中心工作的顺利推动。

（二）组织实施

组织实施是运转乡村的核心环节。乡镇中心工作的组织实施包括组织机制与实施机制两个层面的具体内容。其中组织机制主要是指乡镇为了完成某项治理任务，成立的组织以及运用的资源，其本质是乡镇权力在原有权力框架内的重组。一般而言，由于乡镇治理资源的匮乏，单个职能部门无力承担推动中心工作的治理任务，需要多个职能部门的联合才能完成治理任务。这就需要打破乡镇既有的组织网络，建立起以任务型组织为载体的组织网络系统，而后者的有效运行需要新的权力结构的支撑，因此，乡镇中心工作的有效推动需要与之匹配的组织机制。

成立推动中心工作的领导小组。一般而言，中心工作在上级考核中分值权重较大，且具有时间紧、任务重的特点，乡镇政府在资源有限的现实下，只能借助成立领导小组的形式，通过重构乡镇政府组织结构与再造乡镇行政过程的方式，实现对乡镇治理资源的有效整合，推动中心工作的顺利开展。比如，在笔者调研的 H 镇，为了推动集中开展矛盾纠纷大排查、大调处活动，H 镇成立了百日专项行动领导小组，这是乡镇推动中心工作的组织机制的具体呈现。

在我国基层治理中，各类"领导小组"常常是基层政府为应对临时性或周期性重要工作而成立的专门性的议事协调类工作机构，其以广泛的存在和丰富的功能，构成基层治理的重要政策工具。从组织运行的维度看，领导小组具有任务导向、间歇运行（其存在和运转时间的长短主要随着任务的有无和长短而定）、双层次结构（由"小组"和下设的各类办公室构成）等特点。[①]比如，从 H 镇百日专项行动领导小组的构成人员看，由镇党委书记任组长，镇长（镇党委副书记）、镇党委政法委员担任副组长，成员由镇派出所所长、政法科员、综治办主任等人员担任。另外，领导小组下设综合协调办公室、矛盾纠纷排查调处办公室、重点信访案件排查化解办公室、重点

---

① 周望：《中国"小组机制"研究》，天津人民出版社，2010，第 59~61 页。

群体排查稳控办公室、督查指导办公室等临时性机构。① 从调研的情况看，H 镇百日专项行动领导小组主要承担以下功能。一是参与制定重大决策。由于百日专项行动存在时间较长，任务涉及领域较广，成立领导小组有利于相关决策的制定。二是有利于推进百日行动这项中心工作。各个办公室协同联动，可以使整个乡镇体制里面的各个要素被统一、有序地组织并"动"起来，有利于集中开展矛盾纠纷大排查、大调处这项中心工作。

基于以上内容可以看出，乡镇对于中心工作一般是以任务型组织的形式实施的。任务型组织本身衍生于乡镇政府组织的母体内部，其成立的根本原因在于，无论是乡镇职能部门的配置，还是乡镇治理资源的供给，都无法保证顺利完成乡镇中心工作。因此，乡镇只能采用任务型组织的组织模式，以确保中心工作的顺利推进。

运转乡村中的政策工具运用。任何政策的推行都离不开特定的政策工具，或者说政策手段，它们是公共治理中部署和执行政策时使用的实际手段与方法，任何政策的推动都离不开合适的政策工具。按照政府介入的强度不同，政策工具可以分为自愿性工具、强制性工具和混合性工具。自愿性工具是指那些没有或者绝少受到政府影响的政策工具；强制性工具又称为直接工具，是指那些直接或者强制作用于管理对象的手段，其在回应管理措施时只有很小或者没有自由裁量余地；混合性工具是指那些介于自愿性工具和强制性工具二者之间的政策工具。② 从乡镇治理的实际看，选择运用强制性工具是中心工作机制的重要内容。

下达治理量化考核指标。从乡镇治理的实践来看，下达考核指标是指上级通过正式文件的方式规定乡镇某项工作必须完成的任务量，主要应用在经济发展层面。上级通过下达指标的方式，不但为乡镇治理设定了治理目标，更提供了上级与乡镇之间的沟通渠道，成为乡镇治理的重要现象。乡镇行政

---

① 参见 H 镇《关于成立全镇集中开展矛盾纠纷大排查大调处百日专项行动领导小组的通知》，2016 年 12 月。

② 〔美〕迈克尔·豪礼特、M. 拉米什：《公共政策研究：政策循环与政策子系统》，庞诗等译，生活·读书·新知三联书店，2006，第 142~169 页。

具有"上面千条线、下面一根针"的特征。众多的治理议题和匮乏的治理资源之间的结构性矛盾，构成了乡镇行政的基本特征，这种基本特征增加了乡镇行政的不确定性。为了有效应对乡镇治理中的不确定性，增加乡镇治理的可预期性，下达指标的方式已经成为 L 市乡镇治理的重要方式。基层调研显示，L 市上级对乡镇下达的指标，涉及经济发展、社会保障、生态文明建设、文化建设、人口管理等众多领域。① 由此可见，下达指标并围绕指标进行后续考核，已经成为 L 市乡镇治理的重要方式。

通过目标管理责任制实现运转乡村的目标。组织内部的僵化以及信息垄断产生的公共政策执行的偏离问题已经成为科层制组织的弊病。美国学者迈克尔·利普斯基（Micheal Lipsky）认为，与在其他机构当中位阶较低的员工不同，基层官僚在提供公共服务的过程中拥有更大的自由裁量权。② 自由裁量权的行使可能加剧政策执行中的偏离问题，为此，乡镇往往通过目标管理责任制的方式实现中心工作的目标。

所谓目标管理责任制，就是"将上级党政组织所确立的行政总目标逐次进行分解和细化，形成一套目标和指标体系，以此作为各级组织进行管理（如考评、奖惩等）的依据，并以书面形式的责任状在上下级党政部门之间进行层层签订"。③ 其核心在于通过赋予领导干部责任人身份的方式，强化领导干部的责任意识和重视程度，建构以逐级负责为核心的责任管道，强化对组织的纵向和横向控制，从而最大限度压缩组织运作中可能存在的不确定性，以确保相关工作能够落实到位。

运转乡村中协调机制的运用。有效的协调机制能够形成认知合力，集中资源确保实现组织目标。阶段性中心工作往往需要通过设立临时性的任务型组织来完成，后者是指以完成阶段性任务为目的，设立的具有临时性特征的

---

① T 县《2016 年全县科学发展综合考核办法》。
② 〔美〕Micheal Lipsky：《基层官僚：公职人员的困境》，苏文贤、江吟梓译，台湾学富文化事业有限公司，2010，第 23 页。
③ 王汉生、王一鸽：《目标管理责任制：农村基层政权的实践逻辑》，《社会学研究》2009 年第 2 期。

组织，能够弥补常规型组织在处理非常规事务上的不足。① 由于任务型组织具有临时性的特点，因此其有效运作必然需要强化沟通协调机制。特别是需要专题会议、动员会议、调度会议、现场办公会议等来统筹资源、协调各方以推进相关工作。其中调度会议在协调机制中发挥着核心作用，调度会议是上级听取各部门负责人汇报，并就具体问题发出指示的会议，主要功能在于通过领导的政治权威形成工作合力。而现场调度会议更是通过场景设置的方式形成工作压力，以督促各方合力攻坚，完成既定工作目标。

综上所述，乡镇中心工作机制具有独特的组织实施机制，为了推动中心工作，乡镇成立了领导小组，其本质是通过重构乡镇的组织网络，形成乡镇治理新的权力结构，以有效调动治理资源。同时，中心工作的实施具有与常规工作不同的过程。运用强制性的政策工具、下达治理量化考核指标与签订责任书以及强化行政执行中的协调机制，共同赋予了中心工作独特的治理特点。

（三）检查机制

乡镇治理中，上级通常将检查作为督促下级做好工作的重要工作方法，检查结果往往作为政绩考核与总结评比的依据。在"职责同构"的治理结构中，上级的各个职能部门都会下乡检查，因此检查名目繁多。一般情况下，市级或者县级部门领导带队的检查，乡镇党委书记或者乡镇长要负责接待。在乡镇行政制度化的背景下，各项治理任务的文档整理、材料报送、存档不但成为公文处理的一般步骤，更成为乡镇行政流程的重要构成部分。一般而言，材料报送的内容不仅包括一些基本数据、信息等，事前的申报、事中的汇报、事后的总结都成为重要汇报内容。

乡镇治理中的一些常规工作，诸如一些政策传达类、精神文明类、廉政建设类的任务，可能存在"以文件落实文件"的逻辑。当然，调研中了解到 L 市乡镇对于工作较少采用下发文件的方式，但不少文件只停留在口头上、写在文件上，没有落实到行动中。如"支部工作制度、村委会工作制

---

① 张康之等：《任务型组织研究》，中国人民大学出版社，2009，第9页。

度、村务公开制度、党员学习制度之类，统统检查是否制度上墙等等。"①
上级对乡镇不同的治理议题采用不同的检查方式，催生了乡镇应对检查的策
略化行为，为乡镇的非制度化治理提供了制度空间。

目前，乡镇职能部门将大量的时间用于材料整理、汇报、存档等作业。
特别是税费改革以来，诸如社会治安、土地增减挂钩、精准扶贫、生态环境
保护、美丽乡村建设等成为乡村治理的中心工作，成为上级对乡镇政府进行
考核的核心指标。然而，尽管乡镇政府将它们视为中心工作，在注重问题解
决和政策落实的同时，也对此类工作涉及的报表填写、建档立卡、总结汇报
材料等相关工作极为重视。比如，在《L市减轻农民负担工作一票否决量化
考核实施方案》中，关于检查考核的内容，有以下规定：

一、考核内容和重点

减轻农民负担工作一票否决量化考核由明查、暗访、日常监督和涉
农信访4部分组成。

（一）考核内容

1. 领导重视情况。主要包括：党政主要领导对减轻农民负担工作
是否高度重视……党委、政府是否列入重要议事日程，层层签订减负目
标责任书，分别于年中、年末认真进行检查……

2. 政策落实情况……

3. 检查考核和案件查处情况……

4. 制度建设情况……

（二）考核重点

1. 明查、暗访

（1）到村入户检查的内容和重点：走访农户，重点查看《农民负担卡》、
《农村土地承包经营权证书》和《农村土地承包合同》到户情况……

（2）乡镇检查的内容和重点：重点查看乡镇农村土地承包调解委

---

① 赵树凯：《乡镇治理与政府制度化》，商务印书馆，2010，第175页。

员会建设情况……

（3）县区检查的内容和重点：重点检查党委、政府《减负目标管理责任书》签订……

2. 日常监督考核

（1）农村土地承包经营纠纷调解仲裁工作。考核县区贯彻落实《关于加强农村土地承包经营纠纷调解仲裁工作的意见》情况……

（2）农村集体产权制度改革工作……

（3）扶贫资金资产管理工作……

二、考核计分办法与方法步骤

（一）考核计分办法

1. 年度量化考核满分100分，其中：明查40分，暗访30分，日常监督30分，涉农信访实行倒扣分。

……

（二）考核方法步骤

1. 明查考核。每年组织一次，由市减轻农民负担领导小组抽调成员单位人员成立市检查组，实行组长负责制，市里下发通知后，到各县区进行检查。采取听汇报、查看档案资料、现场查看相结合的方式进行……

每县区抽查2个乡镇……每个乡镇抽查3个村，走访1~2处新型经营主体或涉农收费单位，每村抽查5个农户……

2. 暗访考核。每年根据情况，组织1~2次，由市减轻农民负担工作领导小组办公室组织实施，不下通知，不打招呼，随机确定暗访对象（重点是乡镇街道和村居），按照考核内容对暗访对象进行评分，原始成绩折算后，计入年度成绩。

3. 日常监督。由市减负办组织实施，各县区按照考核内容和完成时限，及时上报材料，并于6月底和12月底集中上报考核内容涉及的档案材料……

——摘自：《L市减轻农民负担工作一票否决量化考核实施方案》

通过以上内容可以看出，上级对于乡镇的考核已经进入制度化阶段，这种考核很大程度上致使乡镇行政呈现较强的文牍政治色彩。从实施方案来看，上级对于乡镇的考核主要包括如下几项内容：考核内容、考核重点（明察暗访）、日常监督考核、考核计分办法、考核方法步骤、考核结果的运用。这是因为所有的实际工作，如果上升为典型案例，离不开材料的载体。注重材料汇报的做法有利于管理的规范化、制度化，也有利于典型村庄的发现，更容易获得上级的肯定。[①] 当然，乡镇中心工作的检查考核机制，会特别重视考核结果的使用。

三、考核结果的使用

（一）考核等级的划分

对县区年度减轻农民负担量化考核结果划分为通报表扬、黄牌警告、重点管理三个等级。年度考核成绩在 90 分（含 90 分）以上的，予以通报表扬；成绩在 70 分（含 70 分）~80 分（不含 80 分）的，列为黄牌警告单位，限期在下年内整改；成绩在 70 分（不含 70 分）以下的，予以一票否决，列为下年度重点管理单位。

（二）列入后进单位管理的条件

按照分级考核、下管一级的原则，市里除对县区党委政府进行考核管理外，同时对工作后进的县区直部门和乡镇党委政府实施工作警告、黄牌警告、重点管理。

1. 列入重点管理单位的条件

凡发现下列情况之一的，将县区、乡镇党委政府和有关部门以及这些单位相应的党政主要负责人、负有直接领导责任的其他党政领导班子成员纳入重点管理：

（1）违反政策规定，擅自出台让农民出钱、出物、出工加重农民

---

① 刘宁、黄辉祥：《选择性治理：后税费时代乡村治理的一种尝试性解读》，《深圳大学学报（人文社会科学版）》2015 年第 1 期。

负担的文件和项目或开展达标升级活动的；

......

2. 列入黄牌警告单位的条件

凡发现下列情况之一的，将县区、乡镇党委政府和有关部门以及这些单位相应的党政主要负责人、负有直接领导责任的其他党政领导班子成员纳入黄牌警告：

（1）年度考核成绩在70分（含70分）～80分（不含80分）的；

......

3. 列入工作警告单位的条件

各县区年度量化考核末位的乡镇党委、政府及党政主要负责人、负有直接领导责任的其他党政领导班子成员纳入工作警告。

（三）列入后进单位管理的程序

农民负担一票否决由各级减轻农民负担工作部门会同有关部门具体实施。市、县区减负部门根据调查、检查和考核结果，向本级党委、政府提出一票否决的建议，经批准后，按照干部管理权限和规定的程序......

......

（四）工作警告单位的管理措施

限期一年扭转被动局面，年度内实行季汇报、半年考评、年终考核的管理制度。一年内工作变化不明显，仍然被动后进且符合"一票否决"条件的，下年度转入重点管理。

（五）黄牌警告单位的管理措施

1. 对被考核单位进行通报批评。

......

（六）重点管理单位的管理措施

1. 对被考核单位进行通报批评，单位党政主要责任人向上级党委、政府写出书面检查。取消当年度单位和党政主要责任人评先树优、晋职晋级资格。

……

——摘自：《L 市减轻农民负担工作一票否决量化考核实施方案》

从上级对中心工作检查考核的制度设计来看，关于中心工作的检查考核具有以下几个方面的特点。首先，乡镇中心工作的检查与考核已经在很大程度上超出工具理性的意义，或者说在很大程度上，对中心工作的检查本身已经成为工作的目标。大量的检查考核项目的设置，已经在很大程度上挤占了乡镇正常的工作时间。乡镇治理资源本来就十分有限，其中很大一部分不得不用在应付各级各类检查上。应对检查已经成为乡镇日常工作的重要内容之一，甚至是核心内容，检查与考核在乡镇中心工作机制中已经发生明显异化。

其次，乡镇中心工作机制中的检查，一般具有多层级性，不同层级的地方政府分别检查不同的内容。一般低层级的地方政府检查的时间比较靠前，而层级越高的地方政府检查的时间越靠后。针对同一项工作的不同层级的检查，一方面给不同层级的地方政府之间的合谋提供了可能，另一方面，这种检查方式更是无形中加重了乡镇的负担，不但浪费了乡镇宝贵的资源，更影响到乡镇治理的效率。

最后，中心工作机制中的检查与考核结果与乡镇政绩直接挂钩，以利于运转乡村。实际上，这种考核方式的初衷意在通过与政绩挂钩的方式，提高乡镇对治理议题的重视程度，然而这种考核方式对于乡镇行政的理性化带来消极影响，同时也影响到乡镇治理的自主性和积极性，深刻影响乡镇治理的现代转型。

（四）迎检机制

作为激励与约束机制的考核指标体系塑造了乡镇特定的行为模式。比如，笔者参与调研的 S 省 T 县下发的关于专项工作考核的计分办法中明确规定，各专项工作考核成绩不得并列。[①] 考核中不能出现并列的规定，实际上

---

① T 县《2017 年全县科学发展综合考核办法》。

将各个乡镇置于政绩考核的零和博弈之中，这对乡镇的行为模式产生了决定性影响。一方面，乡镇治理面临资源缺乏以及基础能力滞后等多重困境；另一方面，上级对于中心工作的检查与考核决定乡镇的政绩。因此，乡镇领导为了在官员晋升中获取更高得分，会综合权衡乡镇资源、能力以及制度，选择性运用治理策略以实现短期政绩最大化的目标。欧阳静认为"乡镇政权缺乏稳定、抽象和普遍主义的运作规则，而是功利主义地将各类方法、技术、规则、手段和策略……作为运作的规则。"[1] 基层调研显示，乡镇对于治理策略的选择运用主要体现在以下几个方面。

项目创新加分策略。乡镇通常结合自身实际，对列入中心工作的治理项目进行评估，对于可能成为示范性项目的工作，乡镇会通过制度创新等策略化操作，使该项目成为全县乃至全市的治理示范项目。这样乡镇除了能在项目考核中获得高分以外，主要领导还能通过召开现场会等方式，获取巨大的政绩效应，并在职位晋升"锦标赛"中获取较好名次。比如，在 X 镇的土地增减挂钩工作中，D 村被列为项目村，X 镇政府在上级部门拨款并未到位的情况下，动员 D 村支书依靠个人资产，为本村的土地增减挂钩项目进行垫资，从而筹集了资金并提前完成了项目建设。为此，市级相关领导在 D 村召开土地增减挂钩工作现场会，对 X 镇的工作提出表彰，并将 D 村土地增减挂钩项目列为全市示范性项目。[2]

制度依附过关策略。乡镇治理始终面临资源缺乏的困境，为了完成中心工作，乡镇会在既有制度体系的平台上，本着以完成中心工作为结果导向的原则，充分挖掘并利用既有规则，服务于中心工作的推进，通过制度依附策略确保中心工作落实到位。以笔者参与调研的 D 镇为例，该镇将精准扶贫工作列为 2016 年度的中心工作，其中镇政府城建办一位张姓工作人员负责某村 8 户贫困户的脱贫帮扶工作。在访谈中张某坦言，作为基层工作人员，他的资源和能力都是有限的，对他而言为了顺利完成精准扶贫工作，最切实

---

① 欧阳静：《策略主义：桔镇运作的逻辑》，中国政法大学出版社，2011，第 12 页。
② L 市 X 镇调研访谈记录，2016 年 9 月。

可行的办法就是为贫困户申请低保，帮助他们实现脱贫。① 事实上，张某正是通过为 3 户贫困户申请低保的方式，利用制度依附过关的策略，顺利通过了相关考核。

风险规避策略。乡镇为了确保在检查考核中获取好的名次，领导能够赢得晋升机会，乡镇围绕中心工作建构了特殊的防卫机制，采用风险规避策略避免中心工作推进过程中可能出现的风险。一般而言，乡镇通常会采用"一票否决"制和乡土社会人情和面子等非正式互动机制，规避中心工作中可能出现的相关风险。将相关工作列入"一票否决"的范围，可以增强责任人对于工作的重视程度，保证中心工作完成的速度和效益，避免行政失误。有学者认为，营建社会关系网络等非正式互动机制，能够增进上下级之间的信任和同僚之间的配合，突破资源界限和行政壁垒，有利于推进行政过程。② 基层调研也发现，在计划生育、社会治安等长期性中心工作，以及秸秆禁燃、征地拆迁等阶段性中心工作中，乡镇更倾向于依靠乡土社会中的面子人情等非正式互动机制，构建中心工作的去风险化机制。③

制度说谎策略。现代科层制组织的基本精神是理性主义，它一方面体现为组织职能与结构的制度化，另一方面体现为组织具有恰如其分的激励机制以及信息反馈系统。然而压力型体制所生成的政治锦标赛式的激励机制，导致乡镇职能履行中权责不一致的问题，而后者必然衍生出乡镇治理中的制度说谎策略。制度性说谎是指"基层政府及其干部为迎合上级，通过夸大数据、弄虚作假等方式来对付上级领导及政府的一种行为，这种行为现象具有普遍性和准制度性"。④ 基层调研发现，乡镇政府在一般公共预算收入考核、"三引一促"、促科学发展工作考核，甚至精准扶贫工作考核中存在一定的

---

① L 市 D 镇调研访谈记录，2016 年 11 月。
② 刘能：《等级制和社会网络视野下的乡镇行政：北镇的个案研究》，社会科学文献出版社，2008，第 158 页。
③ L 市 X 镇调研访谈记录，2017 年 2 月。
④ 刘晓峰：《我国乡镇干部行为的情境与过程》，南京农业大学博士学位论文，2011，第 141 页。

制度说谎问题。①

　　乡镇政权的运行处于纵向的压力型体制与横向的"政治锦标赛"的双重压力之中。组织领域的既有研究表明，组织基于合法性的考量，会根据外部环境调整其行为。② 源于压力型体制的巨大压力，以及乡镇资源缺乏的事实，致使乡镇运行始终处于权力与责任的失衡状态，这在客观上催生了乡镇治理方式层面的策略化运作的情形。它也是中心工作机制的重要构成部分，更是运转乡村之目标赖以实现的重要条件。

第三节　中心工作机制再造行政过程

　　运转乡村需要乡镇和村级组织能真正形成联动的工作局面，因此中心工作的推进需要特殊的行政形式予以保障。中心工作对行政形式的选择运用塑造了特殊的行政过程，形成了乡镇行政过程的"双轨制"，即常规工作行政过程和中心工作行政过程。如果我们将韦伯意义上的科层制组织的运行过程视为乡镇行政的常态化模式，那么中心工作机制的运作则打破了乡镇行政过程的常规模式，在一定程度上重新塑造了乡镇的行政过程，这对于基层治理现代化产生了深远的影响。

一　治理资源的吸纳效应

　　乡镇中心工作一旦进入运作状态，会对乡镇资源形成较强的吸纳效应。常规工作的行政过程具有高度的稳定性，制度化程度高。从组织运作的横向层面来看，常规工作的行政过程遵循部门化的演进逻辑，常规型组织的组织结构赋予了不同的部门不同的职责，所以部门化的演进逻辑意味着每一个组织部门都按照自己的职责和制度运行，各个部门不同的分工和配合最大限度地提升了组织效率和理性。然而，由于中心工作具有时间紧、任务重的特

---

① L 市 D 镇调研访谈记录，2017 年 3 月。
② 〔美〕菲利浦·塞尔兹尼克：《田纳西河流域管理局与草根组织：一个正式组织的社会学研究》，李学译，重庆大学出版社，2014。

点，往往需要形成多主体、多部门共同参与治理的结构，所以中心工作的推进影响其他治理议题的开展，也重新解构了乡镇原有的行政过程。

在运转乡村中，中心工作的行政过程具有较强的资源吸纳效应，能够在特定的时间段内，将乡镇大部分或者全部的行政资源吸纳到中心工作中来，确保中心工作的顺利推动。乡镇治理与其他层级政府治理的一个典型区别在于乡镇行政的运作自始至终都处于资源缺乏状态，这是乡镇治理的一个典型特征，也是乡镇治理的一个短板。乡镇干部普遍认为，为了确保上面规定的中心工作的推动，乡镇必须在特定时间段内将所有行政资源集中到一点，确保中心工作的推进。[①]

中心工作机制中的组织形式，形成了对乡镇治理资源的吸纳效应。乡镇中心工作的任务特点，决定了其必须依靠多主体、多部门参与的治理特点。乡镇一般通过两种方式解决这个问题：一是设立任务型组织，并在乡镇政府组织原有职能部门的基础上，将乡镇原有的多个部门直接纳入任务型组织进行治理；二是成立任务型组织，并根据任务特点重新设立新的多个部门或者多个办公室，以此推进中心工作。新设立的办公室，一般挂靠在乡镇原有的职能部门中，这就在乡镇政府组织内部形成了"一块牌子、两套班子"，甚至"一块牌子、多套班子"的治理模式，而由于中心工作具有高于常规工作的地位，所以，一旦启动中心工作的治理程序，其多部门、多主体参与的治理格局一定会对乡镇政府组织的治理资源形成强大的吸纳效应，深刻改变乡镇原有的行政过程，或者说重构了乡镇的行政过程。

基于运转乡村的需要，中心工作中的协调机制形成了对乡镇治理资源的吸纳效应，重构了乡镇行政过程。任何治理任务的开展都不可能一蹴而就，都需要一个过程，组织运作能够保证这个过程的稳定和效率，而有效的协调机制在这个过程中发挥着重要作用。协调机制能够形成认知合力，合理调配资源，强化组织治理流程的薄弱环节，实现组织运作的稳定性。中心工作自身的特点决定了其推进必然需要强化沟通协调机制。基层调研发现，一系列

---

① L市X镇调研访谈资料，2017年5月。

机制的运用，对于乡镇治理资源形成了吸纳效应。比如，中心工作中的会议机制，包括前期的决策会议、专题会议，中期的调度会议、现场办公会等，后期的总结、表彰和评比会议等，都是中心工作协调机制的一部分，[①] 其目的都在于通过行政形式给治理各方形成压力，督促各方合力攻坚，所以中心工作的推进必然都要占用乡镇大量的治理资源，这也再造了乡镇的行政过程。

中心工作强大的资源吸纳效应，可能对乡镇常规工作的行政过程形成阻断机制。如前文所述，乡镇治理事实上处于资源匮乏状态，加上中心工作的特殊性，为了推动中心工作的开展，乡镇势必将有限的人力、物力资源都集中于中心工作上。因此，一旦启动中心工作机制，就会在很大程度上影响其他治理议题的推进，甚至会导致乡镇政府组织的数个职能部门同时陷入暂停状态，其他公共治理项目部分或者全部进入暂停机制，乡镇常规治理在一定程度上进入停摆状态。围绕中心工作建构起来的新的行政过程，改变了乡镇原有的建立在部门化基础上的行政过程，实现了对乡镇行政过程的再造。

二 行政过程的复合形态

乡镇中心工作机制具有较强的资源吸纳效应，会对乡镇其他议题的治理形成削弱机制。现实来看，多数情况下乡镇中心工作的开展并没有完全阻断其他治理议程的推进，换言之，从行政过程的角度看，乡镇治理中实际上存在两套行政过程，即常规工作的行政过程与中心工作的行政过程，二者共同构成了乡镇治理行政过程的复合形态。

运转乡村中会议机制的复合形态。数量众多的会议已经成为乡镇治理的一个标签式特征，"为会所累"也是基层治理的一个痼疾。既有研究已经从乡镇治理的过程角度，对乡镇会议进行了探索，将乡镇会议的类型分为决策性会议、动员性会议、执行性会议、总结性会议等[②]。从乡镇中心工作机制

---

① 万君：《策略化行为：乡镇干部行为研究》，华中师范大学博士学位论文，2014。
② 万君：《策略化行为：乡镇干部行为研究》，华中师范大学博士学位论文，2014。

的角度看，乡镇会议大致可以分为常规工作机制中的会议和中心工作机制中的会议。这两种会议在乡镇治理实践中有机融合在一起，产生了乡镇会议机制复合形态，这是乡镇行政过程复合形态的具体体现。

运转乡村中政策工具的复合形态。政策工具泛指政府在推进和落实公共政策时的手段和方法。"行政执行的主要原理在于执行结果是由资源决定的。如果充分的资源拨给了这一计划，那么想要的结果事实上是可以保证的。"[①] 通常而言，乡镇治理能够运用的政策工具包括行政工具、经济工具、法律工具等。然而，这些常规化的政策工具在应对乡镇中心工作的治理议题时不能保证应有的治理效果，在乡镇资源既定的前提条件下，对于中心工作治理议题的推进只能采用特殊化的政策工具。这些政策工具一般具有共性的特征，就是赋予某项治理议题特殊的领导责任，以凸显它们在乡镇治理中的特殊地位和重要性。诸如自上而下签订的责任书以及一票否决制的运用都属于此类政策工具，后者与乡镇治理中常规化的行政工具、经济工具和法律工具等共同构成了乡镇治理中政策工具的复合形态。

运转乡村中常规工作机制的行政过程和中心工作机制的行政过程形成了交叉格局。乡镇面临大量长期的、阶段性的、临时性的中心工作，一旦进入中心工作的运行程序，必然在一定的时间段内弱化甚至暂时终止常规工作的行政过程，这就造成了乡镇运行过程的双轨制。乡镇中心工作的行政过程对正常的行政流程造成阻断效应。基层调研发现，乡镇中心工作的行政过程时间跨度较长，比如 D 镇的土地增减挂钩项目，项目实施阶段在一个月左右，其他诸如一般公共性收入等工作，每月固定在一周左右。[②] 加上各种临时性的检查验收工作，实际上，从行政运行程式的角度来看，乡镇行政过程的双轨制，尤其是处于中心工作运行程式中的乡镇，看上去更像一个执行专门任务的派出机构，而非建制完整的一级政府。中心工作赋予了乡镇治理的特殊状态，形成了乡镇行政过程的复合格局。

---

① 〔美〕理查德·J. 斯蒂尔曼二世编著《公共行政学：概念与案例》，竺乾威等译，中国人民大学出版社，2004，第 622 页。

② 参见基层调研访谈记录，2017 年 4 月。

三　再造行政过程的路径

通过以上分析，如果以韦伯意义上的科层组织的行政过程为参照物，可以明显看出乡镇中心工作的行政过程具有很强的自身强化效应，或者说中心工作的行政过程具有较强的资源吸附能力，再造了乡镇行政过程。具体来看，中心工作对于乡镇行政过程的再造是通过以下方式实现的。

中心工作机制作为运转乡村的实现路径，无论是行政决策还是行政执行，都强化了乡镇治理工具理性的一面，而弱化了价值理性的一面。韦伯从社会行动的角度对人的理性进行了分析，他认为人的理性行为包括目的合理性行为和价值合理性行为，所以理性又可具体分为工具理性和价值理性。其中工具理性是指"通过对外界事物的情况和其他人的举止的期待，并利用这种期待作为条件或者作为手段，以期实现自己合乎理性所争取和考虑的作为成果的目的"。[①] 而价值理性则是不以功利为目的，它是对某种美学的、宗教的、伦理上的或者其他任何的固有价值或者信条的无条件信仰，而不去关心是否取得实际的成就。[②] 对于社会有机体而言，价值理性和工具理想二者应该保持相对平衡，不可偏废其一。

乡镇行政过程应该是工具理性与价值理性的统一。公共治理中的政策工具，从工具理性层面而言，是增进地方公共利益的有效手段。然而，乡镇中心工作机制中的行政过程，尤其是各类政策工具的利用，以及乡镇治理策略的运用，主要呈现的是乡镇治理中工具理性的一面。中心工作的推进具有"运动式治理"的形式特征，其治理目标在于实现工具性达成而非目的性达成。这意味着对于中心工作而言，其侧重于治理工具的流程，当所选治理工具的流程结束，治理也随之宣告结束。[③] 中心工作治理偏重于工具理性的一面，弱化了乡镇治理价值理性的一面，再造了乡镇行政的过程。

---

① 〔德〕马克斯·韦伯：《经济与社会》（上卷），林远荣译，商务印书馆，1997，第 56 页。
② 〔德〕马克斯·韦伯：《经济与社会》（上卷），林远荣译，商务印书馆，1997，第 57 页。
③ 马红光：《运动式治理常规化的特征、原因及其后果——基于驻京办整顿的思考》，《理论导刊》2016 年第 11 期。

在当前运转乡村过程中，中心工作的行政过程具有典型的任务导向特征，弱化了乡镇行政过程的程序或者制度机制，容易引发非制度化治理的问题。常规工作中的行政过程，遵循韦伯意义上的科层组织的基本原则，呈现明显的制度或者程序导向特征，无论是行政决策、行政执行还是行政监督，都有明确的制度可循。然而，乡镇中心工作的推进具有明显的任务导向特征，所谓中心工作的任务导向是指乡镇行政过程完全以中心工作为重心展开，这对乡镇的制度化治理带来消极影响。

中心工作机制呈现明显的任务导向特征。多数中心工作具有临时性、紧急性特征，往往会影响甚至中断常规工作机制。以拆迁安置工作为例，为积极推进土地增减挂钩制度，D镇对符合条件的F村进行整体拆迁安置。镇工作人员在接受访谈时表示，这项工作十分烦琐，不仅涉及上门入户答疑解惑，针对外地拆迁户还要赶到外地签协议，在发放过渡费、搬迁费等款项的同时，还要解决不动产评估、土地现状调查等矛盾纠纷。因此，在工作的关键时期，几乎全镇工作人员都上阵了，拆迁工作组人员更是白天全部在现场吃饭，无法回家，这样的情况前后持续了近一个月。[①] 中心工作的这种高压态势，导致乡镇治理中存在大量策略化行为和制度说谎行为，严重制约了乡镇治理的制度化进程，削弱了常规工作中乡镇行政过程的制度化程度，重构了乡镇的行政过程。

中心工作机制重构了行政过程，打破了政治与行政的平衡。现代国家建构的核心环节在于构建现代公共行政，它奉行权力在民原则，围绕民权本位建构起来一套制度架构。理想的政治形态是全体公民集体自主履行管理国家与社会的权力，然而，现代社会一定是功能分化、职业分殊的社会，因此，民众只能委托代理人管理国家和社会事务。这种权力的"委托—代理"关系，折射到公共治理中，就形成了公共行政中政治与行政的关系问题。常态化的行政过程能够维系政治与行政的有效平衡，在公共行政过程中实现政治责任性、代表性与回应性。

---

① L市D镇调研访谈记录，2017年6月。

中心工作机制打破了政治与行政的平衡，致使乡镇治理的科层化倾向增强。中心工作特有的行政过程弱化了乡镇治理的回应性，"回应是政府对于公众关于政策变化的接受和对公众的诉求做出反应，并采取措施解决问题，良好的回应性体现出现代政府的责任行政理念。"① 中心工作中，其行政过程的每一个环节（从会议机制、推进实施、检查迎检机制），都保持权力在场，对任何部门或者人员而言，无处不感受到权力在场的巨大压力，再加上中心工作任务本位的治理方式，又在侵蚀着行政过程的制度化空间，最终使得乡镇的行政过程失去了行政与政治的平衡，走上了科层制逻辑的道路，弱化了公共行政的政治回应性和责任性。

综上所述，乡镇中心工作机制中的行政过程就像一把双刃剑，一方面，它能够运用特定的政策工具实现特定的治理议题；另一方面，它的运行过程也带来基层治理现代化转型的难题，这也是运转乡村所面临的现实困境。民主是一种价值，民主化是一个过程，如果将政治与行政视为现代公共治理的核心和关键，那么，基层民主建设一定要在行政过程中寻求实现自身的相关机制，并在行政过程中建构实现基层民主的实现路径。这也是新时代运转乡村所要解决的现实问题。

---

① 程同顺、邢西敬：《从政治系统论认识国家治理现代化》，《行政论坛》2017 年第 3 期。

第五章

规划式治理：中心工作机制中的运转乡村

任何治理模式都要与特定的经济基础相适应。作为国家治理的重要一环，乡村治理要契合国家治理的内在逻辑。从历史上看，在我国工业化的启动阶段，乡村的运转要承担起为我国赶超式发展提供资金积累的历史使命，这是形成国家与乡村社会关系的推动力量，塑造了国家与乡村社会之间的规划式支配关系。基层政权作为国家权力在乡村社会的权威性代表，其治理必然体现国家的治理目标，完成规划性支配的治理任务，承担运转乡村的历史使命，塑造乡镇规划式治理的基本样态。

第一节　运转乡村功能的规划机制

历史唯物主义告诉我们，公共治理作为一种历史实践活动，建立在特定的经济基础之上，公共治理的功能、结构和路径受制于并且服务于特定的经济基础。学界多数学者都认为对于运转乡村的整体认知，要放到我国后发现代化国家建设的进程中去解读。乡村治理要承担起为我国的"赶超式"发展提供资金积累的任务，这构成了乡村治理制度发生作用的结构性约束条件，乡村治理制度只能在这一结构性条件的制约下发挥作用。① 这种特殊的历史使命塑造了国家与乡村社会的关系，形成了国家对于乡村社会的规划性支配关系、国家对于乡村社会的规划性支配逻辑，使得基层治理在职能履

---

① 　贺雪峰、董磊明、陈柏峰：《乡村治理研究的现状与前瞻》，《学习与探索》2007 年第 8 期。

行、机构设置、体制安排与行政过程四个维度呈现乡镇治理特有的逻辑与进路，塑造了乡镇规划式治理的基本格局。

一 以现代国家建构为目标运转乡村

马克思主义政治学认为，国家孕育于社会的母体之中，然而国家相对于社会而言，又代表一种与社会相异化的力量，国家具有独立于社会的相对自主性。国家自主性概念的传播与国家学派的兴起相关。第二次世界大战以后，随着政治学学科范围的扩大和主题的扩展，行为主义政治学逐步兴起。行为主义采用科学和量化的方法，研究个体和集体行为、政治系统等，研究领域涉及政治行为、利益集团、政治发展、政治文化、政治参与等。行为主义政治学的兴起，致使政治学研究的核心议题发生转换，国家从政治学研究的主流话语中逐渐淡出。20 世纪 70 年代以来，美国的政治学家和社会学家从不同的学科视角共同讨论作为一种行动者或者制度组织的国家，他们被统称为国家学派，其中以查尔斯·蒂利、彼得·埃文斯、西达·斯考克波等学者为代表。

国家自主性是国家主义研究范式中的一个核心概念。在国家学派看来，国家自主性是指"作为一种对特定领土和人民主张其控制权的组织，国家可能会确立并追求一些并非仅仅是反映社会集团、阶级或社团之需求或利益的目标"。① 国家自主性的全部核心在于国家依其自身意愿与偏好制定政策或者国家目标，国家自主性的分析视角建基于国家与社会关系的分析框架，国家具有独立于社会的自主性这一事实。从唯物史观的角度来看，国家自主性或者说国家与社会之间的具体关系，建立在特定的经济基础之上，特定的经济基础决定着国家的自主性，塑造着特定历史时期内国家与社会的关系。

从整体来看，一个落后的农业国通过内向型自我积累，实现"赶超式"

---

① 〔美〕彼得·埃文斯、迪特里希·鲁施迈耶、西达·斯考克波：《找回国家》，方力维等译，生活·读书·新知三联书店，2009，第 10 页。

发展是我国国家建设的主线，也是分析国家与乡村社会关系的主要线索。从国家自主性的角度来看，落后农业国的基础、内向型自我积累的路径，以及"赶超式"发展的目标，都会对这一历史时段内国家自主性的形成产生决定性影响，进而塑造国家与乡村社会之间的关系。我们认为这一历史时期内，在国家自主性的主导下，国家与乡村社会之间形成了规划性支配的关系，具体而言，在一定历史时期内，国家主要是以一种工具理性的态度对待乡村社会的。比如，国内有学者从农村基本经济制度研究的角度指出了这一点，认为国家对乡村社会的规划性支配，在很大程度上"可以被概括为国家工业化进程对农村传统组织制度资源进行的改造和利用"。[①]

　　运转乡村中，国家高度重视乡村的工具理性，乡村运转的自主性不足。从现代国家建构的进程上看，基层治理在实现地方公共利益的同时，更加注重维护和推动现代国家建构的历史进程。基层政权处于国家与乡村社会的"连接点"，这就要求基层治理在国家利益和地方公共利益之间实现有效的平衡，不能顾此失彼。然而，考虑到基层治理要服务于"赶超式"发展战略的现实需要，在相当长的一段时期内，乡镇治理的绩效考核指标体系存在一些不合理的地方，对于促进地方公共利益的考核指标，其分值权重普遍较小，无法引起基层政府的高度重视。此外，能够反映地方公共利益的考核指标，其考核的细则设计存在形式主义的问题，这些考核指标难以真正促进地方公共利益的扩展。

　　从获取社会资源与提供公共服务的关系来看，运转乡村的功能更倾向于获取社会资源而非提供公共产品和服务。在一定程度上，现代国家与公民之间形成了一种契约关系，公民的认同与忠诚是国家合法性的最终来源，也是现代国家建构的前提和基础，而公民的认同与忠诚则奠基于国家提供的公共产品和公共服务的基础之上。但中心工作机制中，基层政府的职能履行侧重于获取资源而非提供公共服务。比如，乡镇考核指标体系中，涉及公共服务

① 温铁军：《中国农村基本经济制度研究："三农"问题的世纪反思》，中国经济出版社，2000，第20页。

或者民生项目的考核分值权重较小，有些县级政府甚至将公共服务、民生工程建设的考核分值设置为分值权重的最小档。[①] 与之相对，县级政府高度重视对于乡镇一般性公共收入的考核。比如，L市的部分县级政府对于乡镇政府的考核细则中，明确规定将每月的一般性收入与当月调度款安排挂钩，对于当月没有完成收入计划的乡镇，按相应比例扣减当月应拨调度款。[②] 调度款是保证乡镇政府正常运转的行政拨款，将调度款拨发与一般性公共收入考核挂钩，充分反映出特定历史时期内基层政府职能履行重视资源获取而轻视公共服务的现实问题。

从经济发展和社会建设的关系来看，乡村中心工作机制更倾向于促进经济发展，而非促进乡村地区的社会建设。从基层治理的实践来看，基层组织建设、经济发展和维护社会稳定始终处于基层治理价值序列的顶端，而乡村社会建设并不是乡村治理的核心价值诉求。比如，在2017年，L市多数乡镇都将社会维稳工作列为"一票否决"的考核范畴，这折射出基层治理的基本逻辑，即通过刚性手段维护乡村社会的稳定，从而为国家经济建设提供稳定的社会环境。以"一票否决"的刚性手段维持乡村社会秩序，意味着上级政权实际上带着一种实用主义的态度来处理国家与乡村社会的关系。另外，以刚性手段维护乡村社会稳定的治理目标，导致基层政府往往运用非制度化、策略化的行为实现乡村社会的稳定。长期来看，这致使乡村社会建设滞后、乡村社会的自组织能力严重弱化、社会自我治理能力缺失，对基层治理现代化产生消极影响。

总体来看，乡村治理长期将组织建设、经济发展与社会维稳等工作视为中心工作。从工具理性和目的理性的关系来看，当前乡村治理的模式，很大程度上是将乡村社会视为实现国家建设的工具。无论是从乡村社会获取公共资源，还是用刚性手段开展维稳工作，无不体现出乡村治理中以工具理性态度运转乡村社会的治理逻辑。

---

① L县《2017年度镇街（区）科学发展考核办法》，附件1：镇街（区）科学发展共性考核指标体系。

② L县《2017年度科学发展考核部分考核细则》。

二　以渐进方式推动乡村社会政治发展

政府职能的履行是公共行政的核心，也是实现人民政治权利的关键。国家治理的价值诉求、中心议题、实现途径等都与政府职能履行息息相关。根据我国宪法以及《地方政府组织法》等相关法律法规规定，乡镇政府的职能结构主要包括以下几个层面。一是执行性职能，主要体现为执行本级人民代表大会的决议和上级国家行政机关的决定和命令。二是发展性职能，主要体现为主导本行政区域内的经济和社会发展事项。三是管理与服务性职能，体现为管理本行政区域内的教育、科学、文化、卫生等公共事业。四是保护性职能，主要表现为保护本行政区域内的公民、法人以及其他组织的人身权利、民主权利和其他权利。五是其他职能，如办理上级人民政府交办的其他事项。由此可见，政府职能的履行与人民权利的实现息息相关。

现实中政府职能履行的实然状态通常与应然状态并不完全一致。就乡镇政府职能履行的情况而言，法律文本层面的乡镇政府职能只是从政府管理的常态化出发，这种法律规定符合政府职能设定的一般化原理。然而，事实上乡镇政府职能的履行还有其特殊性的一面。作为后发现代化国家，现代国家建设的历史进程可能在很大程度上制约乡镇政府职能的履行，这是因为作为后发现代化国家，我国只能面向农村而不可能通过拓展殖民地的方式，获取实现工业发展的资金积累。这种国家与乡村社会之间的特殊关系，在很大程度上决定着乡镇政府职能的实际履行。

如前文所述，对于运转乡村功能的解读，要放在现代国家建设的大背景下进行。众所周知，国家建设有广义和狭义的理解，前者是指从古代国家向现代国家转型的过程，后者是指特定历史时期内国家旨在增强其治理能力的各种实践活动，本书是在后一种意义上使用这个概念。近代以来，我国在融入世界体系进程中面临内忧外患的严峻形势，在相当长的一段时期内，破解近代以来我们所面临的亡国灭种的危机成为国家建设的基础逻辑，所以有学者认为，"1911～1949年间，在国家形成方面的主要挑战，是统一国家和抗拒外敌入侵"。① 新中国成立后，我国老一辈革命家们的"一个共同的心愿就是让中国人站起来，让中国富强起来。但是没有强大的国防，就要挨打；要想有强大的国防，就要有强大的军事工业；要想有强大的军事工作，就必须有强大的重工业"。②，因此，推行重工业优先发展战略便成为这一时期国家建设的重中之重。党的十一届三中全会以来，中国共产党人总结新中国成立以来正反两方面的经验，解放思想、实事求是，实现全党工作中心向经济建设的转移，实行改革开放开辟了社会主义事业发展的新时期，这一时期国家建设主要围绕发展经济和改善人民生活这一主线展开。在此背景下，地方政府在经济发展中发挥着重要作用，甚至直接介入招商引资、规划建设等活动，以致有学者将这类型的政府称为发展型政府。③ 因此，乡镇作为国家在乡村社会的代表，必然要重视发展性职能。渠敬东、周飞舟、应星在《从总体支配到技术治理》一文中认为，邓小平 1992 年的南方谈话，基本奠定了稳定和发展的意识形态的社会基础，稳定被视为经济发展的根本保障，而经济增长则构成了社会稳定的必要前提。无论是执政精英还是普通民众，大家形成的普遍共识就是社会稳定要通过经济的快速增长和人民生活水平的提高来保障。④

在中心工作机制中，乡镇政府高度重视发展性职能、管理性职能和执行性职能的履行。一些学者认为，"在中国，政府视发展为第一要务，在推动发展方面不遗余力"。⑤ 这种发展至上的价值理念，必然导致乡镇政府高度重视发展性职能。同时，为了为国家建设提供良好的环境基础，乡镇政府长期将各项管理性工作视为中心工作，维护乡村社会的稳定成为基层治理的重中之重。单一制的国家结构要求政府高度重视执行性职能，建构了我国

---

① 〔美〕王国斌：《转变的中国：历史变迁与欧洲经验的局限》，李伯重、连玲玲译，江苏人民出版社，2010，第 136 页。

② 林毅夫：《解读中国经济》，北京大学出版社，2012，第 70 页。

③ 蔡昉：《破解中国经济发展之谜》，中国社会科学出版社，2014，第 62 页。

④ 渠敬东、周飞舟、应星：《从总体支配到技术治理：基于中国 30 年改革经验的社会学分析》，《中国社会科学》2009 年第 6 期。

⑤ 周天勇：《中国行政体制改革 30 年》，上海人民出版社，2008，第 75 页。

"职责同构"的政府体制。这种行政体制层层传导到基层政府，成为决定我国基层治理的结构性因素，导致乡村运转的自主性空间不够、乡村治理的回应性不足，乡村治理主要是围绕上级政府布置的不同任务进行的。

柯武刚、史漫飞在《制度经济学》一书中认为，政府职能结构由保护性职能、生产性职能和对产权的再分配职能三个主要部分构成，并认为保护性职能的行使要权衡与长期社会成本相对应的长期社会效益。① 在中心工作机制中，乡镇政府高度重视发展性职能、管理性职能和执行性职能，而对保护性职能重视不足。因此，乡村社会的政治发展一直处于渐进式状态，基层政治民主权利发展处于一个相对稳态的进程之中。乡村治理考核指标体系的设计，对于乡村民主政治权利的相关内容重视不足。乡村民主政治权利的发展缺少相应的操作空间，农民政治参与的水平和程度仍然有待提高。

在运转乡村过程中，以渐进方式推动乡村社会政治发展对于确保社会秩序稳定具有积极意义。然而，在经济与社会建设高速发展的背景下，如果长时期不重视乡村社会的政治发展，可能会导致国家与乡村社会之间无法实现良性互动，社会无法对国家权力形成有效制约。而只有社会力量实现良性发展，并与国家治理同向而行，才能真正保障公众和社会权利，促进民主制度的良性发展。② 当前基层治理特有的考核方式，在乡村地区经济发展层面催生了大量的"届别机会主义"行为，政治发展步伐滞后，基层治理不能提供个性化、多元化、精准化的公共服务。基层民主政治权利的发展缺少相应的精细化操作空间，乡村居民参与基层治理的路径与渠道偏窄，致使乡村社会长期在政治权利滞后的环境中发展。

综上来看，在当前运转乡村的现实路径中，乡村社会的政治发展一直处于渐进式发展进程当中，乡村社会的政治发展应该得到切实的保障。国内有学者认为我国农村政治总体上处于一种低效率的被动运作状态。对于基层治

---

① 〔德〕柯武刚、史漫飞：《制度经济学：社会秩序与公共政策》，韩朝华译，商务印书馆，2000，第358~375页。

② 郭道久：《"以社会制约权力"：理念、内涵和定位》，《延安大学学报》（社会科学版）2011年第3期。

理而言，上级派下来的硬指标工作成为基层政府治理的中心工作，"而对于自身应该担当的组织农民发展生产、为农民提供生产服务、管理社会治安、发展农村教育文化事业……农民提出的要求和需要解决的问题，更是很难得到满意的结果"。① 从权利政治的视角看，乡村治理呈现以渐进方式促进乡村社会发展的现实逻辑。

三 以低回应性构建乡村运转路径

回应性是政权存续的基本前提和条件，回应性越强说明政府的权威越高，政府进行公共治理的成本越低，反之亦然。从乡村治理的现实来看，长期以来乡村治理的回应性都维持在较低的水平上。如前文所述，乡村治理的回应性较低是因为权利滞后。目前乡村关系法治化程度不足，乡村关系法治化滞后，民主政治权利不足。② 乡村治理中的民主政治建设滞后已经成了我国农村社会主义民主政治建设的短板。此外，冷战结束以后，促进经济与社会协调发展构成了公共治理责任性和回应性的重要内容。然而，当前基层经济发展往往单纯追求数量而忽视质量，部分招商引资背景下引进的企业，在实现经济发展的同时，留下了污染的烂摊子，日后进行生态环境治理的代价会很大。③ 同时，社会建设方面，在就业、住房、医疗、社会保障、基础设施建设等诸多层面，城乡之间仍然存在较大鸿沟，基本公共服务提供还存在身份地域差别，服务型政府建设尚不到位。

在运转乡村的现实路径中，乡村治理公共产品和公共服务提供不足，致使基层政府的政治信任度降低。既有研究表明，民众对于不同层级的政府持有不同程度的政治信任。具体而言，民众对于中央政府的信任强于对地方政府的信任，对高层级地方政府的信任强于低层级地方政府的信任。李连江教

---

① 程同顺：《当代中国农村政治发展研究》，天津人民出版社，2000，第 74 页。
② 郭相宏：《失范与重构——转型期乡村关系法治化研究》，西南政法大学博士学位论文，2008。
③ 参见基层访谈调研，2017 年 10 月。

授将这一现象称为我国政府治理中的差序政府信任。[①] 政治信任作为一种政治心理现象，反映出民众对于政府权威的心理态度，差序政府信任格局往往造成民众对于基层政府的心理拒斥或者排斥，导致基层政府无法推动自下而上的政治变革路线，进而对于现行行政体制的改革失去动力，最终影响乡村治理的权威，损害乡村治理的合法性。

在中心工作机制模式下，乡村社会的政治发展一直处于渐进式进程之中，政府的回应性不足引发了诸多社会矛盾和利益冲突。中国行政管理学会项目组基于学术研究需要，将群体性治安事件界定为群体性突发事件，[②] 并认为社会结构与经济结构的脱节、乡村治理的理念滞后是引发群体性突发事件的原因。我国社会群体性突发事件在 2009 年超过 10 万起。[③] 新时代，随着乡村振兴战略的实施，乡村治理进入了一个新的历史时期，乡村治理体系日益完善、治理能力逐年提升，农村群体性突发事件的数量也在大幅度下降，乡村居民的幸福感、获得感和安全感稳步提升。但乡村治理回应性不足的问题仍然需要引起我们的高度重视，如何优化中心工作机制提升乡村治理的回应性，仍是需要面对的重大课题。

目前，以中心工作机制为路径的乡村运转模式，基层治理长期将经济发展、获取资源、维持社会秩序视为乡镇的中心工作，基层政府治理的回应性不足、乡村社会发展滞后，共同导致乡村社会有机体发育不良、社会自组织能力滞后、社会自我治理能力不足。这不仅会导致乡村治理社会失序，更会导致基层治理的合法性弱化，乡村治理面临权威较低与成本较高的双重困境。

综上所述，基层治理的实践要符合历史逻辑，契合国家治理的现实需要。处于工业化进程中的基层治理，面临的特殊历史逻辑就是"中国的国

---

① 李连江：《差序政府信任》，《二十一世纪》2012 年第 3 期。

② 周松柏、胡晓登、杨婷、周超：《抗争与秩序：基层政府面对群体性事件的因应之道》，社会科学文献出版社，2016，第 22~23 页。

③ 中国行政管理学会课题组：《中国群体性突发事件成因及对策》，国家行政学院出版社，2009，第 10~13 页。

家工业化积累除了让农村和农民做出牺牲没有其他选择"。① 处于这种历史逻辑中的基层治理，乡村运转的功能表现出典型的规划性设置的特点。无论是对于乡村社会的工具理性态度，还是以低参与度实现乡村社会发展，抑或是以低制度化推进乡村治理，都是基层治理功能选择机制的具体体现。

第二节 运转乡村制度结构的规划机制

政治系统理论中的"结构"一词与行为主义政治学密不可分。行为主义政治学以个体行为和心理、政治系统或政治体系为研究对象，研究方法上以科学与量化为导向，重视数理统计与分析，强调价值中立。行为主义政治学流派众多，其中结构功能主义是重要代表。一般认为，政治系统理论的发展主要经历了两个阶段，即一般系统理论阶段和结构功能主义阶段，结构功能主义学派是在一般系统理论的基础上发展而来的。其代表人物分别是戴维·伊斯顿（David Easton）和加布里埃尔·A. 阿尔蒙德（Gabriel A. Abraham Almond）。

一 政治系统理论中的结构

美国学者戴维·伊斯顿较早建构起政治分析的一般系统理论，他也是系统分析的代表人物。1957 年，伊斯顿在《世界政治》发表《政治系统分析的途径》一文，勾勒了政治领域一般系统理论的雏形。一般系统理论代表了政治学的科学主义倾向。戴维·伊斯顿的一般系统理论获取了控制论的理论内核，并将其应用到现实政治体系的分析。一般系统理论以政治系统对于环境的适应以及存续为研究目的，将包括需求和支持在内的输入、包括积极输出和消极输出在内的输出、作为输出效果的反馈作为分析变量，研究政治系统的运作过程。简而言之，政治系统的运作流程表现为输入—反映—输出—反馈四个环节，其中反馈再次进入政治系统，从而形成以反馈为回路的

---

① 温铁军：《中国农村基本经济制度研究："三农"问题的世纪反思》，中国经济出版社，2000，第 145 页。

系统循环。

结构功能主义是一种在系统方法论上更为成熟的分析模式。一般系统理论将系统内部运作视为一个"黑箱"，结构功能主义则试图进入系统"黑箱"内部，探求系统构成部分及其运行机制，研究系统内部各结构和功能之间的互动。这是对戴维·伊斯顿的系统理论的改进和优化，也标志着政治系统理论更加完善。

结构功能主义学派认为政治系统由结构组成，而结构则由政治体系内部不同的角色及其互动机制构成。结构承担不同的系统功能，以结构定义功能是其重要理论特色，因此被称为结构功能主义。结构功能主义从系统构成的结构及其结构承担的功能角度建构理论，系统的结构在其分析框架中发挥着基础性作用，离开了系统结构，则系统也就失去了功能。结构（例如立法机构）是由各种相互关联而又相互作用的角色组成的，政治体系则是由相互作用的机构构成的。同时，结构不仅仅意味着角色，当讲到政治体系的结构时，"所指的就是构成这一体系的各种活动，即具有某种行为、意图和期望的规则性的活动"。[①] 由此可见，结构由角色以及角色之间的互动规则等相关要素构成，角色是结构的核心要素。

二　中心工作机制的结构

政治系统理论中的结构功能主义学派认为，政治系统由不同的结构组成，不同的结构承担不同的系统功能。结构功能主义的集大成者美国学者阿尔蒙德认为："结构就是政治角色的某种组合，或者说是政治行为模式。结构（例如立法机关）就是由各种相互关联而又相互作用的角色组成的。"[②] 根据阿氏的主张，政治系统的结构由角色和角色之间相对固定的互动规则构成。结构功能主义学派将政治系统的功能与结构视为核心变量，对于我们认

---

① 〔美〕加布里埃尔·A. 阿尔蒙德：《比较政治学——体系、过程和政策》，曹沛霖等译，上海译文出版社，1987，第 14 页。

② 〔美〕加布里埃尔·A. 阿尔蒙德：《比较政治学——体系、过程和政策》，曹沛霖等译，上海译文出版社，1987，第 14 页。

识乡镇中心工作具有启发意义。如果将乡镇治理视为一个治理系统的话，该系统的功能主要体现为完成中心工作，那么，支撑中心工作机制的治理结构又是什么？通过梳理乡镇治理的制度体系，可以认为合法性基础的运用、制度要素的建构和精英控制构成了中心工作机制的支撑结构。

（一）合法性基础的运用

目前，多数学者都认可是马克斯·韦伯将合法性概念引入了社会科学的相关理念研究中，奠定了合法性研究的基础。"近代以来，卢梭首次在社会契约理论背景下，提出合法性的概念。他认为国家是人们相互订立契约的产物，人与人之间的约定是合法权威的基础，因此，人民的同意是合法性的最终来源。"① 德国著名社会学家马克斯·韦伯提出了统治合法性的实证性分析，韦伯以服从和支配的关系阐释权威，提出了权威的三种理性类型——传统型、个人魅力型和法理型。哈贝马斯则从价值规范的角度阐释合法性，主张"衡量一种政治秩序合法性的标准就是政治秩序与其所处时代价值规范的相容程度。"②

从组织制度理论的视角看，合法性概念的内涵经历了一个逐步发展的过程，经历了从社会标准，即合法性源于正式的法律，到合法性源于价值体系、标准体系和信仰体系等要素的整合的历程。整体来看，基于合法性概念内涵的不断发展，我们认为应该从程序正义和实质正义两个层面解读合法性，前者涉及合规性，后者涉及正统性。政治学视野中的合法性也被称为正当性或正统性，泛指人们对某种政治权力秩序是否认同以及认同的程度。同意是合法性的基础，合法性是任何组织存续的前提和基础。法国学者埃哈尔·费埃德伯格认为组织的运行具有复杂化的特点，其表现之一便是现实中的组织，其运行始终面临合法性的缺陷，组织合法性始终是被相对化了的目

---

① 程同顺、邢西敬：《合法性、认同和权力强制：制度权威建构的逻辑》，《上海行政学院学报》2016 年第 5 期。

② 〔德〕尤尔根·哈贝马斯：《合法化危机》，刘北成、曹卫东译，上海人民出版社，2000，第 184 页。

标。① 换言之，组织会根据现实环境调整合法性基础的运用策略。

乡镇中心工作机制具有与之契合的合法性基础。政治学意义上的合法性存在两种基本倾向，即基于程序正义的形式层面的合法性以及基于实质正义的实质层面的合法性。② 众所周知，一个地方的经济发展与民生建设效能都是衡量政府执政能力的重要指标。在整个经济改革过程中，我国政府的经济职能发生了重大转变，从包揽一切经济事务转向通过宏观调控手段间接管理经济，并主要依靠市场进行产品和要素的配置，而政府则提供必要的公共物品与服务。与此同时，国内外学者也注意到正是政府的许多工作推动了中国经济的高速增长。而且在相当长的时间里，各级政府都坚信，经济增长可以带来就业的增加，进而改善人民的生活水平。③ 正因如此，一个地方的经济建设与社会发展的协调、民生的改善等都成为衡量政府绩效与执政能力的重要标准。乡镇治理的合法性同样与治理绩效息息相关，后者直接体现在乡镇经济繁荣与社会发展之上。对于缺乏治理资源的乡镇政府而言，只有依托中心工作机制才能实现以上目标。换言之，建立在经济繁荣与社会发展基础上的治理绩效，构成了乡镇中心工作机制合法性来源的重要方面。

从形式层面的合法性基础看，乡镇政权的执政基础除了强调来自人民的认可与接受以外，也强调来自上级政府的认可与接受。作为单一制国家，基于中央政府的治理绩效而产生的权威外溢效应，即人们对中央政府权威的认同在一定程度上也会引发对地方政府权威的认同，这有效增强了基层政府的执政基础。实际上，政府的执政基础或者合法性问题从来都是一个很复杂的问题。从乡村治理的现实看，乡镇通过中心工作机制完成上级政府的治理规划与意图，在这个过程中乡镇治理体现出很强的政治责任与行政执行力，所以来自上级政府的认可与肯定，也是增强乡镇执政基础的重要方面，而中心工作机制则实现了这些目标。

---

① 〔法〕埃哈尔·费埃德伯格：《权力与规则：组织行动的动力》，张月等译，格致出版社、上海人民出版社，2017，第 80 页。

② 张健：《合法性与中国政治》，《战略与管理》2000 年第 5 期。

③ 蔡昉：《破解中国经济发展之谜》，中国社会科学出版社，2014，第 63 页。

由此可见，乡镇中心工作机制的合法性基础，无论是在形式层面还是在实质层面都具有自身独特的内涵。乡镇政府的合法性基础为乡镇完成选择式治理提供了现实可能。然而，也应该看到它对乡镇治理带来的负面影响，乡镇运行中"社会不满现在常常是基于基层官员对普通民众的工作、薪酬、土地和正常家庭生活这些传统权利的可能的或实际的剥夺。"① 这些问题的产生，很大程度上与乡镇独特治理机制有关。

（二）制度要素的安排

组织的运行需要在制度上做出安排，以完成组织协调和控制的目的。美国学者 W. 理查德·斯科特把规制性（Regulative）、规范性（Normative）和文化—认知性（cultural-cognitive）要素确定为制度的三大关键要素。其中，规制性是指制度会制约、规制和调节行为；规范性要素是指制度具有说明性、评价性和义务性的维度，规范系统包括了价值观和规范；文化—认知性要素构成了关于社会实在的性质的共同理解，以及建构意义的认知框架。② 本书认为，不同制度要素之间的安排方式不但决定了制度的规则取向，更决定了制度的规范和文化认知取向，并最终赋予制度不同的性格与禀赋。

乡镇治理各项制度要素之间的特殊安排，塑造了乡镇中心工作运行模式。制度主义理论认为，任何有意义的社会行动都源于特定的制度情境，制度情境塑造不同的行为取向，对由规则驱动的行为进行描述，就是根据岗位需求把行为看作与情境的一种配合。③ 中心工作机制表征乡镇治理的行为取向，从制度安排的层面看，中心工作机制根源于由特定的规制性要素和规范性要素建构而成的制度情境之中。

制度的规制性要素主要是指体现制度制约、规制和调节作用的相关规则，它们规制乡镇运行中可能出现的任意行为和机会主义行为。乡镇制度规

---

① 〔美〕林恩·T. 怀特：《中国政治研究：该学科发展现状综述》，载郭苏建主编《政治学与中国政治研究：学科发展现状评析》，上海人民出版社，2016，第 17 页。

② 〔美〕W. 理查德·斯科特：《制度与组织——思想观念与物质利益》（第 3 版），姚伟、王黎芳译，中国人民大学出版社，2010，第 58~67 页。

③ 〔美〕詹姆斯·G. 马奇、约翰·P. 奥尔森：《重新发现制度：政治的组织基础》，张伟译，生活·读书·新知三联书店，2011，第 22 页。

则的安排制约和调节乡镇行为的基本取向，确保中心工作落实到位。乡镇制度规则的安排主要通过两种渠道完成：一是在上级的检查与考核中，赋予不同种类的工作不同的权重，借以凸显上级治理的规划意图，构建乡镇中心工作机制的行为机理；二是将检查和考核的结果作为乡镇官员职位晋升的重要依据，以此进一步完善乡镇行为的制度情境，从而规制乡镇治理中可能出现的任意行为，确保乡镇中心工作的行为取向。

为了推进中心工作机制，还需要对乡镇制度的规范性要素进行安排。规范性要素解决的是制度设计中的价值取向问题，对于塑造制度性格发挥着决定性作用。中心工作机制运行模式体现乡镇运行的价值取向，需要制度规范性要素的支撑。一般认为价值反映主体对客体的态度，是主体根据自身需要有意识地赋予客体的社会属性。对乡镇制度的规范性要素进行安排，其本质是对乡镇各项治理客体进行价值排序。而凡是能够迈入价值序列前端的治理客体，都可以认为是乡镇治理的中心工作，基层调研显示，这些工作主要为经济发展、社会稳定、基层党建和政策下乡等。[①] 由此可见，乡镇中心工作机制的顺利运行，离不开对乡镇制度的规范性要素进行特殊安排。

（三）政府角色的规制

组织角色的有效规制是任何大型组织有效运作的基础。罗伯特·米歇尔斯（Robert Michels）认为对于现代民主制度中的政党组织而言，通过成员普遍参与的办法解决组织的管理问题，无论是在技术上还是在机制上都变得不可能，为了适应这种情势，一个相对稳定、受过特殊训练的由职业领袖组成的精英群体就此产生。因此，组织必定建立在严格的等级体系之上，任何试图实现集体行动的组织，最终都无可避免地走向寡头化和官僚化，即走向寡头统治的铁律[②]，这是政府角色规制的组织前提。

---

① 〔德〕托马斯·海贝勒、雷内·特拉培尔：《政府绩效考核、地方干部行为与地方发展》，王哲译，载〔德〕托马斯·海贝勒等主编《"主动的"地方政治：作为战略群体的县乡干部》，中央编译出版社，2013，第299页。

② 〔德〕罗伯特·米歇尔斯：《寡头统治铁律——现代民主制度中的政党社会学》，任军锋等译，天津人民出版社，2003，第18~30页。

现代国家的建构需要对政府角色进行规制。美国学者戴维·瓦尔德纳在《国家构建与后发展》一书中提出了国内政治精英冲突的强度，决定着国家建构路径的观点。他认为在叙利亚和土耳其等国，精英之间的冲突使得他们无法相互妥协，因此，必须借助吸纳平民的战略来缓和冲突。而通过吸纳平民进行的国家建构，必然需要制度建设来应付新当政精英的紧迫需要，从而使得国家建构走上了早熟的凯恩斯主义国家的道路。而在韩国，政治精英之间的冲突较为缓和，在很长的时间内不需要采纳吸纳平民的战略，因此国家建构就走上了发展型国家的道路。[①] 由此可见，一个国家内部精英集团之间的冲突强度，以及由此引发的对各级政府角色的规制会影响现代国家建构的路径和渠道。

为了实现国家对乡村社会的规划性支配，需要对乡镇执政人员进行规制。中心工作机制中的人员管理主要体现为对于执政人员角色与行为的规制。魏昂德（Andrew Walder）在其《地方政府即厂商》一文中阐释了基层政府直接介入经济建设场域的动机以及能力，提出了政府即厂商的理论。[②] 杨善华、苏红以经济转轨为背景，考察了乡镇政权角色与职能的转变，认为经济转轨过程中，乡镇政权的角色正从"代理性政权经营者"向"谋利型政权经营者"转变。[③] 徐建牛将乡镇政府的角色定位为"政治经纪人"，乡镇通过创造良好的制度环境吸引投资，而这体现出明确的利益取向。[④] 综合来看，乡镇政府已经成为地方招商引资与开发的主角，他们像商人一样向可能的投资者发出邀约，亲自主持商业谈判并签订投资及开发协议。乡镇政府不单是地方公共服务的提供者，更是地方经济与社会发展的主导者。对乡镇工作人员角色与行为的制度控制，奠定了乡镇中心工作机制运行的基础。

---

① 〔美〕戴维·瓦尔德纳：《国家构建与后发展》，刘娟凤、包刚升译，吉林出版集团有限责任公司，2011，第1~6页。

② Walder, Andrew, "Local Governments as Industrial Firms", *American Journal of Sociology*, Vol. 101, No. 2, 1995. p. 276.

③ 杨善华、苏红：《从"代理型政权经营者"到"谋利型政权经营者"——向市场经济转型背景下的乡镇政权》，《社会学研究》2002年第1期。

④ 徐建牛：《基层政府行为演进的制度逻辑》，上海三联书店，2012，第102页。

第三节 运转乡村路径的规划机制

运转乡村的内生逻辑决定其外在模式和外部特征。基层调研显示，国家对乡村社会的规划性支配逻辑，塑造了乡镇特有的中心工作运行机制，它在很大程度上重构了韦伯意义上科层制组织的运行机制，赋予了乡镇政权契合自身内在逻辑的外在运行模式，使得乡镇政权在职能履行、机构设置、体制安排和过程控制四个层面，呈现特有的逻辑与进路。这种运作模式契合了国家对于乡村社会规划性治理的基本策略，为了完成这种治理任务，乡村运转就需要独特的政策工具。

一 重视以行政化政策工具运转乡村

政治与行政关系问题是一个历久弥新的课题，对这一问题的研究与争论催生了现代行政学。美国学者盖伊·彼得斯将这一关系称作行政现代化的中心问题。美国学者伍德罗·威尔逊 1887 年发表的《行政学研究》是将政治与行政二分的开山之作，使得行政学脱离政治学的母体而真正建立起来。弗兰克·古德诺是论述政治与行政关系的集大成者，其认为无论是在君主政体中还是在民主政体中，从功能的角度来看，国家的功能大体相同，即大致分为政治与行政功能。其中政治功能是指表达国家意志的功能，"政治是政策或国家意志的表达"，而行政是"关于执行政府政策的"，或者说行政功能是指"执行国家意志的功能"。① 需要指出，古德诺虽然将政治—行政二分理论作为理论的出发点，然而，他的落脚点却是如何实现政治与行政二者之间的协调。

行政与政治的关系问题是现代公共行政的核心议题。国家建构的核心环节在于构建现代公共行政，它是围绕主权在民原则建构起来的一套制度架

---

① 〔美〕弗兰克·古德诺：《政治与行政——政府之研究》，丰俊功译，北京大学出版社，2012，第 15~18 页。

构。主权在民的理想形态是全体公民集体自主地履行管理国家与社会的权力，然而，现代社会一定是功能分化、职业分殊的社会，民众只能委托代理人管理国家和社会事务。人民将权力委托给代理人的事实，形成了权力的"委托—代理"关系，折射到公共行政过程中，就形成了公共管理过程的政治与行政的关系问题。简单而言，体现人民主体性的事实、关系和行为构成公共行政中的政治性因素，而体现受托人主体性的事实、关系和行为构成公共行政中的行政性因素。

行政与政治的关系问题是公共行政的核心议题，政治主导行政、行政依附政治是现代公共行政的基本属性。从治理路径的角度看，传统治理与现代治理的重大分野在于，传统治理有治道无政道，换言之，政治与行政的分离在很大程度上是古代中国基层治理的弊病。新儒家代表人物牟宗三先生认为，中国古代治理治道发达，而政道不足，"中国在以前于治道，已进至最高的自觉境界，而政道则始终无进展"。① 政道即关于政权的道理，其核心即民主政治，现代政府职能必须在政治代表性与行政科层制之间实现调和。从政策工具的视角看，只有实现行政化工具和民主化工具的有机调和，才能跳出治乱循环的历史怪圈，实现国家的长治久安和社会的可持续性繁荣。

当前，运转乡村的政策工具以行政化工具为主。首先，从乡镇治理的制度载体来看，上级的行政命令、文件指令在乡村治理中扮演着元制度的角色，成为乡村治理的制度基石。当然，文件是执行法律的重要政策工具，各级政府下发的规范性文件不仅体现法治的价值追求，也是实现法治的重要载体。然而，既有研究也发现，在乡村治理中存在乡镇政府的内设机构以乡镇政府名义下发各类文件的做法，实际上这些内设机构"因不具备行政主体资格，而有别于市、区县政府部门，不具有制定规范性文件的权限"。② 由此可见，乡村治理尚存在法治建设滞后的现实问题。法律体现人民的公共意志，法律文本则是表达公共意志的载体，从这个意义上说，人民意志的表达

---

① 牟宗三：《政道与治道》，广西师范大学出版社，2006，第1~19页。
② 重庆市人大常委会备案审查工委课题组：《规范性文件的几个法律问题研究》，网址：https：//www.cqrd.gov.cn/zhiduarticle？id＝389010953646149，2023年2月。

是典型的国家治理中的政治行为，而政府文件承担的功能在于将人民的意志贯彻落实到国家经济社会生活管理的各个方面，因此，理性来看，政府文件功能的核心在于执行人民的意志。当前乡镇中心工作机制的推进主要依赖各级各类政府文件，充分反映出乡村治理中行政化政策工具的运用。

其次，从乡镇中心工作机制的权力结构层面来看，体现上级行政机关对乡镇权力机关的组织吸纳。按照法律规定，乡镇人大作为乡镇人民行使国家权力的机关，对于地方治理具有决策权、监督权和建议权等重要政治权力。然而，在乡镇中心工作机制中，经常出现的情形是上级的行政命令、考核制度、指导文件成为乡镇治理议题的实际来源，乡镇人大的主要权力，即决策权、监督权和建议权被不同程度地弱化。从乡镇治理的权力结构角度来看，乡镇中心工作机制在总体上形成了上级行政机关对于乡镇权力机关的组织吸纳，反映出乡村治理中行政化工具的重要地位。

最后，从乡镇治理的过程来看，乡镇中心工作机制对群众参与重视程度不足。众所周知，现代国家是现代性的集中体现，是现代政治的母体和摇篮，更是现代经济与现代社会的最高代表。只有在现代国家中，个体、阶级、阶层、民族、政党等社会实体才能构建现代关系。现代国家建构的核心环节在于构建现代公共行政，它奉行权力在民原则，围绕民权本位原则建构现代行政制度架构。从治理过程的角度来看，现代化的公共治理过程要体现责任性、代表性与回应性。然而，乡镇中心工作治理议程的设置反映的是上级政府的治理规划意图，乡镇人大的权力虚置则进一步弱化了治理的代表性。同时，上级针对乡镇下发的绩效考核指标体系也存在简约化问题，对乡镇治理的回应性重视程度不足，缺乏可以量化的相关考核指标。因此，乡镇中心工作机制对群众参与的重视程度不足，乡村治理的回应性有待增强。

现代公共行政强调政治主导行政，行政依附于政治。众所周知，公共行政是政治学研究的重要领域之一，处理好行政管理中的政治与行政关系问题是现代公共行政的题中应有之义。当前，从人民立场出发推进新时代乡村治理，就是要把为了人民、依靠人民，促进乡村居民全面发展，作为推进乡村治理现代化的重要动力、依靠力量和发展旨归。政治主导行政，行政过程体现人民主体性的价值导向是现代政治的灵魂。有效消除行政与政治之间的张力，塑造行政归依政治的关系是现代公共行政的基本要素。传统国家因为无法形成行政归依政治的格局，致使行政与政治之间的张力定期爆发，这是传统中国陷入治乱循环历史怪圈的重要原因之一。民主与官僚制之间存在密切的关系，并且这种关系处于行政过程的政治的核心。① 新时代，国家对乡村的运转要更重视行政化工具和群众参与的平衡，推动乡村治理中政治与行政关系的再平衡。

二 重视以政府文件运转乡村

法治是我国治理转型的必然选择和题中应有之义。治理的目标是追求善治。俞可平认为，善治具有良好统治的意思，意指公共利益最大化的社会管理过程。② 治理的价值诉求表现为良法善治，所谓善治就是指基层治理的各个利益相关方都能够从乡村治理中获益，或者说，绝大多数的利益相关方都能够从乡村治理的过程中获益。

善治建立在良法的基础上，良法善治共同构成了现代治理的基本价值内涵。麦迪逊在《联邦党人文集》中阐述了政治的困境："在组织一个人统治人的政府时，最大的困难在于必须首先使政府有权力管理被统治者，然后再使政府管理自身。"③ 换言之，现代治理要求政府同时具备权威性以及自我控制能力，而要实现这两个目标，就要求政府必须践行依法治理的理念，走依法治国的道路。法治政府建设要求国家必须拥有一个比较完备的法律体系，同时这个治理体系能够体现公平公正的原则，能够保证公民的正当权利。此外，更为重要的是法律必须具有权威性，即公共治理必须以法律为有效工具，宪法和法律必须具有正当权威，而不是摆设。善治是一种官民共治

---

① 〔美〕詹姆斯·W. 费斯勒、唐纳德·F. 凯特尔：《行政过程的政治：公共行政学新论》，陈振明等译，中国人民大学出版社，2002，第 3 页。

② 俞可平：《引论：治理与善治》，载俞可平主编《治理与善治》，社会科学文献出版社，2000，引论第 8 页。

③ 〔美〕汉密尔顿等：《联邦党人文集》，程逢如等译，商务印书馆，2022，第 264 页。

的理想化状态。①

在我国，法律的制定主体是全国人民代表大会及其常务委员会。全国人大作为最高国家权力机关，其制定的法律体现的是人民的意志。从政治与行政关系的视角来看，如果我们将政治视为人民意志的表达，而将行政视为人民意志的执行，那么法律体现的是人民的意志，而依法治理或者法治则代表的是民主政治的治理方式。然而，由于历史及现实的原因，我国乡村治理法治化的进程较为迟缓，一个突出的表现便是非常重视文件治理，且相关文件的法律审查较为滞后。从治理的政策工具层面看，文件政治在乡村治理中扮演着元制度的角色，发挥着重要功能。

从乡村治理的文本依据来看，政府文件已经成为乡村治理的重要路径。毋庸赘言，各种类型的"红头文件"已经成为基层治理的重要依据。在众多的政府文件中，有一种文件对于基层治理发挥着至关重要的影响作用，它以规划性的整体视角设定了乡镇一个行政年度内的重要职能：不但规定乡镇一个行政年度内职能履行的范围，甚至还通过设定不同的考核分值权重，规定乡镇一个行政年度内职能履行的重点，即规定哪些治理任务属于乡镇应该重点去做的，通常这些工作都被乡镇视为中心工作。比如，在 L 市辖区的乡镇，这种考核办法往往以"某县科学发展考核办法"的形式出现在乡镇治理的文件文本中。通常这个考核办法设定了一个行政年度内基层治理的各项考核指标，其最突出的功能在于通过赋予不同考核指标不同的分值权重，从而对于基层治理具有重要的引领作用。

基层治理的职能结构由文件制度所决定。政府职能是现代政府理论研究的逻辑起点，职能履行决定政府结构、体制和过程。当前，乡镇政府的职能结构主要由执行性职能、发展性职能、管理与服务性职能、保护性职能和其他职能构成。然而，在乡村治理的实践中，文件对于乡镇政府职能结构具有较强规制作用，突出表现为文件文本中的政府职能强化了发展性、管理性和执行性职能，而弱化了服务性和保护性职能。

---

① 俞可平：《法治与善治》，《西南政法大学学报》2016 年第 1 期。

公共行政的核心价值诉求，也是公共治理合法性的重要来源。法律作为公共意志的载体，要求公共行政必须严格遵循法律文本的相关规定，脱离法治轨道的公共行政一定会走入失去合法性的危险境地。然而，由于政治关系本质上是一种利益关系，因此，无论是国家还是政府等行政行为体，它们在公共行政过程中往往隐藏着对自身利益的追求，"政府利益是客观存在的，各级政府有本级政府的利益，不同部门也有不同部门的利益"①，这就是所谓的行政自利性。当前，基层治理中建立在法律之上的公共性，在很大程度上被建立在文件之上的行政自利性所取代，本质上这也是一种文件吸纳法律的体现。行政的公共性以增进公共福祉为目的，这是公共行政的最高伦理标准，也是乡镇行政的正当性基础。

综合来看，一方面，文件政治具有独特的权威性、灵活性和变通性，文件政治推动国家建设不断前进，同时不断有经过实践检验的文件被上升为国家法律，因此文件政治也促使国家治理的制度化水平不断提升。② 另一方面，由于政治体系的运转多依赖于文件，赋予了"文件政治"极大的权威，实际上，"公共组织与私人之间的最基本的差别在于法治（rule of law），公共组织的存在是为了执行法律"③。在乡村治理中，文件不仅是执行法律的重要手段，也是开展基层治理的政策工具，但基层治理中文件的合法性审查机制滞后的现实问题，也在一定程度上影响乡村治理的实际效能。对于任何一个国家的公共行政而言，凸显法律性因素都意味着公共行政的转型，必须将法律植入公共行政的全过程，推动公共治理的现代转型。

三　乡村运转的制度化水平有待提升

实现从制度到制度化的转变是现代治理转型的关键环节。亨廷顿在分析转型国家出现社会动荡的原因时指出："政治上的首要问题就是政治制度化

---

① 赵树凯：《乡镇治理与政府制度化》，商务印书馆，2010，第289页。
② 施从美：《文件政治与乡村治理》，广东人民出版社，2014，第389页。
③ 〔美〕詹姆斯·W.费斯勒·唐纳德·F.凯特尔：《行政过程的政治：公共行政学新论》，陈振明等译，中国人民大学出版社，2002，第9页。

的发展落后于社会和经济变革。"① 国家治理体系建设的核心是制度建设，国家治理能力建设的核心是提高制度执行力。国家治理体系即国家制度，主要涉及经济、政治、文化、社会、生态文明和党的建设等各领域体制机制、法律法规安排等内容。治理能力和国家能力息息相关，治理能力是指国家实现治理目标的实际能力。

制度化既表示制度实施的效果，也表示制度内化的过程。美国社会学教授 W. 理查德·斯科特在总结他人研究的基础上总结出制度的三大基础性要素，制度包括为社会提供稳定性和意义的规制性、规范性和文化—认知性要素。其中规制性要素强调外在的规制过程，其核心成分包括强制性暴力、奖惩和权宜性策略等；规范性规则代表着说明性、评价性和义务性的维度；文化性要素提供了意义符号，有利于解释含混不清的世界，塑造了思考、情感和行为的模式。② 如果将制度视为一种行为规则、一种社会秩序或者模式，那么效果维度的制度化意味着行为规则或者社会秩序之目标的达成，而过程维度的制度化则意味着行为规则得到内化，或者社会秩序、模式的状态或者特征形成的一系列过程。后者认为制度化表现为一个过程，通过制度与行为体之间的相互建构，制度本身所蕴含的规则、规范、文化等相关因素，成功地内化于行为体的价值观念当中。

迈克尔·曼将国家权力分为专制权力与基础权力，后者是指国家通过其基础结构渗透和协调市民社会活动的权力，尤其是在其统治疆域内执行决定的能力。米格代尔从国家与社会关系角度阐释国家基础权力，认为其包括国家配置资源实现特定目标的能力、管理民众日常行为的能力，以及国家以自身规定的规则取代公民个体和社会组织规定的规则的能力。弗朗西斯·福山则主张国家能力强调的是"国家制定并实施政策和执法的能力，特别是干

---

① 〔美〕塞缪尔·P. 亨廷顿：《变化社会中的政治秩序》，王冠华、刘为等译，上海人民出版社，2008，第 4 页。

② 〔美〕W. 理查德·斯科特：《制度与组织——思想观念与物质利益》（第 3 版），姚伟、王黎芳译，中国人民大学出版社，2011，第 56~65 页。

净的、透明的执法能力"。①

制度化水平有待提升首先是指基层治理中存在制度形式主义问题，即很多制度都停留在口头上，写在文件上，然而并没有落实到行动中。行政生态学的集大成者雷格斯曾经指出，传统国家公共治理的现代转型普遍面临制度的形式主义问题。从社会行动的角度讲，制度化意味着制度行为体将制度内化于心、外化于行，用外在的实践行动将制度承载的规范性价值表现出来，即为制度化。然而，当前基层治理中存在制度"悬置"问题，基层治理中大量制度文本不断地形成并进入各个科室的办公室，然而，其中很多制度文本并没有切实得到执行，损害了政府的公信力。

低制度化治理还指基层治理中的制度异化现象。基层治理中的制度和规则，目的在于通过制度手段实现公共利益最大化的目标，但当前基层治理中制度的执行发生了异化，制度异化直观来看是指制度设计的目标与制度运行的结果发生背离。② 从制度要素的层面看，任何一项制度都由规制性要素和规范性要素构成，前者是指制度外在的规则设计，后者是指制度规则内在的价值诉求。制度异化意味着乡镇治理中出现单纯为执行制度而执行的问题，关注的是制度外在的规则有没有得到执行，而制度真正的价值诉求或者说制度目标却被忽视了，出现了制度设计的目标与运行结果发生背离的问题。

制度化水平有待提升还指涉当前乡村治理中的非制度化参与问题。从基层治理的价值理性层面看，制度化的治理意味着实现基层治理的政治民主化。现代治理要通过制度化的方式扩大民主参与的范围，并通过良好的公共治理实现有效统合，消解乡村社会和国家之间的张力，跳出治乱循环的历史怪圈，这是我国基层治理现代化的重要价值诉求。然而，乡村治理中还存在非制度化参与问题，群体性突发事件说明，群众参与的制度化程度较低，缺少实现民主价值的制度体系。换言之，当前基层治理的制度体系建设，缺少推动群众参与落地的相关制度设计。以 L 市乡镇的考核指标体系为例，L 市

---

① 〔美〕弗朗西斯·福山：《国家建构：21 世纪的国家治理与世界秩序》，黄胜强、许铭原译，中国社会科学出版社，2007，第 7 页。

② 赵树凯：《乡镇治理与政府制度化》，商务印书馆，2010，第 281 页。

各县级政府下发的针对乡镇行政的考核指标体系，普遍缺少关于基层群众民主决策、民主参与、民主监督等层面的规则制度设计。① 考核指标体系是基层治理行动的指挥棒，考核指标指向哪里，基层行政行为就落实到哪里。当前，L市辖区的考核指标体系涉及体现民主价值的考核规则的缺失，直接导致基层治理民主建设的制度化程度偏低。

综上所述，乡镇政权作为国家在乡村社会的权威性代表，其运转要体现国家的治理意图，契合国家治理的基本逻辑。国家对乡村社会的规划性支配构成了运转乡村的现实逻辑。为了完成对乡镇规划性支配的治理任务，乡镇在运转实践中衍生出中心工作机制的路径模式，塑造了乡镇治理特有的治理结构、治理功能和治理路径。

第四节　乡镇规划式治理的理论审视

党的十九大报告指出我国社会主要矛盾已经转化为人民日益增长的美好生活需要和不平衡不充分的发展之间的矛盾。这一重大命题的提出必将对国家治理的现代化进程产生重大而深远的影响。国家治理应该在治理体系和治理能力两个层面对社会主要矛盾的转化做出回应。乡村治理作为国家治理的关键一环，应以新的职能与定位参与到新时代国家治理的进程之中。乡村治理的转型遵循制度路径依赖的逻辑，制度要素之间的对接与互嵌是乡村治理转型的实现路径，这就需要我们审慎地反思乡村运转的机制与模式，以便为新时代乡村治理转型提供理论基础与实现路径。

一　政府职能的治理理论审视

国家治理的中心主题塑造国家与乡村社会的关系。长期以来，中国作为一个后发现代化国家，赶超式发展战略构成了国家建设的重要主题，后者又塑造了特定历史背景下国家与乡村社会的关系。从治理功能的角度来看，乡

---

① T县、L县《科学发展考核指标体系设计》。

镇治理功能具有积极的一面；站在国家自主性的角度看，这种治理方式具有历史合理性。然而，随着国家与乡村社会关系的变迁，国家与乡村社会的关系开始发生重大变化。党的十九大提出了乡村振兴战略，标志着国家与乡村社会的关系进入崭新的历史时期。党的二十大的召开，为乡村振兴和农业高质量发展绘就美好蓝图。站在新的时代坐标中可以看到，运转乡村的现代转型尚存在诸多问题，不能适应乡村治理现代化的要求。

农村税费改革以来，关于乡镇政府机构改革和职能转变的话题引发学界广泛关注。关于机构改革，分歧较多、争议较大，而关于职能转变，学界认识较为一致，就是乡镇政府职能应该实现从管治到服务的转变。可是现实并不能令人满意，对此有学者指出对于财力空壳化的乡镇政府，服务职能面临现实难题。对于以农业收入为主的县和乡镇政府而言，其财政收入的主要部分开始由农业税费变成来自中央及上级政府的转移支付。而农村公用事业的支出责任也在调整和改革中逐渐上移。[1] 这导致乡镇政府提供公共服务的财力不足，乡镇政府职能转变举步维艰。

这种观点有道理，但也应该看到当前乡村运转之功能的转变是乡镇职能转变的重要制约因素。通过前文的分析可以发现，在乡镇中心工作机制中，提供公共产品和公共服务尚不是乡镇政府职能的重点，换言之，相比于服务而言，处于中心工作治理模式中的乡镇，更看重管治职能，所以乡镇在基层治理中不重视扮演公共产品和公共服务提供者的角色。在新时代国家治理的背景下，需要改革的不是中心工作机制本身，而是中心工作机制所体现的运转乡村的价值理念和诉求，乡镇政府职能转变的本质是运转乡村价值诉求的转变。

近代以来现代国家在乡村的建构，存在建立起乡镇政权的现代机构，却没有履行其现代化职能的问题。从乡镇政府职能结构来看，我国《地方政府组织法》以列举法的形式规定了乡镇保护性职能，乡镇职能履行中应该切实保护公民的财产权利、人身权利、民主权利和其他权利。然而，从中心工作机制的角度看，法治政治建设本身不是乡镇的中心工作，间接导致乡镇

---

① 周飞舟：《以利为利：财政关系与地方政府行为》，上海三联书店，2012，第126页。

政府保护性职能履行不到位。从乡镇政府实际运行来看，保护性职能似乎已经成为一种隐形职能，成为一种理所应当做好的工作，而不需要刻意强调，其保护性职能好像已经完美无缺。

事实并非如此，现有研究成果显示，群众对中央政府的信任度高于对地方政府的信任度，对上级政府的信任度高于对下级政府的信任度。① 群众对基层政府的信任度较低，其中一个重要的原因在于，基层政府侵害群众合法权益的行为，降低了基层政府的合法性。通过差序政府信任格局，可以管窥到基层政府行为中的诸多问题，这也对运转乡村之功能转变提出了新的要求。

乡镇政府的保护性职能是维护农村居民权利的关键一环。乡镇政府处于国家与社会的连接点，其职能行使关系国家权力与社会权利的互动状态。现代国家转型的经验告诉我们，"国家希望对社会和经济生活渗透得越多，下层执法机构的领导人就越是无法只充当一个官僚命令链条中的从属部分"。② 乡镇政府职能必须具有突破行政性空间桎梏的自觉性，通过保护性职能的履行，保障农村居民的法律权益，从而整合地方多元化权威，彰显公共行政的政治代表性与回应性，将社会统合进国家范畴，完成现代国家政权在乡村社会建构的历史任务。

还应看到，乡村运转的方式也与现代治理的要求相去甚远。治理理论强调治理方式的法治化、制度化。在现代化的治理中，公共事务的治理者以制度化、法治化的方式，实现对公共事务的治理。从治理格局来看，应该是全方位的网络化的治理格局，构建公共秩序、卫生医疗、教育食品安全、生产安全、公共安全等多领域管理格局。从治理方式来看，现代化的治理应该是一个制度化、理性化的过程。从治理手段来看，现代化的治理应该是以理性化、科学化、民主化的方式进行的。然而，中心工作中的乡村运转是非制度化的，所以乡镇中心工作机制中政府职能距离现代治理的要求还有一定差距。

---

① 李连江：《差序政府信任》，《二十一世纪》2012 年第 3 期。

② 〔美〕彼得·埃文斯、迪特里希·鲁施迈耶、西达·斯考克波：《找回国家》，方力维等译，生活·读书·新知三联书店，2009，第 75 页。

新时代，国家对乡村的运转目的在于通过完善的公共服务。推进对乡村社会的现代整合，需要推动政府职能的现代化转变。

二　组织再造的治理理论审视

中心工作机制对于乡镇政府组织的再造是一把双刃剑。中心工作机制对于乡镇政府组织的再造提高了乡镇政府组织的运行效率，有利于中心工作的顺利推动。由于乡镇政府部门科室的设置遵循"上下对口、左右对齐"的基本原则，部门机构除了要对本级政府负责以外，还要对上级政府的职能部门负责。从组织运行的角度来看，乡镇的部门机构实际上都处于双重领导的原则中，既要接受本级政府的领导，又要接受上级部门的领导。随着部门机构的增多，乡镇政府部门科室之间的利益分化和矛盾摩擦也日益增多，在日常行政中难免出现一些相互推诿、扯皮现象，损害了政府形象，降低了乡镇政府组织效率。而中心工作中成立的任务型组织，由于具有特有的组织原则和权力结构，有利于高效化解乡镇日常行政中的利益分化和运行摩擦，推动中心工作。

基层任务型组织中权力结构的扁平化，通过将常规工作机制中部门负责人设定为普通成员的方式，提高乡村运转的灵活性和适应力，快速有效推动中心工作的完成。等级身份制度对于组织管理而言，有利于实现组织团结、协调组织行动、铸造团队精神，但制度化的身份等级设定同时也会削弱组织的灵活性和适应能力。显然，乡镇政府组织需要同时应对高度确定性的工作以及大量临时性的、不确定性的工作，即乡镇中心工作。对于执行大量临时性的中心工作而言，乡镇常规工作机制中的原有的身份等级制往往不能适应新的要求。这是因为乡镇常规工作机制中的等级制是为了应对常规工作而设立的，高度稳定性是其基本属性，它并不适合应对高度不确定性的中心工作。因此，中心工作的推动，需要乡镇政府组织适时调整组织中的身份等级制度，提高组织的灵活性和适用能力。

中心工作机制通过重构乡镇运行的权力结构，实现权力的重新分配与统一使用，从而最大限度地调动乡镇既有的资源。乡镇通过设立任务型组织的方式，实现了乡镇政府组织权力结构的重塑。任务型组织中权力结构的扁平化，减少了组织管理的层级，同时通过将乡镇原有组织运行中的部门负责人临时性设定为普通组织成员的方式，打破了乡镇政府组织中既有的部门藩篱，实现了对于乡镇资源的重组。美国学者切斯特·巴纳德在《组织与管理》一书就身份制度在正式组织中的功能和问题进行了专门研究，他认为身份制度在组织管理中主要体现为两个层面：一是职能性身份制度，二是等级身份制度。等级身份制度主要由在组织命令链或正式的权力体系中的上下级关系，以及在组织中的权限这两种因素所决定。①

在中心工作机制中，无论是乡镇党委书记还是乡镇长担任基层任务型组织的负责人，其实质都是政治权力结构对于行政权力结构的替代与升级，其权力规则明显要高于常规工作机制中的权力规则。这一做法能够有力克服乡镇原有的部门权力分割与不足，实现权力的重新分配与统一使用。但理性来看，乡镇主要领导往往从某种程度上承担了本该由部门负责人承担的事权和责任，导致部门权力与权威的进一步弱化。②

乡镇政府组织的再造对于基层治理现代化同样具有消极影响。乡镇中心工作机制中的组织原则和权力结构，在很大程度上制约了乡村运转的制度化建设进程。近代以来我国基层治理现代化主要围绕两条主线展开：行政理性化和政治民主化。中心工作中的组织形态削弱了乡镇政府组织的理性化，大量的部门科室人员的阶段性调配，必然影响到常规工作的开展。特别是一些持续时间较长的中心工作，往往使乡镇干部产生分身乏术的感觉，尽管能够在短时间内提高工作效率，但是也使得乡镇干部顾此失彼，增加了与原来工作的摩擦和冲突。③ 另外，"党政机关往往借用某项重要工作领导小组的名义，借调大量的人员充实组织力量，从事某一事件段的工作。"④ 然而阶段

---

① 〔美〕切斯特·巴纳德：《组织与管理》，詹正茂译，机械工业出版社，2016，第169~170页。

② 叶贵仁：《乡镇行政年历：一个解释性框架》，《甘肃行政学院学报》2009年第5期。

③ L市H镇调研访谈记录，2017年6月。

④ 刘宁：《选择性治理：税费改革后的乡镇治理模式——以山东桥镇为例》，华中师范大学博士学位论文，2015，第187页。

性工作完成以后，借调人员往往由于各种原因无法回到原来岗位，暂时性借调变成了长期的占用。一般而言，韦伯意义上的科层制组织内部，组织中的角色往往阐述详尽、相对稳定、权责明确，不仅当事者清楚自己的角色，组织中需要与其交往的其他人也详细了解。所以组织中每个成员和周围其他人构成的环境往往是高度稳定和可预计的，使得组织具有以协调方式应对环境的能力。

综上所述，乡镇常规型组织无法为完成乡镇中心工作提供组织载体和资源支撑，乡镇为了顺利推动中心工作，在韦伯意义上的科层制组织的母体内部，衍生出数量众多的基层任务型组织，由此形成了乡镇政府组织形态的复合型格局。任务型组织重构了乡镇原有科层组织的组织原则和权力结构，目的在于通过改变乡镇既有的权力结构和组织原则为中心工作提供资源支撑与组织载体。大量任务型组织的存在，使得乡镇的组织模式呈现高度复杂化的特征，乡镇特有的组织模式在顺利推动中心工作实施的同时，也给运转乡村的现代转型提出了现实挑战。

三　行政过程的治理理论审视

中心工作机制是乡镇围绕中心工作生成的制度体系和治理过程的总和。中心工作对于乡镇的组织形态和行政过程提出了特殊要求，这对乡镇的常规运行机制是一种挑战。乡镇常规化的运行机制是在韦伯意义上的科层制组织原则的基础上建立起来的，它的组织原则、权力结构以及行政过程，都具有极大的限制性，无论是资源组织能力还是社会动员能力，乡镇常规行政过程都无力承担起中心工作的治理任务。鉴此，乡镇在应对中心工作过程中衍生出特殊的行政过程，它一方面有利于乡镇中心工作治理议题的顺利推动，另一方面也对乡村治理现代化造成了消极影响。

中心工作中的行政过程具有强大的资源吸纳能力，影响到乡村治理现代化的资源基础。毋庸赘言，任何类型的治理都需要充分的资源来提供治理基础，乡村治理现代化更是如此。乡村治理现代化要求乡镇政府为地方提供良好的公共管理和服务，扮演好基层管理者和服务者的角色。而无论是公共管理还是公共服务都需要强大的资源基础作为支撑。从乡镇行政过程的角度看，乡镇将大量的资源用于中心工作。一方面，对于招商引资等工作，乡镇总是派出精兵强将，动用乡镇最宝贵的人力资源进行这方面的工作。^① 另一方面，诸如土地增减挂钩工作、社会维稳以及美丽乡村建设等项目，乡镇又是全员参与并在事实上形成了中心工作的资源吸纳效应。在乡镇治理资源既定的前提下，乡镇将大量资源应用于中心工作上，必然减弱乡镇公共管理和公共服务的资源基础。

中心工作中的行政过程弱化了乡村治理能力。制度和制度执行力是基层治理体系和治理能力的集中体现。基层调研发现，在诸如社会稳定、精准扶贫、土地增减挂钩等中心工作，乡镇为了有效开展工作，采用了大量正式权力的非正式运用策略，这种情况下某些乡镇工作人员基于血缘或者亲缘关系、宗族关系，通过人情、面子、关系等非制度化的运作，从而成为乡镇中心工作中不可或缺的人物，在乡村运转的某些中心工作中发挥着无可替代的作用。

然而，这种正式权力的非正式化运作的治理方式对于基层治理而言是一把"双刃剑"。乡镇同时处于压力型体制和"政治锦标赛"的双重压力下，乡镇通过基于乡土性的非制度化运作，能够及时完成一些中心工作，某些工作人员看似也完成了某种特殊使命。但是，基层调研也发现，这些擅长运用非制度化运作的乡镇工作人员，在其他工作中，诸如低保申请、贫困户申报等类似其他工作中，他们同样存在运用亲情、关系、面子等非制度化手段开展工作的情况。行政理性化是近代以来基层政权建设的一项核心任务，从治理现代化的角度看，中心工作中行政过程的非制度化运作损害了基层政府的形象和公信力，致使农村基层政权的行政理性化的治理目标迟迟无法实现。

中心工作行政过程中大量运用的特殊化政策工具，削弱了乡村治理的回应性，影响乡村治理现代化的推进。乡村治理的回应性是指农村基层政府以政策工具或者公共治理回应社会的意愿或者诉求。治理理论的演进逻辑经历

---

① 基层调研访谈记录，2017 年 6 月。

从新公共管理到新公共服务的发展历程，其理论主张的核心在于治理的民主化，要求公共治理建立在回应性、责任性的基础上。民主化的治理是现代公共治理的核心价值诉求，而实现基层民主建设的路径除了要推动政府职能转变以外，更为重要的则是推动行政过程的转型，通过行政过程的运作实现民主化治理的价值诉求。然而，中心工作机制中的行政运作过程一旦启动，从会议机制的运作到政策工具的选择，整个行政过程无不体现出压力型的模式特征，这消解了乡村治理的回应性空间，也给运转乡村的现代转型提出了现实挑战。

综上所述，理论的基本功能在于解释现实并且预测事物发展趋势。当前，运转乡村过程中出现的诸多问题，启示我们或许韦伯意义上的科层组织的理想类型，已经不能解释乡村运转中出现的种种问题，包括基层政府的职能履行、组织运作和行政过程的方方面面，都已经超出科层组织理想类型曾经具有的解释限度和效度。鉴于此，我们提出规划式治理的概念，用于解释乡镇职能履行中出现的种种问题，并用这一新的概念统合乡镇治理研究领域中已经取得一定共识的概念和研究命题。更重要的是规划式治理的概念，可以为乡村运转的现代转型建构更为坚实的制度要素对接和互嵌的基础，有效推动乡村运转的现代转型。

第六章

运转乡村的现代转型：中心工作机制的优化

中国共产党第十九届中央委员会第四次全体会议通过的决定指出，坚持和完善中国特色社会制度、推进国家治理体系和治理能力现代化的总体目标是到 2035 年，各方面制度更加完善，基本实现国家治理体系和治理能力现代化。[①] 如果说经济体制改革构成了改革开放的战略着眼点，那么深刻把握经济体制改革和政治体制改革的辩证关系，则构成了全面深化改革的战略立足点，其背后体现出的逻辑则是"经济体制改革每前进一步，都深深感到政治体制改革的必要性。不改革政治体制，就不能保障经济体制改革的成果，不能使经济体制改革继续前进"。[②] 只有把握政治体制改革这一关键切入点，才能真正认识全面深化改革总目标的深刻内涵，也才能理解推进乡村治理现代化的现实意义，进而建构新时代运转乡村现代转型的实现路径。

第一节　新时代运转乡村的功能

一　近代以来运转乡村的历史逻辑

公共治理的理论建构与实践形式建立在特定的经济基础之上，后者决定

[①] 《中共中央关于坚持和完善中国特色社会主义制度 推进国家治理体系和治理能力现代化若干重大问题的决定》，人民出版社，2019，第 5 页。

[②] 《邓小平文选（第三卷）》，人民出版社，1993，第 176 页。

公共治理的内在属性，塑造公共治理的外在特征。公共治理是一个历史的概念。因此，公共治理在不同的历史时期，具有不同的实践形式，运转乡村也是如此。本书所指的运转乡村的历史逻辑，是指将乡村治理放在近代以来国家政权建设的历史框架内，阐释运转乡村的体制性因素对乡镇治理产生的诸多影响。运转乡村的历史逻辑主要回答以下的问题，运转乡村的体制性因素为乡镇治理设定了什么样的治理目标，并提供了哪些治理资源。可以说"在不同的历史时期，乡村管理的权力配置与运作有所不同，表现为行政权与自治权此消彼长的非均衡和冲突状态"。① 因此，在很大程度上运转乡村的体制性因素决定着乡镇治理的价值诉求，建构乡村治理的现实路径。运转乡村的历史逻辑是剖析乡村治理现代转型的关键点。

我国自秦汉形成"大一统"起，农业发展始终都被视为治国安邦的头等大事。在中国漫长的王权专制时期，"重农抑商"政策一直被历代统治者奉为圭臬，延续两千余年而不断。然而，晚清之际，随着西方列强的不断侵略，以中国为中心的东亚封贡体系逐步走向解体，中国以国际体系中"后来者"的身份，开始融入由西方国家主导的全球化进程。1903年，清廷一改"重农抑商"传统，发布上谕："通商惠工，为古今经过之要政。自积习相沿，视工商为末务，国计民生日益贫弱，未始不因乎此，亟应变通尽利加意讲求。"② 由此，"近代之商的发展终于达到了国家政制改革的地步，使传统的封建国家政务格局发生了重大变动"。③ 清末新政以来，治国理政方略的更化意味着商业在国家治理中具有越来越重要的地位，这不但改变了国家机构设置的总体格局，而且从根本上改变了国家与乡村社会互动的逻辑与进路，乡村社会日益失去了农业文明时代在国家治理中所具有基础性战略地位，国家与乡村社会关系的调整自此进入了一个新的历史时期。

---

① 程同顺、赵银红：《乡村管理模式的回顾与前瞻》，《上海社会科学院学术季刊》2000年第1期。

② 〔清〕朱寿朋编纂、张静庐等校点《光绪朝东华录》第五册，中华书局，1958，第5013页。

③ 王先明：《走近乡村——20世纪以来中国乡村发展论争的历史追索》，山西人民出版社，2012，第10页。

　　通过建立基层政权的方式，获取财政资源是清末新政时期基层政权设立的重要动因。清末新政时期，国家权力企图通过新式制度网络的建构，即建立基层政权的方式实现对乡村社会的渗透与再造。美国学者麦金农认为，清末新政的动力主要有两个：其一是西方列强希望在义和团起义后，中国能够有一个相对强大的国家政权；其二则是清政府在向西方列强支付巨额赔款后，在国库空虚的情况下不得不通过建立基层政权的方式榨取钱财。[①] 历史地来看，1912 年民国政府颁布《乡镇自治法》之后，区的权力一度为乡制所削弱，但乡制并未推广，"实际上，榨取财税一直是区政权的中心任务"。[②] 由此可见，清末新政建立基层政权的目的，在于获取财政资源以服务现实需要，这构成了当时基层政权职能履行的主要方面。

　　1949 年中华人民共和国成立后，作为一个落后的农业国家，严峻的国际环境迫使中国必须实行优先发展重工业的策略。在落后的农业国实现优先发展重工业的策略，构成了运转乡村的结构性困境，同时也决定着运转乡村的现实路径。为了推行以重工业优先发展为导向的经济发展战略，需要建立与该战略相匹配的农村经济体制。[③] 鉴此，在国家主导下，土地革命、合作化、集体化的人民公社等正式制度建构，形成了国家政权对乡村治理结构的重构。其中，人民公社实现了"三级所有，队为基础"的土地集体所有，村社组织的行政化得以加强，"政社合一"的人民公社组织不仅控制着乡村生产、经营、居住乃至迁徙活动，而且掌握着主要的农业资源及其分配权。[④] 诚如温铁军先生所指出，"中国的国家工业化积累除了让农村和农民

---

①　〔美〕斯蒂芬·R. 麦金农：《中华帝国晚期的权力与政治：袁世凯在北京与天津 1901—1908》，牛秋实、于英红译，天津人民出版社，2013。

②　〔美〕杜赞奇：《文化、权力与国家：1900—1942 年的华北农村》，王福明译，江苏人民出版社，2010，第 42 页。

③　林毅夫、蔡昉、李周：《中国的奇迹：发展战略与经济改革》，上海三联书店、上海人民出版社，1999，第 52 页。

④　刘守英、熊雪锋：《中国乡村治理的制度与秩序演变——一个国家治理视角的回顾与评论》，《农业经济问题》2018 年第 9 期。

做出牺牲没有其他选择"。① 人民公社的治理体制或者说农业"合作化"解决的是政府与农民的交易成本问题，保证国家通过统购统销政策以较低的成本从乡村社会获取资源，并以"剪刀差"的方式从农业提出经济剩余，为工业化的迅速发展奠定基础。

20 世纪 90 年代乡村运转的性质发生了新的变化。人民公社的治理体制，治理的主要功能在于为国家的城市化、工业化和现代化获取财税资源。20 世纪 90 年代以来，我国乡村治理体制的性质发生了变化，李昌平将这种变化描述为由获取型体制向官本位体制的变化。官本位体制是指乡镇从农民那里收缴上来的税费资源，主要用于满足乡镇官员的福利、工资、吃饭等需要的一种治理模式。自 20 世纪 90 年代起，国家加大了立法力度，国家权力迅速渗透乡村每个角落，"90 年代，农民的粮食价格上涨不到 3 倍，而农民负担的税费总额上涨 15 倍以上，学费、医药费价格上涨数百倍，干部的工资、福利上涨了十多倍"。② 整体来看，这一历史时期，运转乡村的主要任务仍然是税费收缴，而后者甚至已经成为影响社会和谐稳定的重要矛盾，这构成了农村税费改革的历史背景。

税费改革以来，乡镇财政仍然困难重重，县乡关系没有理顺，乡镇政府职能转变尚不到位。农村税费改革是在中央、省等高层政府的强力推动下的德政之举，应该说获得了社会舆论和民众的普遍支持。然而，仍然存在乡镇消极对待改革的问题，乡镇仍然扮演着财税资源获取者与经济发展主导者的角色，乡镇提供的公共产品不足、公共服务滞后。③ 乡镇政府职能履行陷入职能锁定的泥潭，不能适应新农村建设的需要。

乡镇处于国家与乡村社会的交会点，其运行机制必然受到国家与社会关

---

① 温铁军：《中国农村基本经济制度研究："三农"问题的世纪反思》，中国经济出版社，2000，第 145 页。

② 李昌平：《乡镇体制改革：官本位体制向民本位体制转变》，载李昌平、董磊明主编《税费改革背景下的乡镇体制研究》，湖北人民出版社，2004，第 25 页。

③ 〔澳〕格雷姆·史密斯：《乡镇政府"空壳化"问题研究》，苏丽文、展枫译，载〔德〕托马斯·海贝勒等主编《"主动的"地方政治：作为战略群体的县乡干部》，中央编译出版社，2013，第 248~269 页。

系的制约，后者构成了运转乡村的内生逻辑。20 世纪 90 年代以来，衍生于西方政治社会学母体的"国家与社会"理论分析框架，逐步成为中国社会学、法学、政治学等学科的主流分析范式。美国学者米格代尔（Joel S. Migdal）以国家与社会互动中的权力为分析范畴，构筑起"强社会、弱国家"模式的国家与社会分析框架。① 美国学者诺德林格在国家与社会关系分析框架的基础上，展开了国家与社会自主性关系的类型化研究，并提出国家自主性和社会自主性关系的三种不同类型。②

从整体上看，自清末新政以来直至税费改革以前，对乡村的运转大致呈现社会建设滞后的现实格局。国家与乡村社会之间的特殊关系，导致基层政权与乡村社会利益的连接关系弱化，基层政权无法承担起整合社会的角色。③ 党的十九大提出了乡村振兴战略，从城乡关系的角度看，这标志着挖农补工的时代已经过去，真正开启了工业反哺农业、城市反哺农村的新时代。乡村振兴的本质是乡村社会主体性地位的逐步归位，标志着国家自主性与社会自主性的关系进入一个再平衡时期，而这正是新时代乡村运转所面临的历史任务。在这个意义上来讲，现代国家政权在乡村社会的建设，创立公民权的平等配置机制，并建构其实现路径，是我国乡村治理现代化面临的核心任务。

二　新时代运转乡村的目标定位

党的十九大报告指出，农业、农村、农民（三农）问题是关系国计民生的根本性问题，是党的工作的重中之重。这表明在新时代，党中央对于三农问题有了新的认识、新的判断和新的主张，应该说新时代党中央将三农问题提到了一个新的历史高度。正是由于三农问题关乎国家的长治久安，关乎

---

① 〔美〕乔尔·S. 米格代尔：《强社会与弱国家：第三世界的国家社会关系及国家能力》，张长东等译，江苏人民出版社，2012；《社会中的国家》，李杨、郭一聪译，江苏人民出版社，2013。
② 〔美〕埃里克·A. 诺德林格：《民主国家的自主性》，孙荣飞等译，凤凰出版传媒集团、江苏人民出版社，2010。
③ 张静：《基层政权：乡镇制度诸问题》，上海人民出版社，2007，第 37 页。

人民的生活幸福，所以党的十九大提出实施乡村振兴战略，并提出了乡村振兴战略的总要求，即产业兴旺、生态宜居、乡风文明、治理有效、生活富裕。乡村振兴战略是在新农村建设的历史任务基础上升级而来的，党的十六届五中全会提出了新农村建设的重大历史任务，并且提出要按照"生产发展、生活富裕、乡风文明、村容整洁、管理民主"的要求推进新农村建设。通过对乡村振兴战略总要求和新农村建设要求的比较，可以发现乡村振兴战略是新农村建设的升级版，勾勒了新时代运转乡村的宏伟蓝图。

新时代，在运转乡村方面有四个方面的重要变化不可忽视。一是农业生产层面从生产发展升级为产业兴旺。这点可以认为是乡村振兴战略较新农村建设最重要的变化之一，这是因为产业具有较强的市场导向，如果我们将农业视为一项有希望、有奔头的产业，实际上我们强调的是农业也是社会主义市场经济不可或缺的一个环节这样一种理念，而生产环节则仅仅是市场交易的前置环节，所以产业兴旺更多强调农业的市场化发展，意在从完善社会主义市场经济体系的角度，激发农业潜在的市场活力。此外，从主体层面来看，生产发展的主体顾名思义是指农民，而作为产业的农业，其参与主体则不限于农民。换言之，作为产业的农业具有可选择性。二是新时代乡村振兴战略更加注重农村地区的生态环境保护，乡村振兴战略强调绿色发展，在高质量发展的引领下，践行绿水青山就是金山银山的理念，加强农村生态环境保护和治理，生态更加和谐。三是注重发挥农业的多种功能，提升乡村多元价值。乡村振兴通过发展垂直农业、康养农业等现代农业模式，不仅能发挥乡村的生产加工功能，更能提升乡村的休闲体验功能、文化传承功能和社会保障功能。四是更注重乡村治理能力提升。乡村振兴战略加强了乡村治理体系建设，完善了乡村社会建设格局，提高了乡村治理水平，为农村社会稳定与和谐发展提供了保障。

乡村振兴战略的本质是要实现农民从身份到职业的转型。人是社会关系的主体，归根结底乡村振兴战略关注的是生活在乡村社会中的人。因此，必须从农民的角度对比乡村振兴战略的内容。从主体的角度来看，乡村振兴战略的本质是要实现农民从身份到职业的转型。英国法律史学家梅因认为

"所有进步社会的运动，到此处为止，是一个从身份到契约的运动"。[①] 在梅因的研究中"身份"是逻辑起点，也可以把它当作梅因发现的历史事实。一方面，身份是与生俱来的并且呈现一种固定的状态，个人在这种状态中的位置并非出于他的本意，而且他也不能通过自己的努力来否弃这种状态。另一方面，身份还是一种社会秩序的象征，在这种社会秩序中，群体是社会生活的基本的单位，每个人都受家庭网络和群体关系的束缚。毫无疑问，在梅因的语境中，社会阶层流动几乎是固化的，社会结构因此缺少升级和活力。

新时代乡村振兴战略目标是要实现农村由身份到职业的转变。身份与职业最大的区别在于，能够做到机会均等和资源均衡。机会均等是建构社会主义市场经济的重要前提，也是推进公共服务均等化的重要基础，是实现社会阶层流动的战略基础，也是实现国家长治久安的重要保障。简而言之，机会均等是保证社会公平正义的核心基石。罗尔斯在《正义论》中指出，"所有的社会价值——自由与机会、收入与财富以及自尊的基础都应平等地分配，除非任何价值的不平等分配对每一个人都是有利的"。[②] 机会均等正是实现这一目的的重要途径。在罗尔斯的语境中，机会均等原则主要适用于不同社会地位的安排与设计，职位或者公职应该在机会平等条件下对所有人开放是其核心诉求。站在乡村治理的角度看，机会均等意味着农村居民享有和城市居民同样的改变自身社会阶层的机会，其核心是不同社会阶层的人群可以通过后天的努力实现社会阶层的流动，从而为实现社会的公平正义建构良好的社会结构基础。

资源均衡或者说基本公共服务均等化，是指政府为社会成员提供大致均等的基本公共产品和服务。支撑它的观念基础是机会均等，即社会成员应享有均等的生存和发展机会。当前，由于生产力发展水平等客观因素的存在，公共资源或者说公共物品与公共服务的提供存在城乡差异，乡村居民很难享受到与城市居民同样的公共物品和公共服务，城乡之间在公共资源分配方面

①　〔英〕梅因：《古代法》，沈景一译，商务印书馆，1983，第112页。
②　〔美〕约翰·罗尔斯：《正义论》，何怀宏等译，中国社会科学出版社，2009，第84页。

仍然存在不平衡，在教育、就业、医疗和社会保障等诸多方面，都存在一定差异。统筹城乡发展、消除城乡差异，逐步实现城乡基本公共服务均等化，推进农民由身份向职业的转型是新时代乡村治理的重要任务。

综上所述，从乡村社会居民主体的层面来看，新时代运转乡村的目标可以体现为农民由身份到职业的转型。新时代乡村振兴战略的提出，尤其是实现农民从身份到职业转变的目标的提出，也意味着我们需要建构新型的城乡关系。从城乡关系的视角看，新时代乡村振兴战略体现统筹城乡发展的基本理念，意味着"挖农补工、挖城补乡"时代全面进入工业反哺农业、城市反哺农村的时代。当然，这是一个较为漫长的历史时期，从国家与乡村社会的关系来看，体现的是站在乡村社会看国家的基本理念，而不是以往站在国家看乡村社会的思维。

第二节 中心工作机制功能的优化

从历史上讲，乡镇中心工作机制作为运转乡村的现实路径，是践行"赶超式"发展战略的产物，也是特定历史时期政府治理体制的产物。运转乡村的路径选择是乡镇治理任务和治理体制这两种因素综合作用的结果。所以，当前，运转乡村的任务较之"赶超式"发展初期而言发生了根本性的变化。党的十九大提出我国社会主要矛盾已经转化为人民日益增长的美好生活需要和不平衡不充分的发展之间的矛盾。我国社会主要矛盾的转化给运转乡村带来新的课题。进入新时代，随着我国社会主要矛盾变化，运转乡村任务也发生重大变化。

一 调节乡镇行政与政治的关系

行政与政治的关系问题是现代公共行政的核心议题。国家建构的核心环节在于构建现代公共行政，它是围绕主权在民原则建构起来的一套制度架构。主权在民的理想形态是全体公民集体自主地履行管理国家与社会的权力。然而，现代社会一定是功能分化、职业分殊的社会，民众只能委托代理人管理国家和社会事务。人民将权力委托给代理人的事实，形成了治理中的"委托—代理"关系；折射到公共行政过程中，就形成了公共管理过程的政治与行政的关系问题。简单而言，体现人民主体性的事实、关系和行为构成公共行政中的政治性因素，而体现受托人主体性的事实、关系和行为构成公共行政中的行政性因素。

新时代的乡村运转要能够实现乡村治理中政治与行政的有效平衡，推动现代国家在乡村社会的建构。现代公共行政的中心议题是政治与行政的关系问题，现代公共行政要体现公共性，它一定是政治民主化基础上的公共行政。传统治理体系与现代治理体系的根本区别在于，前者有治道无政道，政治与行政的分离是古代中国基层治理的传统弊病。牟宗三先生认为，中国古代政治发展只有治道，而无政道，即"中国在以前于治道，已进至最高的自觉境界，而政道则始终无进展"。① 政道即是关于政权的道理，其核心是实现民主政治，其目的是保证乡镇行政的公共性，而公共性则具体体现为通过公共行政实现公共利益的最大化。乡村治理的公共性集中体现在践行"以人民为中心"的发展理念层面，要求以民主和民生为价值导向，实现乡村运转从以行政效率为中心向以公众利益为中心的转变。新时代的运转乡村要能够实现乡镇治理中政治与行政的有效平衡，强化乡村治理的公共性，跳出历史周期律，实现国家的长治久安。

国家的一切权力属于人民，这是民权时代的政治宣言。现代公共行政强调政治主导行政，行政依附于政治。政治主导行政，行政过程体现人民主体性的价值导向是现代政治的灵魂。有效消除行政与政治之间的张力，塑造行政归依政治的关系是现代公共行政的基本要素。传统国家因为无法形成行政归依政治的格局，致使行政与政治之间的张力会定期爆发，这是传统中国陷入"治乱循环"的历史周期律的根本原因。当前，在新时代的乡村治理中，调节行政与政治的关系，需要做好以下几个方面的工作。

首先，完善乡镇绩效考评机制，适时推动将基层民主建设列入乡镇中心

---

① 牟宗三：《政道与治道》，广西师范大学出版社，2006，第 1 页。

工作，实现乡镇行政与政治关系的平衡。众所周知，绩效考评机制是无形的"指挥棒"，能够引领乡镇政府行为。当前，乡镇中心工作机制的设置，形成了强行政化的现实格局，致使乡镇公共治理中行政与政治关系失衡，偏离了现代公共行政之中政治主导行政的基本理念，致使基层治理的现代转型迟滞。必须完善绩效考评机制，将基层民主建设的相关考核指标纳入乡镇考核指标体系之中，这是调节乡镇行政与政治的关键一环。要想切实推动乡镇行政与政治关系的转变，就必须在绩效考评机制中，增加体现公共行政的政治责任性以及回应性的系列指标，提高民主政治在考核中的权重，以此平衡运转乡村中政治与行政的关系，应该加大群众满意度在考核评价中的权重，并依法将乡镇政府实绩考评结果向社会公开、公示，接受社会监督。此外，还要坚持把基层民主建设工作的相关考评结果作为乡镇领导班子建设和干部选拔任用的重要参考，调节乡镇治理中行政与政治的关系，不断优化中心工作机制的治理路径。

其次，不断提升乡镇人大在乡镇权力结构中的基础性地位，切实发挥乡镇人大在人事任免、民主决策和民主监督中的作用。众所周知，乡镇中心工作机制的治理路径，主要彰显的是上级的治理偏好和兴趣，在压力型体制和"政治锦标赛"的双重压力下，乡镇治理的自主性弱化而自利性增强。与此同时，乡镇人大在乡镇权力结构中被边缘化，乡镇人大的人事权、决策权和监督权相对薄弱，削弱了乡镇治理的民主机制。为此，一是适时考虑建立乡镇人大的日常办事机构或常设机构，夯实当前乡镇人大在乡镇权力结构中的地位；二是考虑乡镇人大代表实行专任制，逐步提高代表性，更重要的是完善人大代表的议事协调机制，确保人大代表经常性地开展活动，强化乡镇人大代表的作用；三是逐步实行乡镇人大运行的开放制度，不断通过民众的广泛参与推动公共事务的优化机制，以此改变乡镇治理中民主机制不足的局面，调节乡镇治理中行政与政治的关系。

最后，通过制度设计增强乡镇自治能力是推进乡镇治理民主化进程的必然选择。长远来看，应该在确保乡镇作为国家政权组织的基本前提下，通过逐步提升乡村社会的自治能力，不断增强乡镇治理的自主性，改变乡镇对于县级政权的依附地位。随着乡镇治理自主性的增强，乡镇治理的自治性也在增强。为了实现这个目标，要解构现有县乡关系；在治理方式层面，根据治理目标的不同区分不同的治理主体，对于财政、工商、税务、公安、司法、土地等范畴内的国家目标，要依靠法治手段，强化这些部门的行政控制，实现国家对于乡村社会的有效统合，确保将乡村社会纳入国家发展的轨道。此外，对于涉及乡村社区的相关事务，尤其是事关群众重大利益的社区事务，要区分好国家行政的界限，凡属于社会界限以内的事项，能够通过乡村社会居民自治的方式解决的，尽量通过地方自治的渠道解决，而对于那些既属于国家行政界限内的事项，也属于乡村社会界限内的事项，则尽量通过民主协商的方式沟通和解决，以此推动乡村社会公共利益的最大化，实现乡镇治理中行政与政治关系的正常化，以此来优化运转乡村的路径。

二　推进乡村治理现代化

推进运转乡村的现代转型，要求乡镇治理能够推进国家与乡村社会的良性互动，推动现代国家在乡村社会的建构。一切政治都是地方政治。现代国家一定要通过国家力量把乡村统合进国家发展进程中，乡村不能成为国家范畴之外的孤岛，更不能演变成国家的反对性力量。国家对乡村社会的整合，体现为国家既有能力获取资源，也有能力为乡村社会提供稳定与秩序，既保证国家的权威，又保证社会的繁荣。国家的权威与乡村社会的繁荣，二者相互促进而非相互倾轧。传统国家在整合社会层面基本失败，重要原因在于国家对于乡村社会资源的获取，建立在不可持续的基础之上，"旧的社会控制可能是贬低人格、剥削性的、弱化人的能力的"。[①] 这种不可持续性的根源在于国家与乡村社会之间缺少良性互动机制。

乡村治理现代化在国家治理现代化建设中发挥着重要作用。乡村治理决定着社会的繁荣与活力，更决定着国家的权威与秩序。农村基层政权作为联

---

① 〔美〕乔尔·S. 米格代尔：《强社会与弱国家：第三世界的国家社会关系及国家能力》，张长东等译，江苏人民出版社，2009，第99页。

系国家与乡村社会的纽带，在事实上决定着国家权力与社会权利的互动状态。乡村治理要体现公共利益的价值诉求，如果没有良好的基层治理体系作为支撑，国家与社会之间的互动往往会失调，受到损害的不仅仅是乡村社会的繁荣与活力，更在根本上影响到国家的永续发展。由此可见，深刻把握新时代乡村治理的价值内涵，推进运转乡村路径的现代转型是推进乡村治理现代化的关键之举。

推进乡村治理现代化，要求乡村的运转能够具有较强的回应性，体现乡村治理的公共性与责任性。执政的责任性及回应性是国家治理能力的重要衡量指标，也是确保社会利益的重要保障。威廉·伊斯特利在其著作《在增长的迷雾中求索》中认为，一个对未来不负责任的政府会制造一种调整的假象，但实际上真正的调整并没有发生。[①] 现代政治观念认为，国家的一切权力来自人民，政府作为国家的权威性代表，其权威最终源自人民的授予。因此，增强公共治理的责任性与回应性是民主化治理的必然要求。如果一个政府缺少公共治理的责任性及回应性，那么这个政府的治理就可能面临行政吸纳政治的现实问题，运转乡村亦是如此。这就需要做好以下两个方面的工作。

一方面，深化对于权利政治的认识，将权利保障列入乡镇政府公共行政的价值范畴。公共行政的价值即精神，"公共行政的精神意味着对于公共服务的召唤以及有效管理公共组织的一种深厚、持久的承诺"。[②] 相对于传统行政理念，现代公共行政将保护基于法律契约之上的公民权利视为基本价值诉求。唯有如此，国家政权的现代转型才能顺利推进，才能获得统合社会的力量。然而，长期以来，重视发展始终是乡村治理的中心工作，致使基层政府公共行政中的政治代表性、责任性与回应性不足，基层政府的公信力下降，合法性受损，干群关系矛盾突出。因此，应该适时将权利保障工作列入

---

① 〔美〕威廉·伊斯特利：《在增长的迷雾中求索》，姜世明译，中信出版社，2005，第95~105页。

② 〔美〕乔治·弗雷德里克森：《公共行政的精神》，张成福、刘霞等译，中国人民大学出版社，2003，第2页。

乡镇政府的中心工作，完善乡镇政府的保护性职能，优化乡镇治理的路径。

依法保障公民个人权利，并以此培育市场化机制，对于推动现代国家在乡村社会的建构意义重大。现代国家通过发达的组织网络，直接与公民个人进行对接，建立起国家—个人的互动关系，国家直接对公民个人获取资源，并依法保障个人权益，构成了现代国家的理性基础。因此，保障个人权利对于现代国家建构而言意义重大，现代国家政权建设"实际上创造了一种新的社会身份—公民，并赋予其正当的、受到保护的新权利"。[①] 只有切实保障个人权利的正当性，才能培育良好的市场机制和公民社会，现代国家的结构也才能在乡村社会逐步生成。

另一方面，切实推进乡镇政府职能转变也是推进乡村治理现代化的重要一环。历史来看，长期奉行"赶超式"发展战略，是塑造我国城乡二元格局的重要动因。公共资源或者说公共物品与公共服务的提供存在城乡差异，乡村居民很难享受到与城市居民同样的公共物品和公共服务，城乡之间在公共资源分配方面仍然存在鸿沟，在教育、就业、医疗和社会保障等诸多方面都存在差异。可以说统筹城乡发展、消除城乡差异，逐步实现城乡基本公共服务均等化，推进农民由身份向职业的转型是新时代乡镇治理的重要任务。而要完成这个历史性的任务，乡镇政府的职能就必须发生历史性的转变，从注重管理轻视服务向管理与服务并重的方向调整。

乡镇政府职能调整的关键是做好以下几个方面的工作。首先，乡镇政府要多措并举增强提供公共服务的能力，除了大力发展乡镇社区经济、培植乡镇财源以外，更主要的还在于改革现有政府间不合理的财政体制，建构起财权与事权相匹配的财政体制，并加大上级对乡镇政府的财政支付力度，为推动城乡公共服务均等化奠定坚实基础。其次，在现有治理路径的基础上，逐步试行将公共物品和公共服务提供的相关工作，列为乡镇的中心工作，以此建立与服务型政府建设相适应的绩效评估机制。绩效考核的重点应该多元化，既要注重经济发展，也要注重公共物品和公共服务的提供，既要重视公

[①]　张静：《基层政权：乡村制度诸问题》，上海人民出版社，2007，第303页。

共资源的获取，也要重视公共服务的提供，从而实现国家对乡村社会的有效统合。同时，适时推进关于公共服务提供方面的行政问责制度建设，将当前单向对上的行政问责制改变为既对上又对下的双向问责制，切实推动乡镇政府职能转变。最后，改变公共服务提供的方式，改变由政府部门直接提供的方式，适时推行以钱养事的公共服务提供方式，通过这种方式变政府直接提供为政府购买、市场化运作，从而建立起政府、市场和社会多元供给的公共服务模式，有效实现管理与服务的有机结合，推动乡镇政府职能转变，推进乡村治理现代化。

综上所述，由于运转乡村的效能不理想，乡村社会建设滞后，乡村治理公共产品和公共服务提供不足，致使农村基层政府的政治信任度降低。新时代乡村治理的路径应该实现优化，调整乡镇治理中行政与政治的关系，推进乡村治理现代化，建构可持续的国家与乡村社会的关系模式。

第三节　中心工作机制结构的优化

政治科学领域内"结构"一词与行为主义政治学密不可分。行为主义政治学以个体行为和心理、政治系统或政治体系为研究对象，研究方法以科学与量化为导向，重视数理统计与分析，强调价值中立。行为主义政治学流派众多，其中结构功能主义是重要代表。该流派认为政治系统由结构组成，而结构则由政治体系内部不同的角色及其互动机制构成。结构不仅包括角色，还涉及角色之间规则性的活动。简而言之，角色及其角色之间的互动构成了政治系统结构的主要方面，中心工作机制结构的优化主要应该着眼于角色及其互动机制的调整。

一　理顺县乡关系

现实来看，运转乡村面临的根本问题在于如何建构稳定繁荣的基层生活共同体。对于乡镇政府而言，不仅需要维持乡村社会的公共秩序，还需要扮演好乡村社会管理者和服务者的角色，为农村提供相关公共产品和公共服务，并培育乡村社会良好的公共精神。在这个意义上，乡村社会繁荣稳定的基层生活共同体的建构，仅仅依靠乡镇政府难以完成。目前，乡镇中心工作机制的治理路径中，县乡之间是一种科层制下的上下级关系，一方面县级政府的治理偏好塑造乡镇治理的偏好与兴趣；另一方面县乡之间的行政化运作，弱化甚至消弭了国家行政事务与乡村社区事务之间的界限，弱化了乡村治理的自主性，所以必须通过调整县乡关系，优化乡镇中心工作机制的治理结构，推进乡镇治理现代化。

党的十七大以来，建设服务型政府成为各级政府的战略任务。众所周知，县域治理已经成为国家治理体系中的重要一环。税费改革以后，县级政府的职能转变虽然在稳步推进，但距离服务型政府的要求尚有一定差距。周庆智认为，"县级政权组织大规模地介入经营性与竞争性领域，不断积累财富和扩大权力的过程，依靠加强税收征集能力和各种垄断市场的'公共条件'，不断强化垄断利益，已经发展到可以形成自身政策偏好的地步。"[1] 乡村振兴战略提出以后，县乡关系调整进入了一个新的时期，城乡融合成为乡村振兴导向下县域治理的重要方向，但既有研究也发现无论是在农村发展规划还是在公共服务供给方面，农村在整体上处于失位状态，县乡关系还需要进一步理顺。[2] 县级政府职能履行的现实局面，塑造乡村运转的基本逻辑。实际上，乡镇大量的中心工作正是源于县级政府下发的政府文件，要想改变乡镇政府的治理逻辑，必须改变县级政府的治理逻辑并进一步理顺县乡关系。

完善中心工作机制的结构，应该加快县级政府职能转变，加快构建服务型政府的步伐。现代化的公共治理其核心意涵便是体现治理的公共性，为了体现政权的公共性，县级政府的基本职能便是建构公共财政体系，并积极为社会提供公共产品和服务。公共财政的构建是政府公共性建设的关键一环，

---

[1] 周庆智：《论县级政府职能及其转变条件——"国家政权建设"分析视角》，《华中师范大学学报》（人文社会科学版）2013 年第 5 期。

[2] 范和生、郭阳：《县域治理的关键议题及善治路径——基于安徽五县的实证研究》，《福建论坛》2021 年第 12 期。

这就要求县级政府秉持遵从公意的原则收取、管理公共财产，保证其用于公共目的、实行公共治理，切实提升政府公共服务的能力。从当前县乡关系的现实来看，乡镇中心工作机制优化的根源并不在乡镇本身，而在于县级政府治理理念和治理方式的转型与更化。县级政府职能转变的深度以及力度，将是决定乡村运转路径变迁的核心变量。

乡镇中心工作机制的优化，应该改变县乡之间完全行政化的关系模式，逐步在国家行政权力与乡村社区事务之间建构起清晰的边界，推动新时代乡村治理的现代转型。毋庸赘言，当前中心工作机制的治理路径，导致县乡之间完全是一种行政化的上下级关系，由于这种治理路径拥有强大的行政力量作为后盾，这模糊甚至消弭了国家行政与市民社会之间的边界，弱化了乡村运转的回应性。因此，应该打破当前县乡之间完全行政化的关系模式，根据不同的事务类型，建构起县乡之间多元化的关系模式。对于那些属于国家行政权力界限内的相关事务，县级政府应该强化对于乡镇的行政控制，而对于那些属于乡村社区内部的相关事务，则不应该通过行政化的方式加以干预与调节，而应该通过协商的方式，本着最大化增进社区公共利益的原则加以解决，以此推动乡镇中心工作机制的优化。

除了做好以上各项工作，县级政府还应该改变行政逻辑，与乡镇政府构建合作型治理机制，提升乡镇治理能力，优化运转乡村的路径。当前，县乡关系是典型的行政化科层关系，基层调研显示县级政府的考核往往是乡镇治理的压力之源，县乡之间属于典型的压力型而非合作型关系，这不但分散了乡镇本来就十分有限的治理资源，更加剧了乡镇治理的非制度化问题。因此，可以考虑尝试推动县级治理资源下沉，构建县乡合作型治理机制，这样不但可以减少乡镇来自上级的压力，更可以为基层公共服务提供工作的资源，缓解乡镇治理资源不足的困境，为运转乡村路径的优化建构坚实基础。

实践来看，县乡之间行政化的单一线性关系是塑造乡镇治理路径的重要动因，上下级地方政府之间的行政化关系本来无可厚非，这是确保行政机关高效协调运作的基本前提。然而，由于乡镇处于国家与乡村社会的连接点，其行为逻辑既要体现国家的立场，也要彰显社会的逻辑，所以，以单纯的行政化逻辑处理县乡关系便会导致国家权力对社会场域的强制性侵入，这是当前运转乡村问题的根源。正因如此，必须考虑重构县乡关系，优化乡镇中心工作机制的治理路径。

二　实现多元参与

党的十九大报告指出，保证人民当家作主落实到国家政治生活和社会生活之中，巩固基层政权，完善基层民主制度，保障人民知情权、参与权、表达权和监督权。总体来讲，党的十九大报告对于新时代乡村治理的主体，即在新时代乡村治理由谁治理这个问题上，指向非常明确，那就是要形成党委领导之下政府、市场、社会、公民个人多元参与的格局。从治理结构层面而言，新时代的乡村运转要形成党委领导、多元参与的治理结构。

新时代乡村运转要坚持中国共产党总揽全局、协调各方的领导核心的原则，构建政府主导、各方参与的治理结构。由于我国运转乡村面临现代化与后现代化叠加的治理任务，所以乡镇治理体系的设计与建构，一方面要保证基层党委、政府在乡镇治理中的主导地位，发挥党对治理结构的统御作用。政府治理在我国治理格局中等同于"党政关系"中的"政"的层面，包括政府、政协、行政、政法等组织机构对我国政治、经济、文化、社会、生态文明的治理。

另一方面，后现代化的治理任务又要求乡镇的运转要积极吸纳社会组织、公民个人等积极参与，构建政府主导、多方参与的治理格局。"服务型政府以提供公共物品和公共服务为主要职责，充分和高效地提供偏好差异明显而又为公众需要的公共服务是服务型政府建设的题中应有之义。"[1] 乡镇政府受制于资源、专业性等限制，无法为乡村社会提供差异化的公共服务，这就需要建构社会多方参与的治理结构。各类非政府组织具有自发性、专业性等特征，同时还具有非营利性特征，在乡镇治理结构中发挥着重要作用。

---

[1]　程同顺、邢西敬：《关于治理的政治学分析》，《新疆师范大学学报》（哲学社会科学版）2017 年第 4 期。

同时，乡镇政府在基层治理中要承担研判治理发展趋势、优化治理议程设置、制定治理专项规划，统筹治理制度性安排等功能，充分发挥党和政府在治理现代化进程中的主导性作用。

新时代乡村的运转要完善乡村社会运行机制，建构乡村社会的自治、自主和自律机制。乡村社会自治是指基层群众对公共事务的自我管理；乡村社会自主是指社会作为一个共同体自我意识的觉醒，其标志是乡村社会遵循权利原则与国家互动，其要求国家有意识地给乡村社会运行留出空间；乡村社会自律是指社会自治组织和公民个人保持理性意识和能力，以合法方式行使自治权力，避免社会失范，从而致使自身崩溃。乡村社会的自治、自主和自律，是维持乡村社会公共秩序，构建和谐稳定的乡村共同体的重要基础。乡镇治理体系的设置与建构，要尊重乡村社会自身的运行规则与传统价值观念，同时通过制度设计积极培育乡村社会组织，引导新型社会组织参与乡村治理，以此提高乡村社会的自组织能力和自我治理能力。

新时代乡村的运转要逐步理顺乡镇政府与乡村社会、市场的关系，实现乡村治理功能的现代化。乡镇治理功能现代化是治理体系现代化的核心目标，它要求界定好乡镇政府与乡村社会、市场的边界，平衡好政府权力与市场、社会权利的关系，实现经济发展与社会进步。就运转乡村而言，治理体系的现代化意味着乡村治理的制度设计要完善市场运行机制，让市场在资源配置中发挥决定性作用。这符合社会主义市场经济发展的一般规律，也符合中国共产党执政的特殊要求。因此，乡村治理要激发市场活力，要通过制度的"界石"来厘清政府与市场的边界。一方面，乡镇政府要通过制度建设规范行政行为，提供公共产品和公共服务，同时为市场发展创造公平竞争的环境，当好"裁判员"；另一方面，乡镇政府要依托制度体系建设提高行政效率，减少政府对于市场的直接干预，履行好社会主义市场经济发展中的综合协调与监督调控职能，正确处理政府与市场关系，完善市场运行机制，逐步推进基层治理功能的现代化。

结构由角色及其角色之间的互动组成，就治理结构而言，治理固然强调主体多元性，但是也强调多元主体之间互动的规则机制。因此，在现代化和后现代化叠加的双重转型任务面前，不宜过多强调分权化的治理导向，这是因为"在中国现代政治还没有完全成型之前，对国家权力回归社会的过分呼唤，会使中国重新掉入政治浪漫主义的陷阱。"① 为了避免治理在当下中国成为一种意识形态式的宣传口号，就运转乡村的结构而言，应当建构以政府主导为核心的治理结构，为国家治理现代化提供驱动力量。

第四节　中心工作机制路径的优化

运转乡村的目标决定着其实现路径。乡镇中心工作机制具有明显的规划式治理的基本特点。上级对于乡村治理目标的规划，意味着乡镇对于治理路径的选择，这是因为治理路径的选择与运用最终是为了治理目标的实现。乡镇为了实现中心工作的治理目标，产生特定的组织运作形式，治理目标的选择以及特定的组织运作形式二者又共同塑造了乡镇特有的行政过程，或者说运转乡村的目标决定着其组织路径。因此，乡镇中心工作机制的优化，不单要优化中心工作机制中的治理目标，还要优化中心工作机制的实现路径。

一　运转乡村路径法治化

运转乡村路径的优化，即中心工作机制路径的优化是指乡镇治理路径的制度化和法治化。制度化水平是衡量治理能力的核心指标。从制度执行的现实来看，由于我国制度体系建设的时间短、速度快，制度认同的基础较为薄弱，制度失范现象时有发生。此时，从实现制度效用的角度而言，必须引入权力强制因素，保证制度得到实施，而法治就是一个确保制度适用，实现制度效用的重要渠道。法治作为制度适用的保障因素，是由制度发展的内在逻辑所决定的。作为后发现代化国家，乡镇治理的许多制度都是外来嵌入的，相对内生自发制度，外来制度建立在人为设计的基础之上，其认同度往往较低，因此，需要依赖具有强制力的法治作为推动制度实施的重要手段。治理能力往

---

① 刘建军：《治理缓行：跳出国家权力回归社会的陷阱》，《理论文萃》2003 年第 4 期。

往与治理的制度化与法治化紧密相关。

乡镇中心工作机制的运作，无论是职能履行，还是组织运作与行政过程，都体现出较强的规划式治理的特征。可以说这种规划式治理不但是对治理目标的选择，更是对治理路径的选择，这个规划的过程导致乡镇治理产生非制度化的问题。众所周知，作为制度的法律代表着一种价值符号系统，它在调节社会关系的同时，本身也承载着不可观察的、概念化意涵的符号价值观念，而这些价值观念是基于现代理性原则之上的，诸如公平、正义、权利、自由、民主等规范性因素。正是由于运转乡村路径的法治化建设不到位，乡镇政权组织存在权力任意扩张的问题，存在机会主义以及地方保护主义等问题。从乡镇中心工作机制运作的现实来看，推进运转乡村路径的法治化，需要做好以下几个方面的工作。

首先，要通过形式多样的宣传培训和教育，加强乡镇工作人员的法治意识，切实树立依法执政的理念和意识，构建依法行政的文化氛围。基层调研显示，L市乡镇中无论是作为关键少数的领导干部还是工作人员都存在法治意识淡薄问题，许多法律规定仅仅停留在书面文件之上，并没有落实到治理行动之中。众所周知，代表现代理性权威的官僚制是公共管理的核心，而现代理性权威官僚制又建立在制度建设与制度执行的基石上。马克斯·韦伯曾经系统总结了科层制的六大特征，其中涉及制度、法律制定和执行的就有三项之多①。由此可见，法治或者制度是科层制运作的重要基石，决定着国家治理的成效。

法治认同是实现依法治理的关键一环。认同是一种自我理性的运用和个性宣示，关乎思想观念、价值认知等因素的判断和选择，并影响行动者的行动和策略选择。加强乡镇工作人员的法治教育培训，一方面要抓住领导干部这个全面依法治国的关键，要把能不能遵守法律、依法办事作为考察干部的重要内容，把严守党纪、恪守国法的干部用起来；在相同条件下，优先提拔任用法治素养好、依法办事能力强的干部。另一方面，乡镇政府每年要定期

---

① 〔德〕马克斯·韦伯：《经济与社会》（下卷），林荣远译，商务印书馆，1997，第279页。

举办乡镇干部法治专题培训班，乡镇政府领导班子每年还要定期举办法治专题讲座。确保乡镇治理自觉运用法治思维和法治方式深化改革、推动发展、化解矛盾、维护稳定，依法治理经济，依法协调和处理各种利益问题，营造良好法治环境。

其次，将法治政府建设的相关内容列入中心工作的考核范畴，推进乡镇治理的法治化水平。当前，上级对于乡镇法治政府建设的考核，采用了定性考核的方式，将所辖乡镇放在一个"池子"里进行等次评价，而不进行量化打分，所以法治政府建设在乡镇治理中并不受重视。一方面，上级政府应当将乡镇法治建设列为乡镇考核的中心工作，这是建立法治认同的关键之举。在制度与行动的关系中，认知因素发挥着核心作用，将法治建设列入中心工作的考核范畴，强化的是对于法律的认知观念，本质上凸显的是法治的价值观念和制度文化，必将推动乡镇中心工作机制走上法治化轨道，推进基层治理能力现代化。另一方面，乡镇要适时健全并严格实施重大决策终身责任追究制度及责任倒查机制，对决策严重失误或者依法应该及时做出决策但久拖不决造成重大损失，恶劣影响的，严格追究行政首长、负有责任的其他领导人员和相关责任人员的党纪政纪和法律责任。

最后，健全关于中心工作的依法决策机制。当前，L市部分乡镇政府缺少关于重大行政决策的程序性规定，应该着手健全重大行政决策程序制度，明确决策主体、事项范围、法定程序、法律责任，规范决策流程，强化决策法定程序的刚性约束。此外，事关社区重大利益的行政决策应当经乡镇政府常务会议或者全体会议、部门领导班子会议讨论，由乡镇主要领导在集体讨论基础上做出决定。乡镇主要领导拟做出的决定与会议组成人员多数人的意见不一致的，应当在会上说明理由。集体讨论情况和决定要如实记录、完整存档。针对中心工作机制行政化运作的特点，乡镇政府要加强公众参与平台建设，对乡镇中心工作相关议题的决策事项，如对于乡镇文化教育、医疗卫生、资源开发、环境保护、公用事业等重大民生决策事项，要适时推行民意调查制度，确保乡村居民在运转乡村中的民主化参与。

二 践行全过程人民民主

党的二十大报告提出，"全过程人民民主是社会主义民主政治的本质属性，是最广泛、最真实、最管用的民主"。众所周知，全过程人民民主是一种全链条、全过程、全覆盖的民主模式。作为一种民主的制度体系与实践形式，全过程人民民主与乡村治理关系密切。乡村治理是国家治理的基石，其治理效能直接关系乡村居民的幸福感、获得感和安全感。正因如此，应该在乡村治理中践行全过程人民民主，发挥全过程人民民主具有的最广泛、最真实、最管用的民主政治优势，不仅是实现乡村治理现代化的推动力，也是完善运转乡村路径的题中应有之义。

首先，乡镇要通过制度化渠道扩大乡村居民的有序政治参与，发展全过程人民民主，提升乡村治理现代化水平。作为运转乡村的重要路径，乡镇中心工作机制应该成为践行全过程人民民主的载体，并在中心工作机制的各步骤、各流程都体现人民当家作主的价值追求，以此打造多元共治的乡村治理新格局。目前来看，乡镇中心工作机制在一定程度上体现出强行政化的色彩。基层调研发现，不少上级部署的中心工作，具有时间紧、任务重等特点，制约了居民参与乡村治理的积极性。① 金观涛先生在分析现代社会的起源时认为，工具理性、个人权利和民族认同构成了现代性的三要素，其中个人权利标示着个人自主性的正当性，使得求利动机正当化并衍生出经济社会运行中的契约关系，后者是市场经济和民主政治的基础，也是现代社会区别于传统社会的重要标志。② 从全过程人民民主的角度看，乡村治理现代化视域中的个人权利，意味着乡村居民通过全过程参与公共治理，促进公共权威和公共秩序。个人权利的正当性奠定了现代化治理的基石，践行全过程人民民主是提升乡村治理能力的路径。这就需要通过制度建设优化乡镇中心工作机制，完善乡村居民政治参与的渠道，通过乡村居民全过程政治参与的方式，

---

① L市X镇调研访谈记录，2017年6月。
② 金观涛：《探索现代社会的起源》，社会科学文献出版社，2010，第28页。

践行全过程人民民主，扩大乡村居民有序政治参与，提升乡镇治理能力。

其次，积极推动乡村居民的组织化建设，推进全过程人民民主。全过程人民民主彰显人民主体性，乡村居民是全过程人民民主最直接的实践者和参与者。实际上，中心工作机制作为运转乡村的政策工具，应该成为推动基层民主建设、实现群众现实诉求和根本利益的重要载体，也应该成为培养乡村居民政治素养和参与能力的重要场域。然而，传统的乡村生产模式和居民方式，加之群众参与机制不完善，影响了乡村全过程人民民主的实践效果。程同顺认为"中国农民在利益上具有高度一致性，但是利益表达不能从长远的角度反映农民的整体利益，表达效果缺乏应有的力度，不能对国家政策产生实质性的影响"。① 所以，必须加强农民的组织化建设或者提升农民的自组织能力，完善乡村居民在乡镇中心工作机制中的利益表达和权利维护机制，实现乡村居民的制度化参与，推进基层全过程人民民主建设。

再次，要持续优化乡镇绩效考核体系，切实增加乡镇中心工作机制的回应性。全过程人民民主强调关注民生实事、汲取群众智慧、尊重群众首创精神，这就必然要求增强治理的回应性。从乡村治理角度看，增强乡村治理的回应性不仅是乡村治理议题设置的起始环节，也是丰富全过程人民民主实践路径的必然要求。实际上，在乡镇中心工作机制的考核中增加关于回应性的指标内容，旨在通过制度建设，持续提升全过程人民民主的认知水平并不断完善全过程人民民主的实现路径。季乃礼基于政治制度与政治思想的互动关系，提出了政治制度思想的概念，认为从表面看政治制度与政治思想各自具有很强的独立性，实则二者之间关系密切，能够实现紧密联结，政治制度思想是政治制度与政治思想紧密互动后形成的独立存在。② 由此可见，推进全过程人民民主离不开制度建设的支撑，只有创新乡镇中心工作机制的绩效指标体系，切实增强乡村治理的回应性，才能推动新时代中心工作机制的深度转型，持续提升乡村治理能力和水平。

① 程同顺：《中国农民组织化研究初探》，天津人民出版社，2003，第41页。
② 季乃礼：《政治制度、政治思想与政治制度思想——一种理论建构的努力》，《武汉大学学报》（哲学社会科学版）2016年第4期。

最后，完善基层文件制定和发布的全链条管理机制，提升基层规范性文件的法治化水平，推进全过程人民民主。文件是基层治理的重要政策工具，也是推进全过程人民民主的重要制度载体。从乡村治理的现实来看，上级政府以及乡镇下发的各类规范性文件是乡镇开展行政执法与公共治理活动的重要依据，也是县级政府及乡镇依法履职的重要方式。政府文件制定和发布的法治化建设水平不仅影响基层法治政府建设的进程，也在很大程度上塑造全过程人民民主的制度环境。提升基层规范性文件的法治化水平，推进文件制定和发布的全过程管理，主要需要做好以下工作。在规范性文件的起草、论证、审签、公布、备案审查等方面，加大合法性审核力度，特别是乡镇政府出台的各类文件，要注重听取利害关系人的意见，通过科学决策与民主决策的方式，凝聚政策共识，推进全过程人民民主。此外，中共中央、国务院印发的《法治政府建设实施纲要（2015～2020年）》规定事关经济社会发展全局和涉及群众切身利益的重大行政决策事项，应当广泛听取意见，与利害关系人进行充分沟通。这就要求乡镇在出台重大决策时，除听取乡镇人大意见外，还要听取人民团体和基层组织的意见，尤其是要听取利害关系人的意见与建议，以协商民主的方式推进基层治理现代化，优化中心工作机制。

综上所述，改革开放以来，得益于制度建设释放出的巨大红利，我国的经济社会建设取得了举世瞩目的成就。然而，随着制度体系的逐步完善，我们开始面临制度边际效应递减规律的挑战。曾经为快速发展提供驱动力量的制度红利正在逐步消失，这就要求我们"在今后的工作中既要重视制度建设，也要重视制度执行，要以整体性思维看待制度建设和制度执行之间的关系"。[1] 从运转乡村的角度来讲，中心工作机制的优化既包含制度建设的内容，也体现在制度执行的方面。乡村运转路径的优化是乡镇治理结构、功能和路径的综合体，只有三者齐头并进才能真正推动乡村运转路径的现代转型，切实提升乡村治理效能。

---

[1] 程同顺、邢西敬：《从政治系统论认识国家治理现代化》，《行政论坛》2017年第3期。

结 论

从历史上看，传统中国的治理结构由两个部分构成，上层是科层制的官制系统，下层则是由乡绅、族长或地方名流掌控的地方性管制系统。清末新政的实施，改变了传统中国的治理结构，国家通过在乡村社会设立基层政权的方式，获取社会资源以解决国家财政问题。基层政权设立的目的决定了其功能，在中华人民共和国成立之前，基层政权在很大程度上都扮演着营利型经纪的角色。[①] 中华人民共和国成立以来，在赶超式发展的压力下，国家与乡村社会之间形成了规划性支配的关系，为了实现国家对乡村社会的规划式治理，乡镇政府衍生出中心工作机制的治理路径。

税费改革以来，运转乡村中的诸多问题引发了学术界广泛探讨。税费改革作为一项德政，获得了社会和农民的普遍拥护，然而，它并没有从根本上改变乡镇的行为逻辑和运行机制。新时代的乡村运转需要理论支撑，需要对乡村治理的运行机理以及路径给出回答，而从基层调研的实际来看，本书认为乡镇中心工作机制可能是认识乡镇治理乱象的线头，牵住了这个线头就有可能梳理出运转乡村的内在逻辑与现实进路。

乡镇中心工作的研究回答了乡镇治理什么、怎样治理以及治理效果这三个问题。本书得出的初步结论是运转乡村所出现的问题，都不是局部的或者孤立的，而是相互联系或者有其内在的逻辑一致性。首先，中心工作回答了

[①] 〔美〕杜赞奇：《文化、权力与国家：1900—1942年的华北农村》，王福明译，江苏人民出版社，2003，第37页。

乡镇治理什么的问题，本书认为在乡镇的治理体制以及文件制度的治理机制中，上级的考核指标体系是塑造乡镇职能的主要因素，上级通过考核指标体系的设计，形塑了乡镇对于治理议题的规划性分类和区别性对待的治理偏好，对于乡镇而言，有些工作被列为中心工作，其他工作则被视为常规工作。其次，中心工作机制回答了乡镇如何治理的问题，对于中心工作乡镇会不计代价地去完成。① 然而乡镇治理的资源又是有限的，为了推动中心工作，在乡镇政府组织母体内部又成立了大量的任务型组织，这改变了乡镇政府组织运作模式，改变了乡镇政府组织的结构和运行原则，使得乡镇的组织既具有科层化的特征，也具有逆科层化的特点。最后，中心工作机制回答了治理效果的问题，对于乡镇治理的效果应该客观评价。站在国家自主性的角度看，中心工作机制具有历史合理性，然而由于它没有在国家自主性和乡村社会自主性之间实现有效平衡，因此也产生了乡村运转中的行政理性化与政治民主化层面的问题。

中心工作机制作为运转乡村的路径选择，也影响着乡村治理的基本模式。当前，乡村运转领域中出现的诸多问题，启示我们或许马克斯·韦伯意义上的科层组织的理想类型，已经不能解释乡村治理中出现的种种问题，乡村治理中的政府职能履行、组织运作和行政过程的方方面面，或许已经超出科层组织理想类型的解释限度和效度。鉴于此，本书尝试性地提出"规划式治理"这一概念，用于解释运转乡村中出现的许多独特的制度现象，并且从治理功能的规划性塑造、治理结构的规划性塑造以及治理路径的规划性设置三个层面对乡镇规划式治理模式进行了尝试性解读。

中心工作机制作为运转乡村的路径选择，对乡村社会的稳定以及农业的可持续发展都有消极影响，进而产生基层政权合法性不足的问题。针对乡村治理中的问题，中央政府尝试通过结构改革和职能转变等方式，改变乡村治理的现状，然而，就实施情况看，效果并不是很理想。毋庸赘言，后发现代

---

① 吴毅：《小镇喧嚣：一个乡镇政治运作的演绎与诠释》，生活·读书·新知三联书店，2007，第 17 页。

化国家转型发展的现实，以及制度层面的路径依赖性，都强化了运转乡村之现代转型的难度。鉴于此，我们以运转乡村现代转型的价值内涵为落脚点，从乡村治理体系现代化和乡村治理能力现代化两个层面对乡村治理的现代转型进行了探讨。为了使对策更符合中国国情，更具有现实可行性，本书以中国治理转型的现实背景为出发点，分析了国家、社会与市场之间的关系，在此基础上，结合对中心工作机制内在机理的讨论，在兼顾农民权益与基层官员利益诉求的基础上，在乡村治理的行政理性化与政治民主化相结合等原则指导下，对乡镇中心工作机制的优化路径给出了具体对策。

乡村的运转涉及众多农民的根本利益，也与一个国家的政治制度、经济制度等有着密切的关联。在中国的既定国情下推进基层治理的现代转型，任重而道远。受研究能力、理论素养以及个人阅历等方面的制约，加上制度变迁的不确定性以及乡村治理系统中相关主体之间互动博弈的复杂性，本项研究应该还有许多不完善的地方，对于这个问题，需要在将来的研究中进行更加深入的探讨，以期为乡村运转的现代转型提供更为坚实的理论基础。

参考文献

一 中文专著

曹锦清：《黄河边的中国：一个学者对乡村社会的观察与思考》，上海文艺出版社，2000。

曹沛霖：《政府与市场》，浙江人民出版社，1998。

常士訚：《现代国家及其政治制度：东亚与西方》，中国社会科学出版社，2008。

陈明明主编《革命后社会的政治与现代化》，上海辞书出版社，2002。

陈锡文、赵阳、罗丹：《中国农村改革30年回顾与展望》，人民出版社，2008。

陈锡文：《中国县乡财政与农民增收问题研究》，山西经济出版社，2003。

陈新民：《公法学札记》，中国政法大学出版社，2001。

程同顺：《当代中国农村政治发展研究》，天津人民出版社，2000。

程同顺：《中国农民组织化研究初探》，天津人民出版社，2003。

邓大才等：《平原经济》，中国社会科学出版社，2008。

邓正来、〔英〕J. C. 亚历山大编《国家与市民社会：一种社会理论的研究路径》，中央编译出版社，2002。

杜润生：《杜润生自述：中国农村体制变革重大决策纪实》，人民出版社，2005。

费孝通：《乡土中国》，人民出版社，2015。

郭道久：《以社会制约权力：民主的一种解析视角》，天津人民出版社，2005。

何显明：《市场化进程中的地方政府行为逻辑》，人民出版社，2008。

贺雪峰：《新乡土中国》（修订版），北京大学出版社，2013。

胡鞍钢、王绍光、周建明主编《第二次转型：国家制度建设》（增订版），清华大学出版社，2009。

黄小勇：《现代化进程中的官僚制：韦伯官僚制理论研究》，黑龙江人民出版社，2003。

黄宗智：《华北的小农经济与社会变迁》，中华书局，2000。

江必新、王红霞：《国家治理现代化与制度构建》，中国法治出版社，2016。

金观涛：《探索现代社会的起源》，社会科学文献出版社，2010。

金太军等：《乡镇机构改革：挑战与对策》，广东人民出版社，2005。

金耀基：《从传统到现代》，中国人民大学出版社，1999。

李昌平、董磊明：《税费改革背景下的乡镇体制研究》，湖北人民出版社，2004。

李克军：《县委书记们的主政谋略》，广东人民出版社，2015。

林尚立：《国内政府间关系》，浙江人民出版社，1998。

林毅夫：《解读中国经济》，北京大学出版社，2012。

刘能：《等级制和社会网络视野下的乡镇行政：北镇的个案研究》，社会科学文献出版社，2008。

牟宗三：《政道与治道》，广西师范大学出版社，2006。

欧阳静：《策略主义：桔镇运作的逻辑》，中国政法大学出版社，2011。

任剑涛：《社会的兴起：社会管理创新的核心问题》，新华出版社，2013。

苏力：《制度是如何形成的?》，北京大学出版社，2007。

孙晓春：《政治社会学》，吉林大学出版社，1995。

王若磊：《政治问责论》，上海三联书店，2015。

王先明：《近代绅士——一个封建阶层的历史命运》，天津人民出版社，1997。

温铁军：《三农问题与世纪反思》，生活·读书·新知三联书店，2005。

吴理财：《改革与重建——中国乡镇制度研究》，高等教育出版社，2010。

吴毅：《小镇喧嚣：一个乡镇政治运作的演绎与阐释》，生活·读书·新知三联书店，2007。

项继权：《集体经济背景下的乡村治理：南街、向高和方家泉村村治实证研究》，华中师范大学出版社，2002。

徐行：《近代中国社会主义思潮与社会改造》，天津社会科学院出版社，1999。

徐建牛：《基层政府行为演进的制度逻辑》，上海三联书店，2012。

徐勇：《农民改变中国》，中国社会科学出版社，2012。

徐勇：《乡村治理与中国政治》，中国社会科学出版社，2003。

杨龙：《西方新政治经济学的政治观》，天津人民出版社，2004。

杨雪冬：《市场发育、社会生长和公共权力构建》，河南人民出版社，2002。

张金鉴：《行政学典范》，三民书局，1979。

张静：《基层政权：乡村制度诸问题》，上海人民出版社，2007。

张康之：《公共行政的行动主义》，江苏人民出版社，2014。

张润书：《行政学》，三民书局，1979。

赵树凯：《乡镇治理与政府制度化》，商务印书馆，2010。

赵秀玲：《中国乡里制度》，社会科学文献出版社，1998。

折晓叶：《城乡关系演变的制度逻辑和实践过程》，中国社会科学出版社，2014。

郑永年：《中国的"行为联邦制"——中央—地方关系的变革与动力》，东方出版社，2012。

周飞舟：《以利为利：财政关系与地方政府行为》，上海三联书店，2012。

周黎安：《转型中的地方政府：官员激励与治理》（第二版），格致出版社、上海三联书店、上海人民出版社，2008。

周庆智：《中国县级行政结构及其运行——对 W 县的社会学考察》，贵州人民出版社，2004。

周天勇等：《中国行政体制改革 30 年》，格致出版社、上海人民出版社，2008。

朱光磊：《服务型政府建设规律研究》，经济科学出版社，2013。

二　中文译著

〔美〕弗里曼、毕克伟、赛尔登：《中国乡村：社会主义国家》，陶鹤山译，社会科学文献出版社，2002。

〔美〕Michael Lipsky.：《基层官僚：公职人员的困境》，苏文贤、江吟梓译，台湾学富文化事业有限公司，2010。

〔美〕詹姆斯·C. 斯科特：《农民的道义经济学：东南亚的反叛与生存》，程立显、刘建等译，译林出版社，2001。

〔美〕J. 米格代尔：《农民、政治与革命——第三世界政治与社会变革的压力》，李玉琪等译，中央编译出版社，1996。

〔美〕白苏珊：《乡村中国的权力与财富：制度变迁的政治经济学》，朗友兴等译，浙江人民出版社，2009。

〔美〕杜赞奇：《文化、权力与国家：1900—1942 年的华北农村》，王福明译，江苏人民出版社，2010。

〔美〕帕森斯：《现代社会的结构与过程》，梁向阳译，光明日报出版社，1988。

〔美〕乔尔·S. 米格代尔：《社会中的国家：国家与社会如何相互改变与相互构成》，李杨、郭一聪译，江苏人民出版社，2013。

〔美〕孔飞力：《中国现代国家的起源》，陈兼、陈之宏译，生活·读书·新知三联书店，2013。

〔美〕约瑟夫·R. 斯特雷耶：《现代国家的起源》，华佳、王夏等译，上海人民出版社，2011。

〔美〕李侃如：《治理中国：从革命到改革》，胡国成、赵梅译，中国社会科学出版社，2010。

〔美〕詹姆斯·R. 汤森、布兰特利·沃马克：《中国政治》，顾速、董方译，江苏人民出版社，2007。

〔美〕傅高义：《邓小平时代》，冯克利译，生活·读书·新知三联书店，2013。

〔日〕青木昌彦：《比较制度分析》，周黎安译，上海远东出版社，2001。

〔美〕彼得·布劳、马歇尔·梅耶：《现代社会中的科层制》，马戎等译，学林出版社，2001。

〔美〕詹姆斯·W. 费勒斯、唐纳德·F. 凯特尔：《行政过程的政治：公共行政学新论》，陈振明、朱芳芳等译，中国人民大学出版社，2002。

〔英〕玛丽·道格拉斯：《制度如何思考》，张晨曲译，经济管理出版社，2013。

〔美〕詹姆斯·G. 马奇、约翰·P. 奥尔森：《重新发现制度：政治的组织基础》，张伟译，生活·读书·新知三联书店，2011。

〔美〕赫伯特 A. 西蒙：《管理行为》，詹正茂译，机械工业出版社，2008。

〔德〕马克斯·韦伯：《经济与社会》（上卷）（下卷），林荣远译，商务印书馆，1997。

〔法〕埃哈尔·费埃德伯格：《权力与规则：组织行动的动力》，张月等译，格致出版社、上海人民出版社，2017。

〔美〕吉尔伯特·罗兹曼：《中国的现代化》，国家社会科学基金"比较现代化"课题组译，江苏人民出版社，2010。

〔美〕塞缪尔·P. 亨廷顿：《变化社会中的政治秩序》，王冠华、刘为等译，上海人民出版社，2008。

〔美〕弗朗西斯·福山：《国家构建》，黄胜强、许铭原译，中国社会科学出版社，2007。

〔英〕戴维·比瑟姆：《马克斯·韦伯与现代政治理论》，徐鸿宾等译，浙江人民出版社，1989。

〔美〕斯蒂芬·P. 罗宾斯、蒂莫西·A. 贾奇：《组织行为学》，孙健敏、李原、黄小勇译，中国人民大学出版社，2012。

〔美〕戴维·瓦尔德纳：《国家构建与后发展》，刘娟凤、包刚升译，吉林出版集团有限责任公司，2011。

〔德〕柯武刚、史漫飞：《制度经济学》，韩朝华译，商务印书馆，2000。

〔美〕戴维·奥斯本、彼德·普拉斯特里克：《摒弃官僚制：政府再造的五项战略》，谭功荣、刘霞译，中国人民出版社，2002。

〔美〕V. 奥斯特罗姆、D. 菲尼、H. 皮希特编《制度分析与发展的反思——问题与抉择》，王诚等译，商务印书馆，1992。

〔美〕詹姆斯·汤普森：《行动中的组织——行政理论的社会科学基础》，敬乂嘉译，上海人民出版社，2007。

〔美〕查尔斯·蒂利：《强制、资本和欧洲国家》，魏红钟译，上海人民出版社，2012。

〔美〕阿兰·斯密德：《制度与行为经济学》，刘璨、吴水荣译，中国人民大学出版社，2009。

〔美〕詹姆斯 G. 马奇、赫伯特 A. 西蒙：《组织》（原书第 2 版），邵冲译，机械工业出版社，2013。

〔美〕彼得·埃文斯、迪特里希·鲁施迈耶、西达·斯考克波：《找回国家》，方力维等译，生活·读书·新知三联书店，2009。

〔美〕贾恩弗朗哥·波齐：《国家：本质、发展与前景》，陈尧译，上海人民出版社，2007。

〔美〕W. 理查德·斯科特：《制度与组织——思想观念与物质利益》（第 3 版），姚伟、王黎芳译，中国人民大学出版社，2010。

〔美〕沃尔特·W. 鲍威尔、保罗·J. 迪马吉奥主编《组织分析的新制度主义》，姚伟译，上海人民出版社，2008。

三　中文论文

艾云：《上下级政府间考核检查与"应对"过程的组织学分析》，《社会》2011 年第 3 期。

陈恩：《常规治理何以替代运动式治理》，《社会学评论》2015 年第 5 期。

程同顺、邢西敬：《从政治系统论认识国家治理现代化》，《行政论坛》2017 年第 3 期。

曹正汉：《中国上下分治的治理体制及其稳定机制》，《社会学研究》2011 年第 1 期。

丁煌、柏必成：《论乡镇政府行为选择的优化——以乡镇政府和乡村制度环境的互动为视角》，《政治学研究》2006 年第 4 期。

党国英：《中国乡村自治：现状、问题与趋势》，《江苏社会科学》2004 年第 4 期。

狄金华：《通过运动进行治理：乡镇基层政权的治理策略——对中国中部地区麦乡“植树造林”中心工作的个案研究》，《社会》2010 年第 3 期。

冯仕政：《中国国家运动的形成与变异：基于政体的整体性解释》，《开放时代》2011 年第 1 期。

黄宗智：《集权的简约治理——中国以准官员和纠纷解决为主的半正式基层行政》，《开放时代》2008 年第 2 期。

季乃礼：《个人主义、协商民主与中国的实践：以哈贝马斯的协商政治为例》，《理论与改革》2010 年第 1 期。

金太军：《推进乡镇机构改革的对策研究》，《中国行政管理》2004 年第 10 期。

吕德文：《中心工作与国家政策执行——基于 F 县农村税费改革过程的分析》，《中国行政管理》2012 年第 6 期。

李连江：《差序政府信任》，《二十一世纪》2012 年第 3 期。

李芝兰、吴理财：《“倒逼”还是“反倒逼”：农村税费改革前后中央与地方的互动》，《社会学研究》2005 年第 4 期。

倪星、黄佳圳：《工作打断、运动式治理与科层组织的应对策略》，《江汉论坛》2016 年第 5 期。

欧阳静：《“维控型”政权：多重结构中的乡镇政权特征》，《社会》2011 年第 3 期。

潘维：《质疑"乡镇行政体制改革"——关于乡村中国的两种思路》，《开放时代》2004 年第 2 期。

渠敬东、周飞舟、应星：《从总体支配到技术治理——基于中国 30 年改革经验的社会学分析》，《中国社会科学》2009 年第 6 期。

孙立平：《向市场经济过渡过程中的国家自主性问题》，《战略与管理》1996 年第 4 期。

王洛忠、刘金发：《从"运动型"治理到"可持续型"治理——中国公共治理模式嬗变的逻辑与路径》，《未来与发展》2007 年第 5 期。

吴理财：《县乡关系的几种理论模式》，《江汉论坛》2009 年第 6 期。

温铁军：《如何进行新一轮农村改革》，《山东农业（农村经济）》2003 年第 3 期。

王汉生、王一鸽：《目标管理责任制：农村基层政权的实践逻辑》，《社会学研究》2009 年第 2 期。

肖瑛：《从"国家与社会"到"制度与生活"：中国社会变迁研究的视角转换》，《中国社会科学》2014 年第 9 期。

徐勇、徐增阳：《论村民自治与加强农村基层组织执政能力》，《当代世界与社会主义》2005 年第 4 期。

徐元善、祝天智：《服务型乡镇政府：缘起及其构建》，《中国行政管理》2009 年第 12 期。

郁建兴、高翔：《地方发展型政府的行为逻辑及制度基础》，《中国社会科学》2012 年第 5 期。

于建嵘：《乡镇自治：根据与路径——以 20 世纪乡镇体制变迁为视野》，《战略与管理》2002 年第 6 期。

赵树凯：《破除"地方政府公司主义"》，《中国改革》2006 年第 1 期。

张静：《国家政权建设与乡村自治单位——问题与回顾》，《开放时代》2001 年第 9 期。

折晓叶：《县域政府治理模式的新变化》，《中国社会科学》2014 年第 1 期。

朱光磊、张志红：《"职责同构"批判》，《北京大学学报》（哲学社会科学版）2005 年第 1 期。

周雪光：《运动型治理机制：中国国家治理的制度逻辑再思考》，《开放时代》2012 年第 9 期。

周飞舟：《分税制十年：制度及其影响》，《中国社会科学》2006 年第 6 期。

周黎安：《晋升博弈中政府官员的激励与合作——兼论我国地方保护主义和重复建议问题长期存在的原因》，《经济研究》2004 年第 6 期。

四　英文文献

Landry, Pierre F. , *Decentralized Authoritarianism in China：The Communist Party's Control of Local Elites in the Post-Mao Era*, NewYork：Cambridge University Press, 2008.

Walder, Andrew ed. , *The Waning of the Communist State：Economic Origins of Political Decline in China and Hungary*, Berkeley：University of California Press, 1995.

Jean Oi, *Rural China Takes off：Institutional Foundations of Economics*, Berkeley：University of California Press, 1999.

O'Brien, KevinJ. andLiLianjiang, *Rightful Resistancein Rural China*, NewYork：Cambridge University Press, 2006.

Tsai, Kellee S. , *Capitalism without Democracy：The Private Sector in Contemporary China*, Ithaca：Cornell University Press, 2007.

Saich, Tony, *Governance and Politics of China*, New York：Palgrave, 2002.

SunYan, *Corruption and Market in Contemporary China*, Ithaca：Cornell University Press, 2004.

Francis Fukuyama, *Political order and political decay：from the industrial revolution to the globalization of democracy*, America：Farrar, Straus and Giroux, 2014.

Li, Lianjiang and Kevin J. O'Brien, "Villagers and Popular Resistance in Contemporary China," *Modern China*, Vol. 22, No. 1, 1996.

Bernstein, Thomas P. and Xiaobo Lü, "Taxation without Representation: Peasants, the Central and the Local States in Reform China". *The China Quarterly*, No. 163, Sep. 2000.

Nele Noesselt, *Microblogs and the Adaptation of theChineseParty-State's Governance Strategy. Governance*, Vol. 27, Issue 3, July 2014.

V. Chhotray; G. Stoker, *Governance Theory and Practice—A Cross-Disciplinary Approach*, England: Palgrave Macmillan, 2008.

Andrew Tylecote and Francesca Visintin, *Corporate Governance, Finance and the Technological Advantage of Nations*, Oxon: Routledge, 2008.

He, Qinglian, "A Volcanic Stability," *Journal of Democracy*, Vol. 14, No. 1, January 2003.

Minxin Pei, "China's Governance Crisis", *Foreign Affairs*, Vol. 81, No. 5, 2002.

Alfred Chan, "China's Fourth Generation: The New Rulers and the Secret Files", *The China Journal*, No. 50, July 2003.

Aslan, Hadiye, Kumar, Praveen, "National Governance Bundles And Corporate Agency Costs: A Cross-Country Analysis", *Corporate Governance: An International Review*, Vol. 22 Issue 3, May 2014.

Qian, Yingyi and Barry R. Weingast. "Federalism as a Commitment to Preserving Market Incentives", *Journal of Economic Perspectives*, Vol. 11, No. 4, Fall. 1997.

Oi, Jean C., "The Role of the State in China's Transitional Economy", *The China Quarterly*, No. 144, 1995.

附录 A

乡镇治理调查问卷一

您好，本调查主要是了解当前乡镇政府治理的基本情况以及您对乡镇职能的意见和建议，希望得到您的支持和帮助。请您根据本地实际和您知道的情况填写本问卷。请您独自填写这份问卷，每个答案都无对错之分。此次问卷为匿名调查，所有信息资料将受到严格保护，调查结果仅为学术研究所用，非常感谢您的合作！

说明：以下问题没有标明多选的，全部为单项选择题。（请在合适的空格内打√；如有需要，请在横向"_____"上填上适当的说明文字）

1. 您的性别：

    □A. 男   □B. 女

2. 您的年龄是：_____岁；您的工龄是：_____年

3. 您的政治面貌：

    □A. 中共党员

    □B. 群众

    □C. 民主党派

    □D. 其他

4. 您的文化程度：

    □A. 初中及以下

☐B. 高中或中专

☐C. 大学（大专/本科）

☐D. 研究生及以上

5. 您的工作部门：

☐A. 乡镇党政机关

☐B. 乡镇站所

☐C. 农村中小学校

☐D. 其他

6. 您的职位是：

☐A. 一般工作人员（办事员）

☐B. 科级（正副科和主任科员）

☐C. 处级（正副处）

☐D. 其他

7. 根据当地实际，乡镇在执行上级政策时存在选择性执行上级政策的现象：

☐A. 非常同意

☐B. 同意

☐C. 不同意

☐D. 非常不同意

8. 从本地实际来看，您认为当前乡镇治理存在的主要问题是（可以多选，请在问题前的空格内打"√"）

乡镇机构、站所太多	县乡关系不合理
条块关系不顺	党政不分、以党代政现象严重
乡镇职能重管理、轻服务	乡镇人大职权较弱，形同虚设
工作开展主要依赖行政命令	乡镇完全依上级指令运转、自主性差
乡镇政府权小责大	乡镇将工作划分为中心工作与常规工作
乡镇治理的民主化较弱	乡镇政府内设机构设置不合理
人员太多、人浮于事	乡镇不能回应群众诉求，代表性弱
乡镇对工作进行选择，不能同等对待	乡镇动用非制度化手段完成中心工作
乡镇成立许多工作小组，影响正常程序	乡镇的上级检查太多，影响正常治理
乡镇治理主要体现上级意志与利益	乡镇治理的法治化较弱

9. 从当地实际来看，您认为当前乡镇职能履行的主要依据是：

□A. 法律法规制度

□B. 上级文件规定

□C. 上级领导意志

□D. 基于政绩综合考量

□E. 其他（请注明）：_____

10. 乡镇的某些工作领导会非常重视，成立各种临时性的指挥部或者领导小组，乡镇会投入较多的人力、财力和物力去完成；乡镇的另外一些工作领导并不是很重视，通常由各办公室、站、所加以完成，乡镇投入的人力、财力和物力也较为有限：

□A. 非常赞成

□B. 赞成

□C. 不同意

□D. 非常不同意

11. 根据当地实际，乡镇面临数量众多的治理任务，乡镇会将众多的治理任务划分为重点工作（中心工作）和常规工作（非中心工作）：

□A. 非常赞成

□B. 赞成

□C. 不同意

□D. 非常不同意

12. 您认为，乡镇确定重点工作（中心工作）的依据是：

□A. 乡镇党委书记的决策

□B. 乡镇长的决策

□C. 乡镇人大的决定

□D. 上级考核文件的相关规定

□E. 农民的实际需要

□F. 出于乡镇政绩的考虑

13. 根据当地实际，您认为近五年来乡镇的主要中心工作包括哪些？（可以多选，请在选项前的空格内打√）

	1. 全面改薄任务和幼儿园建设		2. 增强全民法治观念
	3. 文化产业发展		4. 从严选任管理干部
	5. 社会稳定		6. 常住人口城镇化率及提高幅度
	7. 新型城镇化现场交流		8. 环保突出问题督查整治
	9. 社会保险综合覆盖率		10. 一般公共预算收入
	11. 群众对改革的获得感		12. 固定资产投资及其项目建设
	13. 推进统一战线工作		14. 人口均衡发展与健康素质提高
	15. 农村低保及五保供养工作		16. 落实河长制工作
	17. 现代农业现场交流		18. 提升基层党建水平
	19. 依法全面履行职能		20. 转方式调结构现场交流
	21. 精准扶贫工作		22. 美丽乡村示范村建设
	23. "三引一促"工作		24. 计划生育工作
	25. 文化建设		26. 城乡建设用地增减挂钩工作
	27. 食品安全工作		28. 年度改革任务完成情况
	29. 新农合工作		30. 基层公共文化服务体系建设

　　根据您所在乡镇实际，上述工作您认为最重要的是第____项，您认为以上工作其重要性依次排名是（填写六项，填写选项前的数字即可）：

_____

14. 根据当地实际，您认为乡镇的中心工作，通常具有以下哪些特点：（可以多选，请在选项前的空格内打"√"）

□A. 由乡镇主要领导决策

□B. 成立领导小组或者指挥部等临时性机构

□C. 通过调度会议等协调机制推进工作

□D. 上级检查的力度要比常规工作大

□E. 乡镇通过各种手段应对上级检查

□F. 对乡镇政绩的影响要比常规工作大

15. 根据当地实际，从乡镇政府组织动员的形式来看，由于任务不同，乡镇存在不同的组织动员形式，其中中心工作一般通过成立"领导小组""指挥部"等形式进行组织动员，而常规工作则通过站所（或者办公室）进行组织动员。

□A. 非常赞成

□B. 赞成

□C. 不同意

□D. 非常不同意

16. 根据当地实际，您认为哪些工作可以列为乡镇的中心工作：（可以多选，请在选项前的空格内打"√"）

1. 群众对改革的获得感	2. 转方式调结构工作
3. 文化建设	4. 依法全面履行职能
5. 社会稳定	6. 提升基层党建水平
7. 一般公共预算收入	8. 固定资产投资及其项目建设
9. 生态环境保护工作	10. 计划生育
11. "三引一促"工作	12. 城乡建设用地增减挂钩工作
13. 现代农业现场交流	14. 人口均衡发展与健康素质提高

在这些方面您认为哪五项最为重要：＿＿＿＿＿＿＿＿＿＿＿（请填写这五项工作前面的阿拉伯数字）

17. 根据当地实际，您认为乡镇成立的各种"领导小组""指挥部"等临时性机构：

□A. 起到了非常重要的作用，对于乡镇治理非常必要

□B. 起到了一定的积极作用，对于乡镇治理是有利的

□C. 无法起到积极作用，是一种形式主义的管理形式

□D. 发挥着消极作用，影响乡镇的正常（制度化）治理

18. 根据当地实际，您认为乡镇治理中签订的各种目标管理责任状：（可以多选，请在选项前的空格内打"√"）

□A. 几乎所有的工作，都会签订目标管理责任状

□B. 乡镇重点工作（中心工作），会签订目标管理责任状

□C. 能够起到积极作用，是一种有效的管理形式

□D. 作用一般，仅仅是一种形式主义的管理方式

□E. 其他（请注明）：＿＿＿＿＿＿＿＿＿＿＿＿

19. 根据当地实际，乡镇每年成立的临时性指挥部或者领导小组：

   □A. 10 个以内

   □B. 10~20 个

   □A. 20~25 个

   □D. 25 个以上

20. 根据当地实际，您认为乡镇中心工作：

   □A. 体现乡村社会的公共意愿和利益

   □B. 主要体现上级政府的意愿和利益

   □C. 主要体现乡镇政府的意愿和利益

   □D. 主要体现本地农民的意愿和利益

21. 根据当地实际，当前乡镇治理是一种选择式治理，治理的目标、治理资源的调配、治理方式和手段的运用都是乡镇精心选择的结果：

   □A. 非常赞成

   □B. 赞成

   □C. 不同意

   □D. 非常不同意

22. 您认为乡镇长应该如何产生？

   □A. 由上级组织指派、任命

   □B. 由组织部门提名，经乡镇人大会议选举产生

   □C. 由乡镇人大代表直接选举产生

   □D. 由全乡镇人民直接选举产生（也即"直选"）

   □E. 由群众或者群众代表推荐候选人，由乡镇人大选举产生（即"公选"）

   其他（请注明）：_____

   目前，你们乡镇长是_____产生的。（请在上述各项中选择一项，填写序号即可）

23. 您认为乡镇党委书记应该如何产生？

   □A. 由乡镇党委推选

   □B. 由上级党委指定任命

□C. 由乡镇全体党员（或者党员代表）直接选举产生

□D. 由群众或者群众代表推选候选人，再在党代会上选举（即"公选"）

其他（请注明）：_____

目前，你们乡/镇党委书记是_____产生的。（请在上述各项中选择一项，填写序号即可）

24. 您认为乡镇领导人竞争性选举：

□A. 应当尽早推行

□B. 目前条件不成熟

□C. 不宜推行（如果您选择了该项，请继续在以下选项中选择，可以多选，直接在选项上打"√"）

A. 农民的民主意识不够

B. 农民的政治素养较低

C. 家族、宗族势力操纵选举

D. 经济发展水平不够

E. 直接选举影响稳定

F. 目前政治体制不允许

G. 其他（请注明）：_____

25. 根据当地实际，您认为自 2013 年党的十八届三中全会以来，乡镇政府的中心工作：

□A. 基本没有发生变化，维持以前的状态

□B. 发生了根本性的变化，较之以前变化明显

□C. 发生了部分变化，政府职能有了部分调整

□D. 其他（请注明）：_____

26. 您认为应该如何促进乡镇政府职能转变？（可以多选，请在选项前的空格内打"√"）

□A. 加大转移支付力度

□B. 加强乡镇干部学习，转变观念

□C. 改革县乡体制，规范明确各自权力范围

□D. 扩大民众民主参与

□E. 加强民主监督

□F. 改革现有工作考核机制

□G. 改革乡镇政府的问责体制

您认为上述各项，第_____项最为关键。

27. 您认为当前乡镇改革的中心工作应当放在：

□A. 乡镇政府职能转变

□B. 乡镇政府机构改革

□C. 改革上级考核指标体系

□D. 理顺县乡之间的关系

28. 您认为从事乡镇工作：

□A. 非常满意

□B. 比较满意

□C. 不满意

□D. 很不满意

□E. 其他（请注明）：_____

29. 您对以下看法的意见是（请在 A、B 或 C 三个选项下的方格内，选择其中一项打"√"）

		A. 同意	B. 不同意	C. 不知道
①	乡镇政府职能转变要从改革中心工作抓起			
②	乡镇改革可以尝试建立县乡合作治理机制			
③	农民要充分参与到乡镇治理过程中来			
④	乡镇改革要精简机构、提高效能			
⑤	上级考核指标体系要更加合理规范			

30. 作为乡镇干部，您最苦恼的是：

□A. 工资待遇较低、社会地位较低

□B. 工作制度化水平低，充当救火队长的角色

□C. 做了很多与群众无关的工作，群众不理解

□D. 社会上对乡镇干部存有偏见

□E. 上级领导不认真听取我们的意见

□F. 工作付出多，一改革就拿我们"开刀"

□G. 其他（请注明）：_____

31. 对于乡镇的重点工作（中心工作），您还有什么看法和好的建议？请写
    在下面：

乡镇治理调查问卷二

您好！本调查主要是了解当前乡镇治理的基本情况，我们希望能得到您的支持与帮助，以便获得准确、真实、有价值的信息进行学术研究。请您根据本地实际和您知道的情况填写本问卷，您回答的每一个问题，都没有标准答案或对错之分。此次问卷为匿名调查，所有信息资料将受到严格保护，调查结果仅为学术研究所用，非常感谢您的付出与合作！

说明：以下问题没有标明多选的，全部为单项选择题。（请在合适的空格内打√；如有需要，请在横向"_____"上填上适当的说明文字）

1. 您认为目前乡镇政策执行效果如何？
   □A. 非常好
   □B. 好
   □C. 一般
   □D. 不好
   □E. 不了解

2. 目前，乡镇在执行上级政策时，存在选择性执行现象：
   □A. 非常同意
   □B. 同意
   □C. 不同意
   □D. 非常不同意

3. 目前为止，您认为乡镇政策执行中遇到的阻力来自：（可以多选，请在选项前的空格内打√）
   □A. 领导不重视
   □B. 基层人员执行不力
   □C. 农民不理解
   □D. 部门间不合作
   □E. 资金不到位

□F. 其他（请注明）：_____

4. 您认为乡镇"管理"与"治理"的区别在于：（可以多选，请在选项前的空格内打√）

   □A. 管理主体是一元化的，治理主体是多元化的

   □B. 管理手段是行政化的，治理手段是法治化的

   □C. 管理的权力运行是单向度的自上而下，治理认为权力运行上下互动

   □D. 管理方式以行政强制为主，治理强调沟通、协商与合作的方式

   □E. 其他（请注明）：_____

5. 乡镇的某些工作领导会非常重视，成立各种临时性的"指挥部"或者"领导小组"，需要乡镇投入较多的人力、财力和物力，对于这些工作乡镇会以各种手段应对上级的检查：

   □A. 非常赞成

   □B. 赞成

   □C. 不同意

   □D. 非常不同意

6. 乡镇的工作中存在中心工作与常规工作的区别，乡镇对于二者的重视程度不同，二者开展的过程也不相同：

   □A. 非常赞成

   □B. 赞成

   □C. 不同意

   □D. 非常不同意

7. 针对乡镇中心工作和常规工作，上级会采取不同的检查方式，乡镇也会采取不同的应对方式：

   □A. 非常赞成

   □B. 赞成

   □C. 不赞成

   □D. 非常不赞成

8. 乡镇成立的临时性"领导小组"，会影响乡镇的正常工作：

☐ A. 非常赞成

☐ B. 赞成

☐ C. 不赞成

☐ D. 非常不赞成

9. 您认为，乡镇确定中心工作的依据是：（可以多选，请在选项前的空格内打"√"）

☐ A. 乡镇党委书记的决策

☐ B. 乡镇长的决策

☐ C. 乡镇人大的决定

☐ D. 上级考核文件的相关规定

☐ E. 农民的实际需要

☐ F. 出于乡镇政绩的考虑

10. 据当地实际，您认为目前乡镇每年中心工作的数量有：

☐ A. 10 项以内

☐ B. 10~15 项

☐ C. 15~20 项

☐ D. 20 项以上

11. 根据当地实际，您认为近五年来乡镇的主要中心工作包括哪些？（可以多选，请在问题前的空格内打√）

1. 提升基层党建水平	2. 依法全面履行职能
3. 一般公共预算收入	4. "三引一促"工作
5. 文化建设	6. 常住人口城镇化率及提高幅度
7. 人口均衡发展与健康素质提高	8. 环保突出问题督查整治
9. 社会保险综合覆盖率	10. 文化产业发展
11. 美丽乡村示范村建设	12. 年度改革任务完成情况
13. 推进统一战线工作	14. 新型城镇化现场交流
15. 城乡建设用地增减挂钩工作	16. 落实河长制工作
17. 现代农业现场交流	18. 全面改薄任务和幼儿园建设
19. 增强全民法治观念	20. 转方式调结构现场交流
21. 精准扶贫工作	22. 群众对改革的获得感
23. 从严选任管理干部	24. 计划生育工作
25. 社会稳定	26. 农村低保及五保供养工作
27. 新农合工作	28. 固定资产投资及其项目建设
29. 食品安全工作	30. 基层公共文化服务体系建设

上述工作中，您认为最重要的是第_____项，根据乡镇实际，您认为以上工作其重要性依次排名是（请您填写六项）_____

12. 乡镇任务很多，但是资源很少，只能对任务进行选择性处理：

□A. 非常赞成

□B. 赞成

□C. 不赞成

□D. 非常不赞成

□E. 其他（请注明）：_____

13. 乡镇工作人员为了完成中心工作，经常出现实际岗位和编制岗位不相符的情况：

□A. 非常赞成

□B. 赞成

□C. 不赞成

□D. 非常不赞成

□E. 其他（请注明）：_____

14. 根据当地实际，乡镇每年成立的临时性"指挥部"或者"领导小组"：

□A. 15 个以内

□B. 15~20 个

□C. 20~25 个

□D. 25 个以上

15. 根据当地实际，乡镇成立的临时性"指挥部"或者"领导小组"：（可以多选，请在选项前的空格内打√）

□A. 数量很多

□B. 能让工作人员感受到主要领导的压力

□C. 能够提高工作效率

□D. 打破了乡镇原有的权力格局

□E. 实现了乡镇资源的整合

□F. 使得成员需要同时面对几项工作

□G. 打破了乡镇政府组织原有的层级关系

16. 根据当地实际，您认为乡镇中心工作中的决策由：

　　□A. 乡镇党委书记决定

　　□B. 乡镇长决定

　　□C. 乡镇人大决定

　　□D. 乡镇党委书记和镇长共同决定

　　□E. 其他（请注明）：＿＿＿＿＿＿＿＿＿＿＿＿＿＿＿＿

17. 根据当地实际，您认为乡镇的中心工作：（可以多选，请在选项前的空格内打√）

　　□A. 乡镇领导高度重视

　　□B. 上级领导检查次数多

　　□C. 影响常规工作的开展

　　□D. 需要召开各种会议

　　□E. 与农民切实利益关系不大

18. 根据当地实际，您认为乡镇中心工作：

　　□A. 体现乡村社会的公共意愿和利益

　　□B. 主要体现上级政府的意愿和利益

　　□C. 主要体现乡镇政府的意愿和利益

　　□D. 主要体现本地农民的意愿和利益

19. 作为乡镇干部，您最苦恼的是：

　　□A. 工资待遇较低、社会地位较低

　　□B. 工作制度化水平低，充当救火队长的角色

　　□C. 做了很多与群众无关的工作，群众不理解

　　□D. 社会上对乡镇干部存有偏见

　　□E. 上级领导不认真听取我们的意见

　　□F. 工作付出多，一改革就拿我们"开刀"

　　□G. 其他（请注明）：＿＿＿＿＿＿＿＿＿＿＿＿＿＿＿＿

20. 对于乡镇的中心工作，您还有什么看法和好的建议？请写在下面：

再次感谢您在百忙之中抽空认真填写本问卷！

附录 B

访谈提纲

一、访谈主题

L市乡镇治理中的中心工作问题。

二、访谈对象

东部某省L市B镇、D镇和H镇部分主要领导，乡镇部分负责人，乡镇行政干部及其站所工作人员等。

三、前期准备

（一）约定好访谈日期、确定访谈地点、确定行程安排。

（二）明确各自任务后马上联系访谈对象，以了解情况、确认身份。

（三）于访谈日期前两天将访谈事宜确定。

四、访谈要点

（一）L市乡镇治理的总体状况，重点把握乡镇"管治"与"服务"的基本情况。

（二）该地区乡镇中心工作的范围与确定方式。

（三）乡镇中心工作的组织运作模式及其影响。

（四）乡镇中心工作机制的优化路径。

五、访谈过程预期

（一）消除被访谈人的顾虑：特别是要向受访者说明谈话内容不会对外

泄露，并会对原始资料中的人物和单位都进行虚拟化处理。

（二）访谈目的意义说明：强调访谈的问题都是受访者在实际工作中所发生的一些具体的事件，访谈的内容对于笔者进行的研究具有十分重要的意义。

（三）访谈中提出的具体问题如下：

1. 访谈乡镇主要领导人或者乡镇部门负责人：

（1）乡镇在执行上级政策时是否存在选择性执行上级政策的现象？

（2）您认为当前乡镇职能履行的主要依据是？

（3）乡镇对某些工作会非常重视，成立各种临时性的"指挥部"或者"领导小组"去完成，而对另外一些工作不重视，通常由各办公室、站、所加以完成？

（4）乡镇面临数量众多的治理任务，乡镇会将众多的治理任务划分为重点工作（中心工作）和常规工作（一般性工作）

（5）乡镇确定重点工作（中心工作）的依据是乡镇党委书记的决策、乡镇长的决策、乡镇人大的决定、上级考核文件的相关规定还是乡镇政绩的考虑？

（6）您认为近五年来乡镇的主要中心工作包括哪些？

（7）乡镇治理是一种选择式治理，治理的目标、治理资源的调配、治理方式和手段的运用都是乡镇精心选择的结果？

（8）对于乡镇的重点工作（中心工作），您还有什么看法和好的建议？

2. 访谈乡镇工作人员的具体问题：

（1）您认为目前乡镇政策执行效果如何？您认为乡镇政策执行中遇到的阻力来自哪里？

（2）您认为乡镇成立的各种"领导小组""指挥部"等临时性机构，作用如何？

（3）您认为乡镇"管理"与"治理"的区别在于？

（4）乡镇的某些工作领导会非常重视，成立各种临时性的"指挥部"或者"领导小组"，对于这些工作乡镇会以各种手段应对上级的检查吗？

（5）乡镇的工作中存在中心工作与常规工作的区别，乡镇对于二者的重视程度不同，二者开展的过程也不相同。

（6）您认为乡镇治理中签订的各种目标管理责任状效果如何？乡镇每年要签订多少个目标责任书？

（7）您认为乡镇中心工作主要体现的是谁的意志？是乡村社会的公共意志与利益、上级政府的意志与利益还是乡镇政府的意志与利益？

（8）您认为当前乡镇改革的中心工作应当放在哪里？

（9）作为乡镇干部，您最苦恼的是工资待遇较低还是工作制度化水平低，充当救火队长的角色？

（10）对于乡镇的重点工作（中心工作），您还有什么看法和好的建议？

表示感谢，尽快整理好此次访谈的材料，并将纪念品送给采访对象。

六、其他注意事项

（一）要言谈举止穿着得体，用敬语，表现对访谈对象的尊重。

（二）对于访谈对象提出的疑惑，要认真解答，消除对方的困惑。

（三）采访过程中注意说话艺术。

（四）调研访谈也有互惠性，对于访谈对象提出的请求帮助，要在条件允许的情况下、自己的能力和原则范围之内尽力完成。

图书在版编目（CIP）数据

运转乡村：乡镇中心工作机制研究 / 邢西敬著. --
北京：社会科学文献出版社，2024.9（2025.9 重印）
　ISBN 978-7-5228-3473-3

　Ⅰ.①运…　Ⅱ.①邢…　Ⅲ.①乡镇-行政管理-研究
-中国　Ⅳ.①D638

　中国国家版本馆 CIP 数据核字（2024）第 072892 号

运转乡村
——乡镇中心工作机制研究

著　　者 / 邢西敬

出 版 人 / 冀祥德
责任编辑 / 王　展
责任印制 / 岳　阳

出　　版 / 社会科学文献出版社
　　　　　地址：北京市北三环中路甲 29 号院华龙大厦　邮编：100029
　　　　　网址：www.ssap.com.cn
发　　行 / 社会科学文献出版社（010）59367028
印　　装 / 唐山玺诚印务有限公司

规　　格 / 开　本：787mm×1092mm　1/16
　　　　　印　张：14.5　字　数：220 千字
版　　次 / 2024 年 9 月第 1 版　2025 年 9 月第 2 次印刷
书　　号 / ISBN 978-7-5228-3473-3
定　　价 / 88.00 元

读者服务电话：4008918866